U0511003

China NonProfit Review Vol.22 2018 No.2

主　　编：王　名
副 主 编：仝志辉
执行主编：马剑银
编　　委：陈洪涛　蓝煜昕　李长文　李　勇　林志刚　羌　洲　王　超　张　潮　郑　琦　朱晓红
编辑秘书：刘彦霞　刘瑜瑾
刊物支持：增爱公益基金会

学术顾问委员会：
白永瑞（韩国延世大学）
陈健民（香港中文大学）
陈金罗（北京大学）
陈锦棠（香港理工大学）
陈旭清（中央民族大学）
大卫·霍顿·史密斯（David Horton Smith, 美国波士顿学院）
邓国胜（清华大学）
丁元竹（国家行政学院）
高丙中（北京大学）
官有垣（台湾中正大学）
郝秋笛（Jude Howell，英国伦敦政治经济学院）
何增科（北京大学）
华安德（Andrew Watson，澳大利亚阿德莱德大学）
黄浩明（深圳国际公益学院）
贾西津（清华大学）
江明修（台湾政治大学）
康保瑞（Berthold Kuhn，德国柏林自由大学）
康晓光（中国人民大学）
莱斯特·萨拉蒙（Lester Salamon，美国约翰-霍普金斯大学）
林尚立（中央政策研究室）
罗家德（清华大学）
马长山（华东政法大学）
马克·西得乐（Mark Sidel，美国威斯康星大学）
山内直人（Naoto Yamauchi, 日本大阪大学）
沈　原（清华大学）
师曾志（北京大学）
天儿慧（Amako Satoshi, 日本早稻田大学）
陶传进（北京师范大学）
托尼·塞奇（Tony Saich，美国哈佛大学）
王　名（清华大学）
王绍光（香港中文大学）
温铁军（中国人民大学）
吴玉章（中国社会科学院法学研究所）
谢寿光（社会科学文献出版社）
徐家良（上海交通大学）
雅克·德富尔尼（Jacques Defourny, 比利时列日大学）
杨　团（中国社会科学院社会学研究所）
张　经（中国商会行业协会网）
张秀兰（北京师范大学）
张严冰（清华大学）
周延风（中山大学）
朱晓红（华北电力大学）
（以上均按首字母排序）

本刊编辑部地址：清华大学公共管理学院（伍舜德楼）425室
电话：010-62773929
投稿邮箱：lehejin@126.com
英文版刊号：ISSN：1876-5092；E-ISSN：1876-5149
出版社：Brill出版集团
英文版网址：www.brill.nl/cnpr

中国非营利评论

第二十二卷 2018 No.2

清华大学公益慈善研究院
明德公益研究中心
主办

社会科学文献出版社
SSAP
SOCIAL SCIENCES ACADEMIC PRESS (CHINA)

本刊得到增爱公益基金会的赞助

理事长胡锦星寄语本刊：增爱无界，为中国公益理论研究作出贡献！

增爱無界

胡锦星

增愛公益基金會

More Love Foundation

目　录

卷首语 …………………………………………………………………… 王　名 / 1

主　题

弱势社群的公共表达：草根 NGO 的政策倡导行动和策略………… 张　潮 / 1

新制度关联、组织控制与社会组织的倡导行为 ………………… 李朔严 / 22

政府博弈对行业协会政策倡导的影响

——以 T 市科技孵化器协会的个案为例 ……………………… 闫泽华 / 40

社交媒体对非营利组织倡导行为的影响

——以台湾众筹平台为例 …………………………… 周树林　郭建良 / 60

特　稿

公益 4.0：中国公益慈善的区块链时代 ………………… 张　楠　王　名 / 79

论　文

购买服务中公众对非营利机构与营利性机构

信任差异的实验研究 …………………………………… 李晓倩　刘求实 / 95

自主创新与行为趋同：地方政府社会组织

政策工具的演变 ………………………………………… 颜克高　任彬彬 / 115

中国公益金融对连片特困地区扶贫问题及对策研究 …………… 李　青 / 138

基于使命和宗旨视角的科技社团能力要素模型构建…… 吴　迪　邓国胜 / 161

案 例

徽州商人生活方式的考察视角，以及“可想象的治理”记述

——作为构建“量子城市治理”理论的案例研究 …………………… 谷村光浩 程雅琴 著 程雅琴 译 / 176

在民间公益领域培养跨国思维

——从日本国际协力机构自然学校技术援助项目论起 ……… 李妍焱 / 205

研究参考

20 世纪 70 年代以来中国非营利部门的发展 ………………… 大卫·霍顿·史密斯 赵 挺 著 吴新叶 译 / 230

分层化制度外政治参与的理论研究 …………………… 郑心遥 彭宗超 / 259

书 评

论合作社会的时代特征、治理模式与制度重建

——基于《合作的社会及其治理》的探讨 ………………………… 刘 柯 / 271

观察思考

2017 年中国的公益慈善在路上 ……………………………………… 刘培峰 / 286

民间公益组织与捐赠人的互动和成长

——记上海联劝公益基金会“一个鸡蛋的暴走”公众评审会 ……………………………………………………… 邹珊珊 / 299

编辑手记 ……………………………………………… 本刊编辑部 / 304

稿 约 / 306

来稿体例 / 308

CONTENTS

Main Topics

Public Expression of Vulnerable Communities: Policy Advocacy and Strategies of the Grassroots NGOs *Zhang Chao* / 1

New Institutional Linkage, Organizational Control and Advocacy of the Social Organizations *Li Shuoyan* / 22

The Influence of Governmental Game on Policy Advocacy of the Industry Association: A Perspective of the Science and Technology Incubator of the City T *Yan Zehua* / 40

The Social Media Influence of the Advocacy Behavior to NPOs: A Perspective of Taiwan Crowdfunding Platform *Zhou Shulin, Kuo Chien-Liang* / 60

Feature Article

Charity 4.0: The Blockchain Era of Philanthropy in China *Zhang Nan, Wang Ming* / 79

Articles

An Experimental Study on the Difference of the Public Trust between NPOs and Profitable Organization in Services Purchase *Li Xiaoqian, Liu Qiushi* / 95

Independent Innovation and Behavioral Convergence: Evolution of Local Governments' Policy Tools for Social Organizations *Yan Kegao, Ren Binbin* / 115

Social Finance and Poverty Alleviation in Linked Poverty Areas: China's Problems and Countermeasures *Li Qing* / 138

Model Construction of the Science and Technology Community Capability Based on the Perspective of the Mission and Purpose
Wu Di, *Deng Guosheng* / 161

Cases

The Perspective of Huizhou Merchants' Lifestyle and the Description of "Imaginable Governance": A Case Study of the Theory of Constructs the "Quantum City Governance"
Mitsuhiro Tanimura, *Cheng Yaqin*, *Translated by Cheng Yaqin* / 176

Trans-National Thinking Cultivation in Civil Philanthropy: A Perspective of the Technical Assistance Program for Natural Schools of the Japan International Cooperation Agency *Li Yanyan* / 205

Reference

The Development of China Nonprofit Sector from 1970s
David Horton Smith, *Zhao Ting*, *Translated by Wu Xinye* / 230

A Theoretical Study of Stratified Political Participation Outside the System
Zheng Xinyao, *Peng Zongchao* / 259

Book Review

Era Characteristics, Governance Model and System Reconstruction of the Cooperative Society: A Discussion based on the "Cooperative Society and it's Governance" *Liu Ke* / 271

Observation and Reflections

China is on the Road to the Charity in 2017 *Liu Peifeng* / 286

The Interaction and Growth between the Civil Philanthropy Organization and Donors: Review of the "Egg Walkathon" Public Review Meeting in Shanghai United Foundation *Zou Shanshan* / 299

Editorial *Editorial office* / 304

Call For Submissions / 306

Submission Guidelines / 308

卷首语

2018，一个令人回望的年轮。

四十年前，我们风华正茂，改革开放扬帆起航。如今，我们到了收获人生的金灿华年，改革发展取得辉煌成就，正步入新时代新征程。我们与改革开放同行，用汗水和生命见证了一路风雨的中国成长。

二十年前，一批热心并致力于中国 NGO 实践和研究的同仁聚首清华，共同见证了清华大学 NGO 研究中心的成立，开启了我们的探索。一路走来，这里汇聚了团团升腾的人气，产生了层层迭出的成果，建立了有影响有分量的平台，发挥了积极有效的政策推动，也培养了一批批优秀的栋梁之才，清华 NGO 研究带动了中国 NGO 的研究及相应的学科建设，成为越来越重要的学术重镇。

回望四十·20，并非简单的年轮，是活生生的历史，是从历史演进中走出来的思考，是历史思考产生的活力，更是从历史思考活力中生成的走向未来的力量和洞见！

四十年过去，中国的 NGO 从体制边缘溢出型生长的 1.0，经以清理整顿为特征的管制型发展的 2.0，再历以监管与培育并重的“两手抓”型发展的 3.0，及至公开透明的法治型发展的 4.0，其总体规模亦从 10 万级，经 20 万级、40 万级，达至 80 万级，相应的资源整合量、公众参与度、社会影响力等，也都层层迭代，不可同日而语。在此期间，中国学者觉而知之，知而行之，行而倡之，倡而导之，跟随中国的改革开放和社会转型敏锐地投身到这一全新的境界中，围绕 NGO 发展、国家与社会关系、非营利组织管理、民间社会、社会治理创新等种种命题，除开展各种田野研究、实证研究外，包括制度分析、组织分析、定量分析、政策分析等各类跨学科研究层出不穷，尤以行动研究为盛。所谓行动研究者，乃行动者之研究，或研究者之行动，前者如廖晓义之乐和书院，后者如温铁军之新乡村建设，堪称知行合一的典范。这种行动研究之风盛行于转型时期的中国，推动着中国 NGO 的实践发展、政策创新和理论升级。加上近年来第四次科技革命所带来的互联网、大数据、人工智能、区块链等新技术的应用，打破了既有的种种藩篱，使跨界无处不在，创新无时不有，活力无体不生。

回望历史，我们深深感恩处身于改革开放的大时代，才有了中国 NGO 由生而长、由小而大、由边缘而主流的大发展，才有了我们这一代学人成长进步并发挥作用的大舞台。尽管时有曲折，前路茫茫，但有了这感恩及生于斯、成于斯的命力，我们深信中国 NGO 的发展乃至整个社会转型，正在迎来新的春天！

步入第 12 个年轮的《非营利评论》，如少年一般，正张开双臂拥抱这春天！

恰值小儿那路生日，他和《非营利评论》同生同行。他从此告别童年步入少年，我在昨夜给他的一封信中写道：

“此时，你在熟睡中，我来写给明天的你。再过几分钟就是 7 月 3，就是你告别童年、步入少年的日子。此刻，最想对你说的是：祝福你！祝福你从此拥有少年的梦想，少年的健康，少年的刚强！就如你的作文我的日记所勾勒出的那样，梦想在少年你的心中徜徉！就像西操你奔跑的脚步和我飞转的秒针，健康在少年你的身上长大！就像你对眼我的神情我跟着你倔强的影，刚强在少年你的命里注定！”

回望之余，想起梁启超先生在《少年中国说》中所谓“红日初升，其道大光”，岂非今日中国 NGO 发展及其研究所呈现的景象?!

祝福中国的 NGO 发展及其研究拥有少年的梦想，少年的健康，少年的刚强！

美哉壮哉，与天不老，与国无疆！

王名

2018 年 7 月 3 日

弱势社群的公共表达：草根 NGO 的政策倡导行动和策略*

张 潮**

【摘要】西方社会中，草根 NGO 联盟在推动弱势社群公共表达中发挥着重要作用，其利用庞大的社群成员资源和规模压力，逐渐成为全国性政策倡导的行动主体。但中国地方草根 NGO 形成全国联盟，在组织资源和政治机会结构方面面临诸多限制。首先，倡导型草根 NGO 的专业性和资金等资源相对缺乏。其次，倡导型草根 NGO 本身以及联盟难以获得合法身份，也没有制度渠道进行政策表达，这使得它们只能创新“替代”策略进行公共表达。研究发现：弱势社群草根 NGO 联盟通过吸纳具有影响力的社会政治精英建构行动政治合法性；与国际公益组织合作，弥补自身内外部资源和行动能力的不足，扩大政策倡导的社会影响力和关注度；选择现有公民个体表达诉求的两会制度作为接触政府部门、提交政策提案或议案的中介，并通过“吸纳”专业精英建构提案或议案的专业性和社会合法性。全国范围的政策倡导又会扩展地方倡导的政治机会结构，草根 NGO 联盟通过推动地方公民和

---

* 论文系研究和阐释党的十九大精神国家社科基金重大专项“打造共建共治共享的社会治理格局研究”（18VSJ032）的阶段性成果，受江苏省新型城镇化与社会治理协同创新中心（SX10200114）支持和资助。

** 张潮，博士，苏州大学政治与公共管理学院副教授，苏州大学社会组织与社会治理研究院副院长，主要研究方向是非营利倡导、公共参与。

草根 NGO 执行社会调查、提供政策模板以及与日常虚拟社群的沟通交流等方式，扩展了地方倡导行动的动员结构，为持续性倡导行动提供了可能。

【关键词】 政策倡导　草根 NGO　弱势社群　组织资源　组织合法性

一　自发性公民参与的兴起

中国公民个体长期在单位体制中生活，随着改革开放的不断深入，自发性公民参与逐渐开始出现（贾西津，2007）。自发性公民参与主要包括社会运动、集体上访、倡导行动等形式（张潮等，2014；邢宇宙、张潮，2017）。自发性公民参与是公民群体内部基于共同诉求和目标，通过信息分享、自由讨论形成集体行动的基本规则和策略，独立于政府等权力机构设置的公民参与渠道和制度设置，也被称为制度外公民参与（王名、贾西津，2002；贾西津，2007）。中国的自发性公民参与实践，个人的价值观念和利益诉求首先在抗争政治行动中得到彰显和实现，但是这种维权运动更多关注个人的经济利益诉求，加之很多情况下，政府通过满足公民个人经济利益的策略性回应，进一步削减了公民的公共性（陈映芳，2005；宋亚娟、张潮，2016），通过社会抗争行动能否增加个体的公共性理念和追求存在实践上的争议。

但近些年随着公民权利意识的启蒙、草根 NGO 的发展，公民和草根 NGO 开始更加主动和积极地参与公共事务，尤其是开展更具公共价值的政策参与和倡导行动（Zhang，2017）。越来越多的公民，尤其是弱势社群公民有机会学习和了解公共参与理念、实践以及相关参与技能，公共价值、公共情感等更多地被一些公民认可并开始付诸实践（Lorentzen & Scoggins，2015）。很多行动不仅停留在个人经济层面，还包括对于“公道”“承认”等价值权力的诉求（Chen，2000），而后者显然不能仅仅依靠个人或者少数群体的力量，而是需要组织化的行动与公共权力进行策略性互动。在我国，作为一个新兴社会政治现象，公民运用民事权利进行组织化的利益整合，运用政治权利进行利益表达的倡导行动和策略正越来越多样。尤其在推动草根 NGO 及其联盟形成、发展壮大的过程中，主动参与到社会政策过程中来，对于个人权利从文本向现实转化意义更加深远。更具公共价值和现代公民精神的公共倡导行动，也成为弱势社群进行公共表达的一种新的策略选择。

二　文献评述

倡导行动（Advocacy Action）是自发性公共表达中非常重要的形式，由于西方 NGO 专业能力相对较强，大量自发性公共表达都会伴随着组织保障和支持，服务和倡导更是成为 NGO 的两大基本社会功能（Jenkins，2006）。西方国家进行倡导和游说行动的组织构成非常多元，既包括大利益团体对高层政府的游说，也包括草根 NGO、小型志愿者组织，甚至是社会运动组织（Andrews & Edwards，2004）。倡导行动的公共表达焦点在于改变或者影响公共政策。狭义的倡导行动主要指“支持或者反对某个政策、法案以及影响投票的行为”（Hopkins，1992：32）；广义的倡导行动指“任何代表公共利益，试图影响制度精英和政策决策者决定的行为”（Jenkins，2006：308），它包括提供公共教育、联系媒体、法律诉讼，甚至游行示威等活动（Reid，1999）。本研究采用广义的倡导行动定义，因为这个定义非常清晰地将代表私人利益的行动排除在外，体现了倡导行动本身所具有的公共性。同时，又涵盖了不断发展的倡导策略和行动。随着社会技术条件的改变，倡导策略正越来越多元（Mosley，2011）。通过倡导活动，可以改变社会公众的认知，培育良好的社会多元环境，代表公民推动政府的善治以及公共政策的改变。尤其对于弱势社群来说，倡导行动相当于给他们提供了额外的渠道来推动公共价值和公共利益的实现。

在西方国家，地方草根 NGO 通过有效的政策倡导策略可以推动地方政策的出台和改变，但是如果要进行国家层面的政策倡导，仅仅依靠地方草根 NGO 的能力和影响力是不够的，更难以形成实质影响（Jun & Shiau，2012）。因此，全国性的草根 NGO 联盟开始出现，其利用庞大社群成员的资源和规模效应，获得更多社会合法性以及政府认可，不断进行全国性的倡导行动（Brilliant & Young，2004）。越来越多的地方草根 NGO 选择加入全国性组织联盟，共享倡导能力和资源，避免社群内部的无序竞争和资源浪费，使得社群政策影响力和社会影响力最大化。组织联盟已经成为全国层面政策倡导的主要行动主体（Balassiano & Chandler，2010）。

合法性和资源是决定 NGO 能否有效进行倡导行动的关键（Lipsky & Smith，1993；Mosley，2011；Mosley & Galaskiewicz，2015）。具体而言，组织合法性既表现为组织能否有效代表弱势社群（Mosley et al.，2012；Guo & Zhang，2013），获得组织内部和外部社会成员的认可（Brilliant & Young，2004；Guo & Musso，2007；Zhang & Guo，2012）；也表现为组织在政策参与过程中获得决策部门的信任认可程度（Maloney et al.，1994；Mason，2016）。组织资源包括组织可以利用的资金（Garrow & Hasenfeld，2014）、专业人员（Scherer，2017）、政策网络（Casey，2004）、组织联盟（Mosley，2012；Guo & Saxton，2014）等。

对于非西方背景的国家而言，草根 NGO 联盟的政策参与合法性和影响力都更加微弱，政治精英和政府决策者才是政策制定的决定力量（Teets，2017），弱势社群公民的政策参与也更多的是政府主导的“象征性参与”，难以产生有效的实质影响力（Van Rooij，2010）。但在实践层面，截止到 2015 年，中国已经有超过六十万家 NGO 相继成立；根据估算，没有登记注册的 NGO 数量可能是这个数据的五到十倍（Ying，2016）。在未获得合法登记注册身份的 NGO 中，代表公民的草根倡导型 NGO 占据了大部分，它们更多创新采用“另类”方式试图影响政府和政治（Fu，2017）。未获得政府合法性认可的草根 NGO 如何进行政策倡导，具体的倡导逻辑和策略如何，缺乏足够资源如何能够进行有效的倡导策略选择，弱势社群公民在其中的作用是什么？这些都是本研究希望回答的问题。

三　残障社群的“替代”策略与倡导行动

本研究选择融合中国（Inclusion China）作为典型案例进行持续的田野观察，采用参与观察、半结构访谈等方法收集资料，时间跨度为 2015 年 8 月至 2017 年 3 月。从成立草根 NGO 联盟的动机、组织构成、发展战略以及具体的倡导行动策略等维度对我国残障社群的政策倡导行动进行“深描”，试图呈现和构建我国弱势社群在公共表达中的“倡导”图景，为理解倡导行动背后反映的个体公共性生长路径提供一种新的解释。

中国草根 NGO 形成全国联盟，无论在组织资源，还是在合法性方面都面临巨大挑战。首先，倡导型草根 NGO 的专业性和资金等资源都相对缺乏，很多都是弱势社群公民推动形成的。其次，很多草根 NGO 并没有获得合法注册身份，成立全国组织联盟在实践层面需要登记为社会团体，目前政治控制对于社会团体的管理最为严格（康晓光、韩恒，2007），因此其获得合法的注册身份相当困难。

因此，在实践上，一方面，草根 NGO 的资金等资源匮乏，专业化平均水平较低，无法独立进行策略化的倡导行动；另一方面，获得合法注册身份的草根 NGO 只有 58%，专注于倡导的草根 NGO 获得合法注册身份的更是只有 45%（Zhang，2017）。虽然面对重重困难，但通过草根 NGO 在地方政府中成功进行政策倡导的积极公民意识到，要想更好惠及全国社群，扩大社群的公共表达，必须通过全国性的倡导行动才能实现。

> 我们几个都觉得这么多草根 NGO 确实需要一个联盟，一起在全国层面做一些事情，官办的协会有这个渠道和资源，但没有去做政策倡导的事情。联盟主攻的就是政策倡导，我们都支持，这个会，其实几个家长代表推动了很多，因为当时没有注册也没有钱，没人，什么都没有。（20161108 内部会议观察记录）

在一些社群代表性地方草根 NGO 筹备下，2014 年 7 月 24 日，全国心智障碍者家长组织联盟（以下简称“全国组织联盟”）成立，最初是五家地方草根 NGO 作为理事单位。全国组织联盟的主要启动资金来自国际公益组织，截止到 2017 年 3 月，全国组织联盟并没有获得民政系统的合法登记注册身份，仅 2015 年 11 月完成工商注册，开展具体的组织活动。全国组织联盟成立的初衷就是结合国际残障运动的发展，根据《残疾人权利公约》的基本精神和原则，通过联合性的倡导行动推动残障者与他人拥有同等的生命权利和尊严生活的权利，改变不利于社会融合的政策和社会环境。联盟的使命是以草根 NGO 的形式推广社会融合理念和公约精神，主要任务是进行全国范围的政策倡导，并协助地方自组织进行政策倡导。（2015 年联盟内部会议记录）

草根 NGO 成立联盟在全国层面的政治机会结构是封闭的，这使得它们只能依托其他资源和方式进行倡导策略的选择，推动倡导行动的开展。全国组织联盟在内部结构设置方面，为了增强外部政治合法性和社会影响力，邀请了包括残联领导、高校专家在内的社会精英人士担任顾问和监事会成员。希望通过全国性的融合教育政策倡导，协助地方层面的政策倡导，督促融合教育支持政策的制定和实施。

代表不同领域的NGO组织广泛兴起，走向成熟，向往社会改变的心智障碍者父母，若自己没有家国情怀，不站出来展现公共精神，又怎能期许社会自动看到心智障碍者长久被否定的价值？悠悠家愁是我们内心深处的原动力，公约新理念带来的觉醒将爆发更多的行动力。愿更多的价值走出来，通过倡导带动改变。（2015年内部会议　全国组织联盟理事长发言记录）

2016年7月之前，全国组织联盟处于发展初期，专业工作人员只有两名，会员组织共43家。因此，主要倡导策略都集中在社群培育和草根倡导上。在社群培育倡导方面，其目的是发展地方草根NGO的会员单位，通过微信建立联盟的虚拟社群，在虚拟社群中讨论社群的社会热点事件，联结地方性草根NGO，提高社群的资源可及性和加强信任关系。在草根倡导方面，对会员组织进行《残疾人权利公约》等融合教育的政策和法律培训，为后续政策倡导行动做基本的权利意识启蒙，培育行动能力。同时，全国组织联盟以代表身份参与各类残障社群的社会倡导等外部倡导行动，提高自身在残障社群以及整个公益领域中的影响力，为后续政策倡导行动积累社会资源。

全国组织联盟三年战略规划中有两个政策倡导目标：第一，三年内要做国家层面的人大、政协政策议案或提案；第二，组织联盟会员单位至少要有五个地方政策议案或提案。议案或提案以融合教育为主题。倡导内容选择也具有策略性，因为融合教育最具有国家政策依据、社群需求基础以及地方倡导成功的经验。

我们有专门的政策倡导委员会，我就负责这个委员会，这也是我的专长。我想说一下，融合教育是草根公民需求比较多的，而且义务教育阶段是国家法律规定的，我们现在和国际助残在合作的就是融合教育，所以融合教育希望做一个提（议）案。然后我们G市之前有经验，相关的内容提过，而且G市的特殊教育提升计划，已经将我们那个提案大部分的内容放在里面了，就比方说师资继续教育的课程、资源教室的配备这些都把我们的放在里面。（20160809合作伙伴内部策略讨论会议 观察记录）

2016年7月开始，通过前期地方草根NGO培训和社群信任关系的建立，融合教育的全国性政策倡导计划开始推动。整个过程，研究者全程参与。本次政策倡导行动的特点就是战略性和专业性。既在封闭的政治机会结构限制中巧妙运用社会精英等其他资源具有的合法性建立社会资本，寻找国际资源的战略支持建构合法性，再将积极公民的个人关系公共化，成功吸纳两会代表成为盟友进行政策议案或提案；又通过政策议案或提案的基础社群专业调查倡导策略，动员草根NGO与地方政府建立联系，扩展地方政治机会结构，起到了草根倡导的作用，建构了政策倡导行动的社群代表性。

（一）建构专业性和合法性：专家参与的社群调查和研究

从2016年7月开始，全国组织联盟进入政策倡导的专业调查准备阶段，为政策议案或提案提供数据支持。组织联盟理事会决定将融合教育的师资支持体系作为政策议案或提案的主要内容，结合地方草根NGO的实际政策倡导渠道和能力，将倡导具体目标确定为：在2016年9月和2017年3月，分别向全国两会提交融合教育政策一个，地方提交至少两个议案或提案。

在具体的分工方面，倡导团队由联盟理事长、具有倡导经验的积极公民、市场调查专家、政策研究专家和联盟秘书长构成，负责具体的社群需求调查设计和研究；成立专家顾问小组，包括主要的特殊教育专家、残联领导和残障社群法律专家，负责对研究设计过程和政策议案或提案提出专业建议，并出席为政策倡导设计的内部研讨会和公开圆桌会议；具体数据收集和执行小组，由组织联盟专业社工和地方自组织构成，联盟对地方自组织进行规范培训，地方组织负责联系各地的利益相关方，包括地方特殊教育专家、政府官员以及学校，进行问卷收集和访谈联系。（20160721参与式观察资料）

专家等专业力量的参与，使得全国组织联盟的倡导策略倾向于内部倡导策略，并在积极公民的推动下，选择通过最具有政治合法性的制度内人大、政协议案或提案渠道进行政策倡导。抛弃以往一般公民维权的方式，通过政策倡导表达社群的需求，并通过专家合作提出具有专业性的解决方案。

> 我希望我们联盟冲在前面，把我的需求提出来，然后有专业人士在背后支持我们，我们拿出去的东西要专业，别人才会认可我们，所以组织联盟现在最需要的就是专业支持。因为我不希望别人看到我们只是想到组织只会去静坐，只会去拉横幅，只会去一哭二闹三上吊，因为过去很多人就认为组织就做这些事情。但是我们现在政策倡导给的是什么，就是我不仅仅有问题需求，我还有数据，我还有解决方案，而且我还有理有节，我不卑不亢，我通过很正当的渠道，我们通过人大、政协，甚至专家说我们除了人大、政协议案或提案外，我们还可以通过教育部，民政部门它可以帮我们以我们的名义去反映都没有问题。所以我们真的觉得只要我们愿意站出来，就有很多人愿意支持我们，包括你们在内。我们联合起来做。（20160809 合作伙伴内部策略讨论会议　联盟理事长发言　观察记录）

专业倡导小组团队的构建，吸纳有社会资源和影响力的专家对调查过程和议案或提案内容进行监督和建议，使得整个调查过程的专业性得到了保证，并提高了利益相关方的参与程度，为后续寻找两会代表和媒体倡导提供了重要的支持资源。同时，地方社群公民进行具体数据收集和资源联系工作。

一方面，给予了社群成员尤其是地方政府官员和学校联系利益相关方的机会和动力，培育了行动的能力和规范意识，为后续地方草根 NGO 的内部政策倡导建立了基础的内部渠道。

> 我们还不希望通过非正常渠道，我们还是希望通过教育局。要是我们组织要跟当地的教育局接触，我们也是考验他们能不能和教育局建立良好的沟通关系，帮助他们建立联系。（20160809 合作伙伴内部策略讨论会议　联盟理事长发言　观察记录）

另一方面，地方自组织或者积极公民的调查执行，使得全国性政策倡导行动的社群参与度大大提升，在社群内部提高了联盟的社群代表性。针对社群成员的问卷调查，更是通过地方草根 NGO 和微信虚拟社群进行动员，这也使得一般社群成员的参与程度提高，增加了社群成员对于联盟的信任和认同。

我们这次提案，做了2次专家研讨，有5000人填写了问卷调研，这个也是倡导，而且是政策倡导的，这个过程很多小的倡导环节，吸引社群参与，我觉得咱们动员大家填的时候就是倡导过程了。各地调研都是公民主导的，这也加强了对于社会的影响。（20170210 全国组织联盟秘书长 个人访谈）

（二）优化政策倡导策略：国际公益组织的资源支持

2016年8月9日，全国组织联盟通过参与融合教育的国际研讨会，与关注融合教育倡导的国际公益组织倡导官员建立了联系，开始与国际公益组织达成战略合作。全国组织联盟与国际公益组织协商后，调整了政策倡导的具体策略。第一，在国际公益组织的建议和资源支持下，增加媒体倡导和公众教育的外部社会倡导策略，由国际公益组织进行资源支持，增加政策倡导行动的社会影响力。第二，增加专业调查阶段的专家资源和资金，整个调查过程的项目预算增加，入校教师调查的城市样本扩展到7个代表性城市，教师样本数量增加到2140个。第三，双方分别结合政策倡导的社会倡导资源优势和内部社群代表性优势，将“融合教育”概念扩展为“全纳教育”概念，扩展政策倡导的外部支持力量。

在双方合作的过程中，可以发现：政策诉求的主要观点在进行社群专业调查之前就已经形成共识，主要诉求点在于建立师资支持体系，涉及高校特殊专业设置、课程设置以及相关培训方面。因此，在具体政策议案或提案诉求内容方面，国际组织并没有过多介入，而是全国组织联盟基于相关专家的建议进行修改和完善。具体社群需求和教师态度调查数据更多的是提高政策倡导行动的社群代表性和方案专业性，使得政策议案或提案更具公共议题的特征，为两会代表的议案或提案提供必要的调查基础。

所以你可以看到，我们融合教育提（议）案今天已经列了几个点，就是随班就读的师资力量培育诉求。第一个就是希望在高等师范院校设立特殊教育和融合教育的专业。第二个是师范院校把特殊教育列为必修课程，设立专项资金引进特殊教育的海外师资。还有就是徐教授给我们建议的，就是教师资格证考试里面加入特殊教育的内容。最后一个就是普通学校随班就读的师资培训，就是把我们普通学校老师的继续教育课程放在里面，G市已经实施了，但不是所有的地方都在实施。我们后面的调查就是配合我们师资力量短缺这个提（议）案的。（20160809 合作伙伴内部策略讨论会议　观察记录）

国际公益组织更多地是通过分享专家资源和社会倡导资源，优化组织联盟政策倡导策略的选择。例如通过国际组织的资源链接，组织联盟联系了参与国家层面相关政策制定的政府官员，了解到政府相关政策的难点和目前政策可能的突破口，及时按照国家层面的政策思路把握议案或提案的原则和方向，提高政策议案或提案的可行性。在外部媒体倡导和公众教育策略方面，国际组织拥有稳定的捐赠资金来源和长期的社会倡导积累，为缺少资金来源的全国组织联盟选择资金投入大的外部社会倡导策略，提供了重要的资金和媒体资源支持。

我们的传播比如和奥美、蓝标等这些公关公司都有合作。我们也有自己的长期媒体资源，我们都可以协助你们。（20160809 合作伙伴内部策略讨论会议　国际组织项目负责人发言　观察记录）

同时，国际公益组织可以通过组织联盟在社群内部的代表性以及弱势社群公民自身在地方政策倡导的合法性，完成相关的专业调查，为国际组织擅长的外部社会倡导策略提供坚实的社群基础，增加自身影响力和政策倡导效果。国际公益组织本身在中国的政治参与被严格限制，面对多个政府部门的约束和管制，尤其在2016年出台了《境外非政府组织境内活动管理法》后，国际非政府组织进行政策倡导的风险进一步增大。因此，选择和弱势公民社群进行合作，既有一定的政治合法性，也能扩展参与渠道。

我们希望能够在这方面有一些合作，而且实话实说，我们也希望直接接触政府部门，但是我们现在很难进入政府内部去做一些事情，所以我也觉得如果能够组织一起倡导，推动力量应该更大。（20160809 合作伙伴内部策略讨论会议　国际组织项目官员　观察记录）

全国组织联盟和国际公益组织在合作的过程中，也更新了融合教育发展的最新国际发展理念，将“融合教育”概念进一步发展为“全纳教育”概念，将政策诉求涉及的群体从残障学生扩展为所有学生，即认为所有学生在教育和发展的过程中，都可能像残障群体一样遇到需要特别支持的情况，只是程度不同而已。因此，整个全纳教育支持体系是体现现代教育发展人文性和包容性的重要政策设计，类似于“社会模式”进一步发展的“普同模式”。政策倡导诉求具体理念的更新，也使得政策倡导的策略进一步得到了优化。

> 我们包含了身心障碍全体了，作为一个政策，我们在G市的提议也是这样的，你不可能为了一小撮群体。在我们国内有很多过去的经验教训，告诉我们说，家长去为自闭症孩子提一些福利或者特征，但是其实我觉得这是不理性的，也是很难取得突破的，真正的我们应该至少放到残障领域，就是说所有的残障人群都应该在融合教育受教育的情况下，最好能够有利于所有的人。（20160809合作伙伴内部策略讨论会议　全国组织联盟理事长发言　观察记录）

（三）吸纳制度内建言者：个人关系的公共化

完成了社会调查，形成了具体的政策议案，开展了外部倡导，但是如何能够找到全国层面政策倡导的关键中介者——全国两会代表，成为政策议案或提案进入两会讨论议题的关键。在这个过程中，最为关键的角色不是全国组织联盟，也不是国际公益组织，而是弱势社群公民及积极公民的资源。

全国组织联盟和国际公益组织的政治机会结构都很封闭，无法获得进入高层政府内部进行政策倡导的合法身份。全国两会代表都是获得足够的中央政府合法性认可，并且拥有广泛社会影响力的社会精英，是中央政府获取民意和政策建议的重要制度内资源。积极公民本身属于社会定义的弱势社群，又通过社会调查建构了社群代表性，形成了专业性的调查报告和政策诉求，具备了公共议题的性质，这些为吸纳两会代表提出政策议案或提案提供了基础。进一步，与两会代表形成联系，并通过与他们的政治沟通成功说服他们提出议案或提案，则主要依赖社群公民的社会资本。

吸纳两会代表成为政策倡导的议案或提案提出者，主要有两种路径。

第一，通过地方倡导行动建立的专家资源网络寻找制度内建言者。全国组织联盟虽然成立的时间不久，但是地方政策倡导已经有了成功的先例。这些地方政策倡导行动为整个社群提供了重要的专家资源。专家不仅在政策倡导的前期专业调查中提供专业支持和建议，而且在寻找两会代表的过程中，可以为全国组织联盟提供最为稳定的两会代表资源。一方面，很多专家由于专业知识和社会声望，本身就是制度内的两会代表，构成议案或提案代表资源存量；另一方面，即使社群的专家资源不是两会代表，但是他们所处的专业领域有固定的两会代表，专家社群内部基于长期的学术合作建立的专业信任关系，为议案或提案代表提供了可能的资源增量。很多来自高校的两会代表倾向于在自身专业领域提出政策议案或提案，看重议案或提案本身和自身专业领域的契合度。全国组织联盟的倡导策略就是以吸纳最大多数利益相关方为原则，融合教育支持体系的诉求内容以增加高校师资和培训为主要政策建议，这也在很大程度上为吸引相关专家两会代表提供了可能。整个过程中，是否尊重专家的意见成为政策议案或提案内容能否得到专业认同的关键。

提交两会提案就是我很想用一下高教授的渠道，毕竟他是研究这个领域的，虽然不认识，但是我们会让徐教授递给他，一份提案后面加一份调查报告和数据分析。我们也写一个提案的初稿给他看，先请徐教授专业把关，再请高教授提意见，尊重他的专业意见及时回应，我相信他肯定会愿意接受的。（20160809 合作伙伴内部策略讨论会议　全国组织联盟理事长发言　观察记录）

第二，通过社群公民的个人社会资源寻找制度内建言者。特别是积极公民，他们的社群意识和行动能力使得他们对专业性有着很深的认识，很多积极公民都通过公益慈善或者社会工作学历的再深造，建立有利于自身行动的社会资源，例如校友、师生以及公益慈善组织等资源。这些资源都成为政策倡导中两会代表的重要补充来源。本次参与议案或提案的很多两会代表，都是地方积极公民通过个人社会资源与之建立联系的。例如参与本次议案的一位全国人大代表，正是通过积极公民的老师介绍认识的。虽然通过了几个中间人才联系到代表本人，但是由于议题的公共性和专业性，很快得到对方的积极回应。这个过程中，地方积极公民的社会资源为接触两会代表提供了机会，专业调查和政策议题的公共性才是吸引社会精英协助进行政策倡导的关键。两会代表的核心任务就是提供有效反映民意的政策建议，为国家发展献言献策。如果政策议案或提案的社会代表性和专业性不高，为了政策议案的社会影响力和有效性，社会精英也很难采纳和提交相关议案或提案。

> 我也是通过老师中间周转了好几个人才联系上的，但是邀请后很爽快答应了。虽然这样，但是我自己也有压力，现在都感觉支持的人很多，但是怎么用好，真是需要智慧。我们的专业能力必须保证，不然很难向支持我们的各方交代，对方很看重我们的需求调查和数据分析，不然他们也不会愿意去提。后来的也基本是我们的想法，所以必须向专业靠拢，才能获得更多的支持和尊重。（20170208 全国组织联盟理事长　个人访谈）

（四）建立持续性动员结构：媒体倡导和地方行动

全国组织联盟政策倡导行动中利用媒体倡导策略，通过专业的媒体传播策略为政策倡导建构全国性的社会动员结构，主动联系媒体建构媒体议程（Dai, Zeng & Wang, 2017）。一方面，利用媒体倡导搭建两会代表、专家和社群代表的沟通平台，增强社群参与度，提高一般公众的关注度；另一方面，通过媒体倡导策略弥补全国组织联盟政治机会结构的不足，从媒体层面发出全国组织联盟的声音，扩大全国组织联盟在社群内部的知名度，也建构外部的社会合法性。

全国组织联盟能够有效地采用媒体倡导策略，主要依赖组织专业化发展和国际公益组织的资源支持。全国组织联盟本身资源的局限性很难有效地吸引大量媒体主动关注和跟踪报道，但是国际公益组织拥有专业的媒体资源，全国组织联盟和国际公益组织的合作，不仅增强了本次政策倡导活动的影响力，更是给全国组织联盟积累了重要的持续性媒体资源。

> 国际组织给了我们很多媒体的联系方式，也给了一些建议，我们自己联系的，我们自己联系正好扩大了我们的影响力啊，只有我们就可以直接联系了。（20170301 全国组织联盟传播官员　个人访谈）

全国组织联盟也注意提高倡导行动的专业化，设置了传播项目官员岗位，由其负责扩展传统媒体和新媒体的外部渠道，采用更专业、主动的传播策略进行媒体倡导。例如倡导活动前准备残障社群权利视角的新闻通稿，建构媒体的报道框架和议题；利用新媒体进行线上直播，建立组织联盟的社交媒体账号，及时跟踪推送报道等，增加政策倡导可选择的策略。

> 昨天到的媒体很多，包括人民日报等很多一线纸媒和网媒，有20多家。而且很多都已经按照我们的新闻稿发出新闻了，我们的新闻稿是很多人修改的，包括秘书长还有国际组织的人。还有些媒体在我们的基础上展开写了，还有后续跟进报道。（20170303 全国组织联盟传播官员 个人访谈）

为了配合全国性的政策倡导行动，并为地方性政策倡导行动提供必要的组织联盟支持，特别是对缺少倡导经验的地方公民组织提供具体指导，全国组织联盟为所有地方组织提供了地方两会议案或提案的不同“政策模板”、具体内部政策倡导过程的策略指引、专业调查的地方性支持数据以及外部媒体倡导的具体新闻通稿。全国组织联盟在地方政策倡导的过程中起到了重要的社群专业支持作用，并通过指导，协调统一了全国和地方层面政策诉求的基本内容，确保了全国和地方政策倡导的专业性和一致性。

地方两会议案或提案的不同模板考虑了不同地方的政治机会结构和政策的现实差别。提供了基于三类不同地方倡导空间，包括本次全国融合教育支持体系提案或议案的共四种针对不同政策议题的模板。议题围绕融合教育，涉及建立特殊教育资源中心、随班就读支持体系、师资力量培训以及增加师资编制等诉求难度逐渐增大的内容。政策模板由议案或提案背景（国家法律政策依据和宏观数据）、现实挑战和困难（专业调查数据和具体案例）、诉求和建议（不同难易程度的具体政策建议）构成，供地方公民或者自组织结合本地情况进行选择。

> 根据当地的情况，如果当地有特殊学校，我们就希望说依托特殊学校推广建立融合教育的资源中心。另外可能的话，如果和当地（政府）关系维系得比较好，就希望推动教育局或者是政协去提有关师资力量的培训，然后这几个提（议）案我们做好模板，就发给各地的家长组织，然后通过

在线的方式给他们做培训，告诉他们如何和政府打交道。我们以前也会做一些政策倡导的培训，或者把他们集中起来做培训。（20160809 合作伙伴内部策略讨论会议　全国组织联盟理事长发言　观察记录）

为了通过地方政策倡导行动的动员，提高地方公民和自组织的行动意识和能力，促进地方政策倡导行动的常态化，全国组织联盟的积极公民和专家共同制定了《各省市两会关于提交促进融合教育发展提案指引》的具体指导手册，其包括六个部分：第一，介绍人大议案和政协提案的功能和作用；第二，介绍可以作为重要提（议）案渠道的民主党派的构成；第三，介绍联系地方两会代表的方式；第四，指导家长利用提（议）案模板和调查数据撰写融合教育地方提（议）案；第五，强调地方政策倡导行动的意义；第六，告知两会结束后后续的倡导策略安排。

全国组织联盟对于地方政策倡导行动的指导手册，既是弥补地方草根 NGO 专业性不足的策略选择，也是一种动员社群公民行动的手段。政策倡导首先需要与政策决策者或者重要的制度参与者建立联系，制造沟通的机会。但是地方草根 NGO 无论在地方倡导空间方面，还是在社会资源方面都面临很多困难。因此，全国组织联盟指导家长如何通过自身资源以及积极寻求外部资源的方式突破关键的资源瓶颈。

一方面，地方组织可以充分调动所在地家长的资源或积极性，共同挖掘身边认识的政协委员/人大代表，甚至我们家长当中也有人可能就是地方政协委员/人大代表；另一方面，可以透过百度关键词搜索，例如“随班就读 G 市人大/政协”等形式，了解近些年我们地区都有哪些政协委员/人大代表提及与我们心智障碍儿童相关的议案/提案内容，然后看通过什么样的关系或渠道找到这位代表/委员，希望他们能够帮助我们将声音带到两会。（20170109 社群内部资料）

全国组织联盟指导地方组织进行政策倡导行动，也是组织内部社群培育和行动动员的过程。为了防止地方社群成员形成仅依靠几位积极公民和全国组织联盟的“等、靠、要”思维，全国组织联盟着重强调了社群成员的权利意识和

行动对于全国政策倡导行动和社群权利的意义。

> 全国两会期间，如果提案/议案能够由一个省的代表团提出来的话，那么这个议题就会有很大的影响力，全国组织联盟目前策略也只是通过个别委员/代表协助向两会递交我们的建议案，但是如果能够在本地区就能形成一个默契，地区形成代表团形式的提案，那么我们的声音就会很容易被听到。只有每个人都参与，我们的参与、我们的发声才能让更多的人关注。（20170109 社群内部资料）

同时，为了使地方的动员结构更加专业化和合法化，对于社群的关注度能够持续，全国组织联盟也希望通过两会议案或提案的过程，帮助地方组织建立良好的媒体资源关系，为后续政策倡导提供必要的媒体倡导支持。因此，对于如何进行后续倡导行动也做出了说明，并在虚拟社群内部进行及时的信息分享和沟通。

> 为了使得我们的声音持续有影响力，我们需要做到未雨绸缪，当我们的提案/议案被递交后，有可能会引起媒体记者的关注和报道，此时我们要做好报道的正确性引导，那么我们需要收集地区融合教育的成功故事，以及融合教育的正确理念和知识。（20170109 社群内部资料）

四　结论与讨论

通过对残障社群全国组织联盟策略行动的跟踪式田野调查和行动参与，本文对弱势社群进行的全国性倡导行动和策略过程进行了初步理论关注和解释。虽然在全国层面，组织联盟倡导行动面对的政治机会结构更少，但是全国层面政策的制定和执行监督决定着地方公民倡导行动的空间，对于解决差异化地方政策执行有着较强的政府内部自上而下的问责压力，使得这样的倡导行动成为弱势社群进行公共表达的有效路径之一。

面对难以获得合法政治身份进入政治参与过程的现实，组织联盟通过吸纳具有广泛影响力的社会、政治精英建构行动政治合法性。同时，通过与大型国际公益组织合作，弥补自身内外部资源和行动能力的不足，扩大政策倡导的社会影响力和关注度。选择现有公民个体表达诉求的两会制度作为接触政府部门，进行政策议案或提案提交的中介，并通过“吸纳”专业精英建构议案或提案的专业性和社会合法性。在整个公共表达的过程中，弱势社群以较高的社群参与性与专业精英建立了专业的政策共建议案或提案，以“弱势社群”的名义与社会、政治精英建立了稳定的组织共治结构，通过草根 NGO 与国际公益组织建立了有效的资源共享关系，并在现有公共民意表达制度内选择有效“中介”，“策略性”地推动了具有公共政策意义的倡导行动。同时，全国性的政策倡导行动进一步扩展了地方倡导的政治机会结构。在整个倡导策略中，联盟通过推动地方公民和草根 NGO 执行社会调查、提供政策模板以及日常虚拟社群的沟通交流等方式，扩展了地方倡导行动的动员结构，为持续性倡导行动提供了可能。对于公民个体而言，积极公民主导或者参与的倡导行动，不仅通过实践增强了积极公民自我行动的能力，更是通过倡导行动的组织和动员，激活了其他公民的权利意识和参与意识，增加了社群认同感，增强了他们的道德公民身份和公共性，推动了将法律上的静态文本公民身份逐渐实践化的进程。

我国草根 NGO 和组织联盟对于倡导行动的作用，更多体现在培养社群公民身份和建立相互信任机制作用的维度。草根 NGO 组织资源的有限性，反而给弱势社群公民提供了日常公共参与的平台和实践机会，这也使得弱势社群公民的积极公民身份建构进程大大加快，短短几年时间形成了一批主导公民倡导行动的积极公民，并开始出现组织联盟化的倡导行动。在这个过程中，草根 NGO 的培育和 NGO 联盟对于不同地区公民的专业支持，则是倡导行动在不同地区扩散的根本推动力。可以说，残障社群已经是内部联系紧密、外部代表性高的社群力量，其进行的政策倡导行动成为重要的社会权力生长点，推动着我国弱势社群的有效公共表达和有序政策参与。

参考文献

陈映芳（2005）：《“农民工”：制度安排与身份认同》，《社会学研究》，（3），第 119～132 页。

贾西津（2007）：《中国公民参与的非政府组织途径分析》，《中国社会科学》（英文版），28（2），第137～146页。

康晓光、韩恒（2007）：《行政吸纳社会——当前中国大陆国家与社会关系再研究》，《中国社会科学：英文版》，28（2），第116～128页。

宋亚娟、张潮（2016）：《"茶馆"社会与政治：作为日常生活的公共领域》，《中国非营利评论》，（1），第211～222页。

王名、贾西津（2002）：《中国NGO的发展分析》，《管理世界》，（8），第30～43页。

邢宇宙、张潮（2017）：《社会倡导和社会融合：青少年公益慈善组织的社会功能研究》，《青年探索》，（1），第36～41页。

张潮等（2014）：《群体性抗争事件中的政策设计与社会建构——以乌坎事件的处理过程为例》，《中国非营利评论》，（2），第90～113页。

Andrews, K. T., & Edwards, B. (2004), "Advocacy Organizations in the US Political Process", (30), *Annual Review of Sociology*, pp. 479 - 506.

Balassiano, K., & Chandler, S. M. (2010), "The Emerging Role of Nonprofit Associations in Advocacy and Public Policy: Trends, Issues, and Prospects", 39 (5), *Nonprofit and Voluntary Sector Quarterly*, pp. 946 - 955.

Brilliant, E., & Young, D. R. (2004), "The Changing Identity of Federated Community Service Organizations", 28 (3/4), *Administration in Social Work*, pp. 23 - 46.

Casey, J. (2004), "Third Sector Participation in the Policyprocess: a Framework for Comparative analysis", 32 (2), *Policy & Politics*, pp. 241 - 257.

Chen, F. (2000), "Subsistence Crises, Managerial Corruption and Labour Protests in China", (44), *The China Journal*, pp. 41 - 63.

Dai, J., Zeng, F., & Wang, Y. (2017), "Publicity Strategies and Media Logic: Communication Campaigns of Environmental NGOs in China", *Chinese Journal of Communication*, pp. 1 - 16.

Fu, D. (2017), "Disguised Collective Action in China", 50 (4), *Comparative Political Studies*, pp. 499 - 527.

Garrow, E. E., & Hasenfeld, Y. (2014), "Institutional Logics, Moral Frames, and Advocacy: Explaining the Purpose of Advocacy Among Nonprofit Human-service Organizations", 43 (1), *Nonprofit and Voluntary Sector Quarterly*, pp. 80 - 98.

Guo, C., & Musso, J. A. (2007), "Representation in Nonprofit and Voluntary Organizations: A Conceptual Framework", 36 (2), *Nonprofit and Voluntary Sector Quarterly*, pp. 308 - 326.

Guo, C., & Saxton, G. D. (2014), "Tweeting Social Change: How Social Media Are Changing Nonprofit Advocacy". 43 (1), *Nonprofit and Voluntary Sector Quarterly*, pp. 57 - 79.

Guo, C., & Zhang, Z. (2013), "Mapping The Representational Dimensions of Nonprofit Organizations in China", 91 (2), *Public Administration*, pp. 325 - 346.

Hopkins, B. R. (1992), *Charity, Advocacy and the Law*, (Vol. 15), Wiley.

Jenkins, J. C. (2006), "Nonprofit Organizations and Political Advocacy", *The Nonprofit Sector: A Research Handbook*, pp. 307 - 332.

Jun, K. N., & Shiau, E. (2012), "How are We Doing? A Multiple Constituency Approach to Civic Association Effectiveness", 41 (4), *Nonprofit and Voluntary Sector Quarterly*, pp. 632 - 655.

Lipsky, M., & Smith, S. R. (1993), *Nonprofits for Hire: the Welfare State in the Age of Contracting*, Boston: Harvard University Press.

Lorentzen, P., & Scoggins, S. (2015), "Understanding China's Rising Rights Consciousness", (223), *The China Quarterly*, pp. 638 - 657.

Maloney, W. A., et al. (1994), "Interest Groups and Public Policy: the Insider/Outsider Model Revisited", 14 (1), *Journal of public policy*, pp. 17 - 38.

Mason, D. P. (2016), "Common Agency in Nonprofit Advocacy Organizations", 27 (1), *Nonprofit Management and Leadership*, pp. 11 - 26.

Mosley, J. E. (2011), "Institutionalization, Privatization, and Political Opportunity: What Tactical Choices Reveal About the Policy Advocacy of Human Service Nonprofits", 40 (3), *Nonprofit and Voluntary Sector Quarterly*, pp. 435 - 457.

—— (2012), "Keeping the Lights on: How Government Funding Concerns Drive the Advocacy Agendas of Nonprofit Homeless Service Providers", 22 (4), *Journal of Public Administration Research and Theory*, pp. 841 - 866.

Mosley, J. E., & Galaskiewicz, J. (2015), "The Relationship Between Philanthropic Foundation Funding and State-level Policy in the Era of Welfare Reform", 44 (6), *Nonprofit and Voluntary Sector Quarterly*, pp. 1225 - 1254.

Mosley, J. E., et al. (2012), "How Organizational Characteristics Affect the Adaptive tactics Used by Human Service Nonprofit Managers Confronting Financial Uncertainty", 22 (3), *Nonprofit Management and Leadership*, pp. 281 - 303.

Reid, E. J. (1999), "Nonprofit Advocacy and Political Participation", *Nonprofits and government: Collaboration and Conflict*, pp. 291 - 325.

Scherer, S. C. (2017), "Organizational Identity and Philanthropic Institutions: Patterns of Strategy, Structure, and Grantmaking Practices", 28 (1), *Nonprofit Management and Leadership*, pp. 105 - 123.

Teets, J. (2017), "The Power of Policy Networks in Authoritarian Regimes: Changing Environmental Policy in China", 31 (1), *Governance*, pp. 125 - 141.

Van Rooij, B. (2010), "The People vs. Pollution: Understanding Citizen Action Against Pollution in China", 19 (63), *Journal of contemporary China*, pp. 55 - 77.

Ying, X. (2016), "The Legitimisation of Voluntary Service Organisations in China: A Compromise between a Changing State and a Developing Civil Society?", 14 (2), *China: An International Journal*, pp. 178 - 188.

Zhang, C. (2017), " 'Nothing About Us Without Us': the Emerging Disability Movement and Advocacy in China", 32 (7), *Disability & Society*, pp. 1096 – 1001.

Zhang, Z., & Guo, C. (2012), "Advocacy by Chinese Nonprofit Organisations: Towards a Responsive Government?", 71 (2), *Australian Journal of Public Administration*, pp. 221 – 232.

Public Expression of Vulnerable Communities: Policy Advocacy and Strategies of the Grassroots NGOs

Zhang Chao

[**Abstract**] In the Western setting, the grassroots NGO coalition plays a vital role in promoting the public expression of vulnerable communities. Grassroots NGO coalition has gradually become the leading actor of national policy advocacy by resources and scale of community members. However, China's grassroots NGOs coalition face many restrictions regarding organizational resources and political opportunities structure. Firstly, the grassroots NGOs relatively lack professionalism, funding, and other critical organizational resources. Secondly, the grassroots NGOs themselves and their coalition have difficulty obtaining legal status and have no institutional channels for policy expression. This unfavorable situation requires them to innovate 'alternative' strategies for public expression. The article finds that the grassroots NGO coalition of vulnerable communities has built up the political legitimacy of advocacy action by absorbing powerful social and political elites. It has also cooperated with international NGO to make up for the lack of internal and external resources, which also can expand the social impact and public attention on policy advocacy. Then, the grassroots NGO coalition selects the existing institutional channel for individuals as an intermediary to contacting government officials, submitting policy proposals. Meanwhile, the grassroots NGO coalition adopts professional elites to build the professionalism and social legitimacy of proposals. National policy advocacy also expands the political opportunities structure of local advocacy by promoting local citizens and grassroots NGOs to conduct social surveys, providing policy templates, and communicating with daily virtual communities. The changing structure offers the possibility for continuous advocacy action.

[**Keywords**] Policy Advocacy; Grassroots NGO; Vulnerable Community; Organization Resources; Organizational Legitimacy

（责任编辑：马剑银）

新制度关联、组织控制与社会组织的倡导行为

李朔严*

【摘要】 在传统双重管理体制的约束下，如何减少来自业务主管单位的外部干扰以促使自身公共表达使命的实现？传统的对于社会组织与业务主管的博弈性策略研究大多聚焦于个体层面，强调关系的运用，而忽略了社会组织得以利用的制度结构因素。本文认为，社会组织可以主动创造新制度关联将自己嵌入复杂的官僚体系中，以最大限度地减少单一业务主管单位对社会组织的约束，最终为公共倡导扫清障碍。本文以Z省H市A组织的发展过程为例，详细揭示了社会组织如何巧妙地运用“两块牌子、一套班子”的策略在不同层级的政府进行注册，从单一的业务主管单位变为多元的业务主管单位。这一策略的运用扩展了社会组织的制度性关联，缓解了与原来单一部门之间的权力不对等的格局，扩大了自身的行动空间，最终推动了其公共表达的行为。

【关键词】 社会组织　国家社会关系　资源依赖　政策倡导策略

---

* 李朔严，博士，上海大学社会学院讲师，主要研究方向是社会组织与社会治理。

一 问题的提出

1978 年改革开放以来社会领域的一个重要变化就是“结社革命”的兴起，进入 90 年代，随着市场经济的发展和国家控制的不断放松，各种民间社会组织开始广泛出现，并逐渐取代官办非政府组织（以下简称 GONGO）与国际社会组织，成为社会治理的主体。十八届三中全会之后，随着《慈善法》等相关法律法规的完善以及直接登记注册等改革措施的出台，社会组织迎来了前所未有的发展机遇。除了直接提供公共服务，社会组织通过倡导表达公共利益、介入公共事件也被认为是加强政府问责、维护社会公平正义的有效手段（Boris & Mosher-Williams，1998；Mosley，2010）。然而由于其组织化行动的形式以及维持政治权威的需要，地方政府往往对于社会组织的倡导职能抱有疑虑（Spires，2011；康晓光、韩恒，2005）。在传统的双重管理体制下，业务主管单位抱着多一事不如少一事的态度，往往对社会组织的微观运作进行直接干预以降低其倡导的倾向（Foster，2001；Ma，2002）。在这种情况下，如何减少来自组织的外部控制以获得自主性进而实现组织既定的战略目标就成为众多实践和理论关注的重点（黄晓春、嵇欣，2014；姚华，2013；张紧跟，2012）。已有研究指出，在与上级业务主管单位博弈的过程中，社会组织可以通过“不完全合作”“利益契合”等策略获得一定程度的自主性以实现自身的目标（江华等，2011；朱建刚、赖伟军，2014）。这一研究视角本质上是在国家硬性制度约束下寻求社会组织自主性的可能性（王诗宗、宋程成，2013）。然而这些研究大多聚焦于个体层面，强调领导人智慧以及个人关系运用对博弈的影响，具有很强的情景性，而对社会组织如何利用制度结构的空隙获得自主性还缺乏一定的关注。在与业务主管单位的博弈过程中，社会组织除了运用个人关系外，是否还存在其他的机制来获得自主性？如果存在，其中的机制又是什么？本文尝试从制度结构的因素切入，来解释社会组织如何减少来自业务主管单位的外部控制以获得自主性，从而为倡导扫清障碍。这不仅能够从理论层面加深对国家社会关系复杂性的理解，也有助于在实践层面为社会组织的行动提供指导。

二 文献综述与分析思路

（一）领导力与倡导行为

西方很多的研究发现社会组织的倡导行为与其领导人的能力、经历与意愿紧密相关。那些经验丰富的领导人往往更了解如何进行倡导，因此会更加积极地介入倡导（Schmid，2013）。与代表群体的互动交流的内容以及频率也会影响领导人的倡导行为（Cohen，2001；Guo & Saxton，2010；Saidel & Harlan，1998）。领导人对于问题的界定也毫无疑问会影响之后采取的行为，当社会组织把问题更多归结于环境时就更容易进行政策倡导，因此在贫困率较高地区的社会组织，就更倾向于通过倡导来改变贫困问题（Garrow & Hasenfeld，2014）。除此之外，领导人之前的工作经历也会影响非政府组织（NGO）公共表达职能的行使，那些有着政府工作经历的 NGO 领导人不仅熟悉政府的决策过程，也会与决策部门保持更加紧密的私人关系，这一切都会促进 NGO 介入倡导之中（Berry，2010；Rees，2001）。但与此同时，出于维护私人关系的考虑，NGO 领导人在选择策略的时候，往往会采取内部倡导的策略，即私下与决策部门人员沟通的方式，而不会采取通过外界压力来传递意见等外部倡导策略（Casey，2011；Donaldson，2007；Mosley，2011），因此这在一定程度上影响了 NGO 的代表性等问题（Onyx et al.，2010）。领导人在 NGO 内部的地位和话语权也会影响到其公共表达，那些权力更加集中的 NGO 领导人往往能够更加有效地进行倡导；相反，如果 NGO 组织权力比较分散，领导人就更容易受到来自其他理事成员的掣肘，其倡导的效果也会大打折扣（Berry，2010）。

这一视角也时常出现于中国学者对社会组织的研究中，很多研究发现，由于中国社会组织起步较晚，其发展很大程度上依赖于组织领导人的能力（黄晓春、嵇欣，2014；姚华，2013）。而面对外部制度结构的约束，领导人的智慧与特质也往往成为解释社会组织“异常”行动的主要因素，备受中国学者的青睐。众多研究指出了虽然业务主管单位凭借组织上的关联得以对社会组织实现控制，但这种关联本身的两面性也会给社会组织带来一些意想不到的效果。除了能够为社会组织提供生存发展的必要资源以及合法性身份，这种制度性的关联也成为社会组织与业务主管单位信息沟通和博弈的重要渠道（Dickson，

2003；Saich，2000）。首先社会组织可以通过这一政策网络去改变业务主管单位的政策偏好从而推动政策创新，Teets对于中国环保社会组织的研究发现，很多环保社会组织可以利用与业务主管单位的制度纽带来改变其对于环境政策的偏好，从而达到社会组织政策倡导的目标。除此之外，其领导人也可以利用这一过程中与业务主管单位形成的私人关系来为社会组织的行动争取支持，甚至可以凭借业务主管单位的政治背书爆发出巨大的能力（Lu，2007；Teets，2013；Teets，2017）。Chen对于残疾人联合会的研究发现，其领导人恰恰凭借自身的私人关系改变了很多城市对于残疾人的政策，维护了残疾人的合法权益（Chen & Xu，2011）。Gallagher对于工会的研究也指出，被政治统合不意味着社会组织必然被束缚了手脚（Gallagher，2004）。这些研究都体现出在限制性制度的约束之下，社会组织领导人的个人能力对倡导行为具有显著的影响，因此从这个意义上讲，不能将社会组织的自主性理解为一个由强到弱的连续光谱。

然而这种基于领导人特质的视角也有自身的局限。首先，领导人视角过于强调微观层面的行动策略，而忽视了外部制度环境的影响。已有研究发现，即便是在同样的限制性制度约束下，不同的地域对于社会组织的开放程度也不一样（管兵，2013）。领导人的策略与智慧固然重要，但必须在一定的环境下才能发挥作用（McAdam，2010；李朔严，2017）。很多研究发现中国社会组织之所以能够发挥越来越重要的作用，一个非常重要的原因就是政治环境愈加宽松，这构成了社会组织领导人成功运用策略的前提（Zhan & Tang，2013）。其次，目前对于领导人策略的研究主要聚焦于关系、话语构建以及一些非制度化的因素，这固然能够解释具体事件中社会组织行动成功的原因，但其也因为具有高度的情景化色彩而碎片化，难以提炼出有效可推广的结论（王诗宗、宋程成，2013）。社会组织领导人除了可以利用一些非制度性的因素来与业务主管单位博弈，同样也能利用制度结构层面的漏洞来为社会组织寻求自主性和行动空间，而这恰恰是目前大部分社会组织研究与体制博弈所忽视的。

（二）制度关联、资源依赖与社会组织自主性

很多研究发现，社会组织的行动空间很多时候嵌入中国复杂的官僚体系。复杂的央地关系与纵横交错的条块分割体系将官僚系统分割成碎片化的体系，这种破碎的权威不仅给予了社会组织行动的空隙，更为社会组织寻求伙伴，获得新的政治和资源渠道提供了条件（Mertha，2009；汪锦军、张长东，2014）。

Mertha 认为怒江事件中环保社会组织之所以能够成功推动政策变迁，一个很重要的原因是其利用了不同政府部门的分歧（Mertha，2009）。Zhan 和 Tang 通过对中国环保社会组织的调查也发现，地方分权改革所赋予的地方自主性在很大程度上也推动了社会组织的发展（Zhan & Tang，2013）。这些研究虽然并不集中探讨社会组织与业务主管单位的博弈，但毫无疑问都反映了客观制度结构的空间对于社会组织行动自主性的重要意义。但在这些研究中，大部分学者将这些制度结构看作外生于社会组织而存在的，将“是否能够抓住机会”看作社会组织的能动性的体现，而忽视社会组织本身具有创造制度结构空隙的机会。

在双重管理体制下，社会组织的合法性与业务主管单位紧密相关，而这种制度性关联也成为提供社会组织政治支持和资源渠道的纽带，这种单一的渠道加深了社会组织对业务主管单位的资源依赖，从而使业务主管单位可能从外部控制社会组织（Pfeffer & Salancik，2003）。因此社会组织发展新的制度关联以减少单一部门对其的影响就成为可采取的策略之一。有研究表明，国家之所以在 2015 年之后强调加强社会组织的党建工作，一个非常重要的原因就在于随着政府购买服务的兴起，社会组织的资源渠道日趋多样化，这也意味着社会组织与更多的部门产生了实质层面的资源交换关系，而这毫无疑问减少了社会组织对业务主管单位的依赖。但与此同时，党建工作的强化，使得社会组织除了面对来自业务主管单位的监管外，也与上级党组织发生了制度层面的联系，这种联系也有可能产生一些意想不到的效果，从而让社会组织在资源、合法性乃至政治资本上获得提升（李朔严，2018）。因此，除了利用关系等非制度性的因素来与业务主管单位博弈以获得行动空间，社会组织也可以主动建构起新的制度关联来减少对单一部门政治和资源的依赖，将自己主动嵌入复杂的官僚体系，利用碎片化权威从而获得自主性。这种新的制度关联既包括了实质上的资源交换关系（政府购买服务），也包括了组织层面的制度纽带（上级党组织、多元业务主管单位），当社会组织逐步摆脱了单一业务主管单位对其的束缚，其就具有了更大的行动空间，有助于其公共表达职能的实现。

三　研究方法与数据说明

本文主要采取了单案例的历时分析方法，从 Z 省 H 市的环保社会组织 A 组织为例来揭示社会组织如何创造与体制更多的制度性关联来获得行动的倡导空间。虽然分析单位只有一个，但笔者将A组织以新制度为关联节点从纵向维度划分为两个阶段，比较两个阶段A组织在倡导行为方面的差异，并通过对细节的揭示来说明新的制度关联在其中所发挥的重要作用。这种基于重要事件所形成的前后两个阶段在某种意义上形成了“最相似案例”的研究设计（Most Similar Case Design），即尽可能通过控制其他无关变量，识别并探讨核心自变量对于因变量的影响（Gerring，2008）。很多学者认为，有意识地比较案例的研究设计不仅能够有助于实现因果推断，而且也能够通过细节的揭示打造出完整的因果机制的链条（Eisenhardt & Graebner，2007）。具体在这个案例中，前后两个阶段A组织在人员、领导人特质、组织规模等其他方面均无显著差异和改变，唯一的变化就是A组织是否与其他部门产生了制度性的关联。因此可以通过比较前后两个不同阶段A组织在倡导行为上的差异，去观察其所采取的策略如何影响A组织面临的制度环境。

基于这一纵向的比较案例研究的设计，本文主要采用了过程追踪（Process-Tracing）的方式去揭示其中的因果机制。过程追踪常见于历史分析的研究中，通过对关键时间点（Critical Juncture）的把握，识别出在因果机制中的关键要素（Bennett，2010；Mahoney，2010），进而通过展现不同因素的相互作用和运行机制来检验自己的理论和假说是否得到验证（Collier，2010）。为了能够识别出关键要素而避免陷入过多繁杂的细节，Mahoney认为最需要关注的是那些与“常识”（Prior Knowledge）有关的“诊断性证据”（Diagnostic Evidence），而这也构成了评价过程分析法的依据（Goertz & Mahoney，2010；Waltz，1979）。本文以A组织建立新制度关联为重要的时间节点，通过参与式观察和深入访谈对其倡导行为背后的考量因素进行记录和分析，从而揭示出这一关键节点影响A组织行为的机制。

在具体资料的获得方式上，本文主要基于笔者长期的田野调查资料。笔者分别在2015年10月和2016年2月至4月在Z省H市对A组织进行了两轮调研，除此之外，笔者还在之后与A组织保持了密切的联系，跟踪进行了一些线上和线下的调研。在田野调查期间，笔者以实习生的身份前往A组织工作近3个月，主要通过参与式观察和深入访谈的方式对A组织的日常工作以及相关人员的行为进行了记录和分析，同时，笔者还参与了A组织很多次内部的战略会议，并对这些会议进行了记录。为了保证资料的真实性，笔者还访谈了一些政府官员，用了三角验证的方式，进而去理解 A 组织所面临的制度环境的变化。表 1 列出了笔者获得资料的基本情况。

表 1　资料收集一览

具体资料
访谈（n = 12）
A 组织领导人（n = 4）
A 组织员工（n = 6）
相关业务主管单位人士（n = 2）
内部会议（n = 3）
A 组织内部会议（n = 3）
二手资料（政府文件，网页资料，媒体资料）

四　案例分析

A 组织是 Z 省 H 市的环保社会组织，成立于 2000 年，最早是一个学生社团。当时的负责人江先生还是本科生，在一次自行车骑行的活动中，江先生充分感受到工业污染对于家乡自然环境的破坏，于是在当时学院团委老师的支持下，成立了学生社团 A 组织。之后江先生毕业去美国读书，在学习的过程中，江先生逐步有了专职做社会组织的想法，于是回国之后，江先生就开始致力于将 A 组织发展为专业的环保组织。由于当时国内的环境尚不开放，江先生想成功地让 A 组织落地注册十分困难，一直都无法找到相应的业务主管单位，因此在很长的一段时间江先生都只能以挂靠团委的方式活动。这种方式虽然在一定程度上解决了 A 组织的合法性身份的问题，但由于 A 组织不具备独立的财权，江先生感到“做任何事情都很不方便”①。最终在 2010 年，凭借之前本科老师的介绍，江先生联系上了 H 市环保局，将 A 组织成功注册为市级的环保组织。身份合法性问题的解决在很大程度上帮助了 A 组织的发展，其逐渐开始有了组织架构、专业部门以及相关的专职人员。

① A 组织领导人江先生，访谈记录。

在发展的过程中，江先生逐步有了将A组织发展壮大的想法，于是便希望能够将其发展成为一个省级的社会组织。虽然根据法律的规定，同一个社会组织不能同时在两个行政区域内进行注册，但从实践层面来看，依然有可操作的空间，一个常规的方式就是"一套班子，两块牌子"，只要组织的法人代表和注册时的名称不同，就能实现"名实分离"的目标。基于这一想法，江先生于2013年成功找到了Z省的科学技术协会（简称科协），让它担任了省级的业务主管单位，并让自己核心团队的另外一人出任省级团体的法人代表，形成了在同一套班子管理下省级社团和市级社团共存的局面。此时此刻，A组织实质上接受两个业务主管单位的指导，一个是H市环保局，另一个是Z省科协。虽然从法律上讲，两个业务主管单位指导的是两个不同的社会组织，但两个组织只是A组织在不同情境下的两个不同名称而已。

本文以2013年A组织注册为省级社会组织为重要时间节点，将A组织的发展划分为前后两个不同阶段。观察在不同阶段社会组织在倡导行为上的差异并尝试揭示其中的机制，从而理解A组织创造制度性关联对于其行动空间的影响。

（一）业务主管的约束：外部控制与倡导行为

与中国很多其他社会组织一样，A组织成功注册成为市级团体以后首先面临的问题是来自H市环保局对其的干预。凭借本科老师的介绍，江先生成功获得了H市环保局的支持，获得了合法身份，但这种绑定的利益关系使得A组织必须在环保局的指导下行动。虽然江先生出于维持自身独立性的考虑，已经尽可能主动与环保局保持距离，但这一方面限制了A组织从市环保局获得足够的物质和政治支持以促进发展，另一方面主动保持距离本身并不足以让市环保局对A组织放心，其依然会要求A组织主动向市环保局汇报日常开展的活动。虽然市环保局很少直接干预A组织的运行和决策，但作为业务主管单位其所具有的权力上的优势却无时无刻不让A组织和江先生感受到压力。

> 你说我们怎么看待监管，那肯定是越少越好的……现在对社会组织的监管实际上很多，我们做什么都要向他们（业务主管单位）汇报。虽然也算比较自主，但他们的想法肯定还要考虑的。①

① A组织领导人江先生，访谈记录

在业务主管单位的约束下，A 组织的公共倡导空间也受到了影响。作为环保组织，A 组织一直以推动环境保护为己任，早在注册之前，A 组织一直都与当地的部门合作宣传河流保护，也起到了很好的效果。不过在江先生看来，这种面向公众的环境教育固然重要，但环保组织也应当主动推动环境保护的落实，努力督促政府和全社会在环境保护上有所作为，改变相关的环境政策。然而，由于很多环境公共事件，政府与公众之间存在紧张关系，如果环保组织代表公众发声，则有可能挑战政府权威，给相关业务主管单位惹麻烦。因此很多业务主管单位抱着多一事不如少一事的想法，对社会组织在公共事件中的倡导往往持消极的态度。H 市环保局也不例外，更为重要的是，由于在环境公共事件中，环保局往往是被公众责难的对象，这进一步影响了其对于 A 组织履行倡导职能的态度。与此同时，出于维护与环保局关系的考虑，A 组织也会更倾向于采取较为温和的方式来表达公共诉求，甚至通过私人渠道进行内部倡导，这些都反映出 A 组织在环保局外部控制下的尴尬境地。这一逻辑在 2012 年 12 月底 H 市爆发的纺织污染事件中得到了充分的体现。

2012 年 12 月底，一家国外的著名环保组织在北京发布了一份 H 市的水域质量的调查报告，报告尖锐地指出了 H 市河流沿岸的纺织厂向水域排放有毒废料的事实，引起了媒体和公众的广泛关注。这一报告的出现也让 H 市环保局十分难堪，虽然报告更多聚焦于污染企业，但正如报告所指出的，企业对河流的污染行为本质上是长期存在的，因此这实际上也在暗示政府相关部门的不作为。这也让环保局不得不面对报告出现以后的一系列公关事件。

江先生也在第一时间得知了这个消息，并认为 A 组织应该有所行动。但在当时的情景下，江先生立马意识到对于 A 组织来说，代表公众利益向环保局发声这一条路显然走不通：作为自己的业务主管单位，环保局不可能批准 A 组织这种“自找麻烦”的行动，如果 A 组织硬要采取行动，毫无疑问会从根本上破坏自身与环保局的关系，不利于社会组织的长期发展。这种种的顾虑在很大程度上改变了江先生对这件事情的态度：既然不能公开倡导表达自己的立场，那就通过私下的方式为环保局出谋划策。江先生认为，A 组织自身的使命决定了其不可能对这么重大的事件不管不问，但其与环保部门的关系也决定了其必须把维护与环保部门的关系放在第一位。因此，A 组织唯一能够做的就是做好第三方的角色，给予环保部门相关的建议以推动这件事情的解决，同时又不能让环保局感到难堪。

> 这个方案（内部提建议）也是我们内部讨论的结果，在措辞上我们就讨论了很久，如何让市环保局感受到我们不是给他们惹麻烦，同时又要让他们信服我们这样做是能够帮助把问题解决……他（江先生）毕竟有很多问题需要考虑，这也是和我们（其他人）不一样的地方。①

在反复斟酌之后，江先生和他的团队成员草拟了一份给环保局的建议，在其中详细说明了环保局该如何解决当下的公共危机并阐述了相关的理由。为了让这份报告能够引起足够的重视，江先生还拉上其他的环保组织一起署名，最终通过私人渠道交给了市环保局。在收到A组织的这份报告之后，市环保局十分高兴，认可了其中的绝大部分建议并大力表扬了A组织和江先生，称赞他们在关键时刻能够努力为环保局“排忧解难”，在一定程度上拉近了A组织与环保局的关系。虽然江先生认为A组织这样的做法显得比较无奈，但毕竟在一定程度上有助于河流污染的解决，更为关键的是，这种温和的建设性态度能够帮助A组织维持与市环保局的关系。

> 社会组织也有一个自己的生态，应该让所有类型的NGO都能够存在，一方面需要有那种比较极端的NGO（如国际环保组织），同时也要有我们这种比较中性的NGO……最终能解决问题，这样就好了。②

从上面的事件分析中不难看出，A组织基于公共利益的倡导行为实际上受到了来自业务主管单位的抑制。虽然这种抑制很多时候不是以直接干涉的形态呈现，但环保局作为唯一与A组织具有制度关联的单位，对A组织的未来发展可以施加直接的影响，这使得A组织在行动之前需要考虑环保局的态度以及事后的反应，这实质上构成了对A组织的一种看不见的约束。出于维护与环保局关系的考虑，A组织就只能选择较为温和的内部倡导的形式来推动公共事件的解决，这一定程度上影响了其公共利益的代表性和社会合法性。

---

① A组织员工申先生，访谈记录。

② A组织负责人江先生，访谈记录。

（二）创造行动空间：新制度关联与倡导行为

随着A组织的不断发展，江先生认为只有成为省级组织，才有可能在Z省建立起A组织的影响力。虽然当时A组织的活动范围还主要集中在H市，但考虑到未来的发展，仅仅凭借H市环保局显然不足以支撑A组织在全省的扩展。更为重要的是，H市环保局作为市属的环保部门，很难有动力支持A组织在其他市采取行动。出于这些方面的考虑，A组织于2013年注册成了省级社会组织。

成为省级社会组织之后，A组织一下子拥有了两个业务主管单位，由于两个业务主管单位都与A组织存在制度性的关联，究竟把工作重心放在哪个业务主管单位就成了江先生考虑的一个重要问题。江先生认为虽然H市环保局较少干预A组织的决策，但作为环保社会组织，由环保部门来指导工作确实在很大程度上限制了其公共表达的职能。因此江先生把省科协看作另一支可以利用的力量。在这一思路的指引下，A组织开始主动向省科协靠拢，这主要表现在以下两个方面。首先，A组织在日常的活动中更多以省级社会团体的名义行动，逐渐摆脱市级社会组织的身份。其次，江先生自己也多次主动参与省科协举办的各种活动，与省科协的一些主要领导人发展好私人关系。这两方面的努力使得省科协实质上成为A组织的业务主管单位。而另外，H市环保局抱着“甩包袱”的想法，认为由省科协接手A组织有助于减少环保局的管理成本，因此对于A组织主动向省科协靠拢的态势也没有发表任何意见。

> 如果想要成为全省有影响力的组织，借助省科协的支持是必不可少的，我自己也时常会参加他们（省科协）的活动啊，比如一些科普性的活动，都会邀请我去讲……反正只要不给那边（市环保局）惹麻烦就好，他们也不会怎么管。①

随着A组织与省科协的制度性关联不断增强，A组织逐渐开始摆脱H市环保局对其的影响，一个很重要的体现就是A组织的很多决策行为会更多考虑省科协的态度而非环保局。而与环保局不同，省科协作为事业单位独立于政府的

---

① A组织负责人江先生，访谈记录。

职能体系之外，这也就意味着其不容易成为公共事件的责难对象，因此省科协对于 A 组织采取的一些行动往往持更加开明的态度，这也大大拓展了 A 组织与江先生的行动空间。

省科协的几个领导对我们的工作一直都是比较支持的，算是比较开明吧，他们有一个副主席也是年轻人，觉得我们社会组织就应该多尝试尝试，做出一些创新和成就。①

2013 年底发生的 H 市自来水异味事件就比较典型地体现了这一点。2013 年 12 月 10 日，有媒体报道 H 市的一些市民发觉自来水有异味，这一现象的不断加重，也引起了社会的关注，虽然环保局对沿岸的河流进行了检查并公布了水质的检测结果，但依然一直没有解决这一问题。这一事件也引起了江先生的注意，但与 2012 年 A 组织采取内部倡导的策略不同，此次事件 A 组织采取了公开倡导的方式。事件发生后，江先生组织了相关的专家对环保局公布的水质检测结果进行了再分析，并在之后通过媒体将结果告知公众。A 组织所公布的结果与环保局的报告不一致，也引起了公众乃至上级政府的广泛关注，一些部门还对 A 组织进行了一些口头上的警告，让其不要再涉入其中。

我们一开始也是很紧张的，但后来省科协的领导还是过来安慰我们，让我们放宽心，我们后来也就觉得还好了。②

之所以在这个事件中 A 组织敢于进行公开的倡导，一个很重要的原因就在于省科协已经在实质上取代 H 市环保局成为 A 组织的业务主管单位，这意味着虽然 A 组织与 H 市环保局依然存在名义上的制度联系，但 A 组织与环保局之间已经是一种比较松散、若即若离的关系。由于省科协一样可以为 A 组织提供资源与合法性支持，因此 A 组织对环保局的依赖关系实际上减弱了，这使 A 组织在决策的时候可以避免受到来自环保局的影响。因此即便 A 组织所采取的行动有可能危害到环保局的利益，其依然会基于公共利益进行倡导。而事件之后环

① A 组织员工骆先生，访谈记录。

② A 组织负责人江先生，访谈记录。

保局仅仅对A组织进行口头警告也说明了当A组织已经向省科协靠拢以后，环保局实际上已缺乏对A组织有效的约束措施。

（三）小结

根据上文对A组织建立新制度关联前后两个阶段的行为分析，笔者总结了两个阶段中A组织与相关业务主管单位的关系以及其倡导行为所面临的制度约束（见表2）。

表2　A组织不同阶段面临的制度约束与倡导行动

新制度关联	业务主管的单位联系	倡导行动的难度	倡导策略
前	单一	大	内部倡导
后	多元	小	公开倡导

从表2中可以看出，在A组织成为省级社会团体之前，由于只有H市环保局这一单一的业务主管单位，其在环境问题上的倡导往往会面临更大的障碍。由于A组织必须接受来自环保局的业务指导，因此A组织不得不在决策行动的过程中考虑环保局的态度和看法，这实际上束缚了A组织的行动，尤其当倡导行动有可能与环保局的利益产生冲突时，A组织会放弃公共表达的职能，采取一种更加温和的内部倡导的形式。

而在成为省级团体之后，情况发生了很大的改变。A组织通过一定的策略主动建立了与省科协的新制度关联，这一新的制度关联不仅仅意味着A组织成为省级社会组织，更意味着A组织有了一个新的选择业务主管单位的机会。通过主动向省科协靠拢，A组织逐渐摆脱了对环保局的依赖，再加上省科协作为事业单位的特点，这些都使得A组织能够有更大的行动空间。因此即便在公共事件中其倡导行为有可能影响市环保局的利益，A组织依然能够坚持采取行动，这很大程度上是因为此时A组织的存在与活动已经可以依靠省科协而非环保局。

值得注意的是，在这里需要承认A组织与省科协之间的紧密联系确实更多的是依靠江先生利用私人关系的努力，也就是说即便A组织可以通过创造新制度关联来减少其倡导所面临的制度性障碍，这种新制度关联是否有效依然不能完全脱离私人关系的运用。但与传统只强调私人关系的研究不同，本文认为新制度关联的出现为社会组织提供了更多的可能性，也就意味着社会组织有了施展更多私人关系的机会。

五　结论

经过改革开放四十年的发展，社会组织已经成为公共治理体系中十分重要的力量。毫无疑问，目前社会组织在承接政府职能转移、提供公共服务方面已经愈发成熟，但同时，由于传统管理体制的约束，社会组织依然难以发挥其公共表达的职能，这限制了其在治理体系中作用的进一步发挥，表现出政府对于社会组织的工具性态度。我国如今已经进入全面深化改革的重要阶段，面对渐进性的地方改革，社会组织必须主动为自身的倡导创造条件，以表现出更强的公共代表性。

本文聚集于社会组织的倡导问题，重点关注了社会组织如何创造条件突破约束性体制，进而获得更大的自主性与行动空间。本文发现，除了利用关系网络等非制度性因素改变监管部门对倡导行为的态度与偏好外，社会组织也可以主动创造新制度关联将自身嵌入复杂的官僚体系，进而利用官僚体系内部的空隙来降低自身面临的制度约束。A组织正是巧妙地运用“两块牌子、一套班子”在不同层级的政府进行注册，从单一的业务主管单位变为多元的业务主管单位，缓解了与原来单一部门之间的权力不对等的格局，从而影响了其公共表达的行为。

这一结论首先丰富了学术界对于社会组织与体制博弈的策略研究，传统的对于社会组织策略的研究更多强调关系等因素的运用，即便是那些关注制度结构的研究，也更多地将制度结构所产生的空间看作独立于社会组织之外的因素，而忽视了社会组织可以主动创造制度结构空间的可能性。本文通过案例研究论证了这一可能性的存在，也丰富了学术界对于社会组织策略的理解。另外，这也在一定程度上深化了对国家社会关系的理解，传统上对于国家社会关系的研究主要基于结构论和能动论两种视角，前者强调国家的决定性作用，后者强调社会组织的适应性策略（王诗宗、宋程成，2013）。本文的发现在一定程度上支持了能动论的视角，也进一步帮助人们理解了国家社会关系的复杂性。

同时，这一研究也有着更广泛层面的意义，建立新的业务主管单位只是新制度关联的一种体现，随着政府购买服务浪潮的扩大以及社会组织党建活动的全面铺开，毫无疑问，社会组织有机会创造出更多的新制度关联，那这些关联的产生是否意味着社会组织具有更大的行动空间，是否会对社会组织的行为模式产生影响？由于篇幅的限制，本文无法对这些问题一一进行探讨，但毫无疑问，这些问题的回答将有助于我们从更广泛层面理解社会组织在今后治理体系中的作用以及未来国家社会关系的新走向。

参考文献

黄晓春、嵇欣（2014）：《非协同治理与策略性应对——社会组织自主性研究的一个理论框架》，《社会学研究》，(6)，第 98 ~ 123 页。

江华等（2011）：《利益契合：转型期中国国家与社会关系的一个分析框架——以行业组织政策参与为案例》，《社会学研究》，(3)，第 136 ~ 152 页。

管兵（2013）：《城市政府结构与社会组织发育》，《社会学研究》，(4)，第 129 ~ 153 页。

康晓光、韩恒（2005）：《分类控制：当前中国大陆国家与社会关系研究》，《社会学研究》，(6)，第 73 ~ 89 页。

李朔严（2017）：《政治关联会影响中国草根 NGO 的政策倡导吗?》，《公共管理学报》，(2)，第 50 ~ 70 页。

——（2018）：《政党统合的力量：党，政治资本与草根 NGO 的发展：基于 Z 省 H 市的多案例比较研究》，《社会》，(1)，第 160 ~ 185 页。

汪锦军、张长东（2014）：《纵向横向网络中的社会组织与政府互动机制——基于行业协会行为策略的多案例比较研究》，《公共行政评论》，(5)，第 88 ~ 108 页。

王诗宗、宋程成（2013）：《独立抑或自主：中国社会组织特征问题重思》，《中国社会科学》，(5)，第 50 ~ 66 页。

姚华（2013）：《NGO 与政府合作中的自主性何以可能？——以上海 YMCA 为个案》，《社会学研究》，(1)，第 21 ~ 42 页。

张紧跟（2012）：《从结构论争到行动分析：海外中国 NGO 研究述评》，《社会》，(3)，第 98 ~ 123 页。

朱健刚、赖伟军（2014）：《“不完全合作”：NGO 联合行动策略》，《社会》，(4)，第 187 ~ 209 页。

Bennett, A. (2010), "Process Tracing and Causal Inference", *Rethinking Social Inquiry: Diverse Tools, Shared Standards*, Rowman & Littlefield Publishers.

Berry, J. M. (2010), *The New Liberalism: The Rising Power of Citizen Groups*, Brookings Institution Press.

Boris, E. & Mosher-Williams, R. (1998), "Nonprofit Advocacy Organizations: Assessing the Definitions, Classifications, and Data", 27 (4), *Nonprofit and Voluntary Sector*

Quarterly, pp. 488 – 506.

Casey, J. (2011), *Understanding Advocacy: A Primer on the Policy-making Role of Nonprofit Organizations*, New York: Baruch College.

Chen, X., & Xu, P. (2011), "From Resistance to Advocacy: Political Representation for Disabled People in China", 207, *The China Quarterly*, pp. 649 – 667.

Cohen, D. (2001), "Critical Lessons Learned in Social Justice Advocacy: United States, South Asia, and Southern Africa", Urban Institute Seminar on Nonprofit Advocacy and the Policy Press, Washington, DC.

Collier, D. (2010), *Process Tracing: Introduction and Exercises*, Beta Version, September, 22.

Dickson, B. J. (2003), *Red Capitalists in China: The Party, Private Entrepreneurs, and Prospects for Political Change*, Cambridge University Press.

Donaldson, L. P. (2007), "Advocacy by Nonprofit Human Service Agencies: Organizational Factors as Correlates to Advocacy Behavior", 15 (3), *Journal of Community Practice*, pp. 139 – 158.

Eisenhardt, K. M., & Graebner, M. E. (2007), "Theory Building from Cases: Opportunities and Challenges", 50 (1), *Academy of Management Journal*, pp. 25 – 32.

Foster, K. W. (2001), "Associations in the Embrace of an Authoritarian State: State Domination of Society", 35 (4), *Studies in Comparative International Development*, pp. 84 – 109.

Gallagher, M. (2004), "The Limits of Civil Society in a Late Leninist State", *Civil Society and Political Change in Asia: Expanding and Contracting Democratic Space*, Stanford University Press.

Garrow, E. E., & Hasenfeld, Y. (2014), "Institutional Logics, Moral Frames, and Advocacy: Explaining the Purpose of Advocacy Among Nonprofit Human-service Organizations", 43 (1), *Nonprofit and Voluntary Sector Quarterly*, pp. 80 – 98.

Gerring, J. (2008), "Case Selection for Case-Study Analysis: Qualitative and Quantitative Techniques", In *The Oxford Handbook of Political Methodology*, Oxford Handbooks of Political.

Goertz, G., & Mahoney, J. (2010), "A Tale of Two Cultures: Causal Mechanisms and Process Tracing", 8 (2), *Qualitative & Multi-Method Research*, pp. 24 – 30.

Guo, C., & Saxton, G. D. (2010), "Voice-in, Voice-out: Constituent Participation and Nonprofit Advocacy", 1 (1), *Nonprofit Policy Forum*, pp. 1 – 27.

Lu, Y. (2007), "The Autonomy of Chinese NGOs: a New Perspective", 5 (2), *China: An International Journal*, pp. 173 – 203.

Ma, Q. (2002), "The Governance of NGOs in China Since 1978: How Much Autonomy?" 31 (3), *Nonprofit and Voluntary Sector Quarterly*, pp. 305 – 328.

Mahoney, J. (2010), "After KKV: The New Methodology of Qualitative Research", 62

(1), *World Politics*, pp. 120 – 147.

McAdam, D. (2010), *Political Process and the Development of Black Insurgency, 1930 – 1970*, University of Chicago Press.

Mertha, A. (2009), "'Fragmented Authoritarianism 2.0': Political Pluralization in the Chinese Policy Process", 200, *The China Quarterly*, pp. 995 – 1012.

Mosley, J. E. (2010), "Organizational Resources and Environmental Incentives: Understanding the Policy Advocacy Involvement of Human Service Nonprofits", 84 (1), *Social Service Review*, pp. 57 – 76.

Mosley, J. E. (2011), "Institutionalization, Privatization, and Political Opportunity: What Tactical Choices Reveal about the Policy Advocacy of Human Service Nonprofits", 40 (3), *Nonprofit and Voluntary Sector Quarterly*, pp. 435 – 457.

Onyx, J., et al. (2010), "Advocacy with Gloves on: The 'Manners' of Strategy Used by Some Third Sector Organizations Undertaking Advocacy in NSW and Queensland", 21 (1), *VOLUNTAS: International Journal of Voluntary and Nonprofit Organizations*, pp. 41 – 61.

Pfeffer, J., & Salancik, G. R. (2003), *The External Control of Organizations: A Resource Dependence Perspective*, Stanford University Press.

Rees, S. (2001), "Effective Advocacy on Limited Resources", *Nonprofit Advocacy and the Policy Process*, Washington, DC: Urban Institute.

Saich, T. (2000), "Negotiating the State: The Development of Social Organizations in China", 161, *The China Quarterly*, pp. 124 – 141.

Saidel, J. R., & Harlan, S. L. (1998), "Contracting and Patterns of Nonprofit Governance", 8 (3), *Nonprofit Management and Leadership*, pp. 243 – 259.

Schmid, H. (2013), "Nonprofit Human Services: Between Identity Blurring and Adaptation to Changing Environments", 37 (3), *Administration in Social Work*, pp. 242 – 256.

Spires, A. J. (2011), "Contingent Symbiosis and Civil Society in an Authoritarian State: Understanding the Survival of China's Grassroots NGOs", 117 (1), *American Journal of Sociology*, pp. 1 – 45.

Teets, J. C. (2013), "Let Many Civil Societies Bloom: The Rise of Consultative Authoritarianism in China", 213, *The China Quarterly*, pp. 19 – 38.

—— (2017), "The Power of Policy Networks in Authoritarian Regimes: Changing Environmental Policy in China", *Governance*, 31 (1), pp. 125 – 141

Waltz, K. (1979), "Theory of International Relations Reading", *Addison-Wesley*, 635 – 650.

Zhan, X., & Tang, S. Y. (2013), "Political Opportunities, Resource Constraints and policy Advocacy of Environmental NGOs in China", 91 (2), *Public Administration*, pp. 381 – 399.

New Institutional Linkage, Organizational Control and Advocacy of the Social Organizations

Li Shuoyan

[**Abstract**] How a Chinese non-government organization overcome external control from the state and advocacy for its mission under the dual-management system? While previous studies have pointed out NGO can benefit from personal network while bargain with the supervision agent, little research focus on the strategy of how NGO use institutional factors. This paper argues that NGO could get rid of the external control by creating the new institutional link with the government, which provides NGO more opportunities in advocacy. A deep single case study is adopted in this article. The author takes an environmental NGO in H City Z Province as an example to illustrate how the organization develops the relationship with a new supervision agent. This new institutional link helps the NGO reduce its dependence on the previous supervision agent and enhance its autonomy from the state. The changed power structure finally helps NGO expand its space for advocacy.

[**Keywords**] NGO; State-Society Relationship; Resource Dependence; Advocacy; strategy

（责任编辑：张潮）

政府博弈对行业协会政策倡导的影响

——以T市科技孵化器协会的个案为例

闫泽华[*]

【摘要】在中国特有的社会组织双重管理体制下，主管部门对行业协会的支持和监管影响甚至决定了其政治参与和政策倡导行为。本文通过对T市科技孵化器协会的个案分析发现，当地方政府的职能部门之间出现职责交叉和利益重合时，行业协会如果能够帮助弱势部门增加权力资源博弈的筹码，就能受到该政府部门更多的重视、支持以及获得更多政策话语权。除此之外，在地方政府"块块"的管理格局下，具有规模和资源优势的大企业与主管部门的上级政府部门沟通、互动的机会更多，所以有这样大企业加入的行业协会也更能赢得其主管部门的关注和支持，从而增强该行业协会的政策倡导效力。

【关键词】行业协会　政策倡导　政府博弈　职能交叉

引　言

作为国家经济治理的重要组成部分，行业协会被视为继国家、市场、企业，以及非正式社会网络外，参与经济制度和社会秩序构建的第五种力量（Schmit-

---

* 闫泽华，清华大学社会科学学院社会学系2015级博士研究生，主要研究方向是非营利组织、社会创新。

ter & Streeck，1994；吴军民，2005）。在市场失灵——难以回避的外部性、垄断信息不对称等，抑或政府寻租动机和官僚机制的低效等情况下，行业协会可以扮演联结企业与政府的中介与桥梁的角色，进而直接参与协调、稳定政府与市场的关系，保障社会经济秩序健康运行。

一般情况下，行业协会进行政策倡导的动力和效果同所在区域特征，比如区域内国家社会关系形态，政府企业关系等密切相关。因此不同城市中，同一行业的行业协会很可能具有不同的政治关联和政策意见表达渠道。但在我国的社会组织双重管理体制下，行业协会的主管部门对行业协会的组织行为具有很大影响。所以，从主管部门与行业协会关系这一视角出发，能够更好地理解行业协会政策倡导的机制与行动，这也是当前相关研究极为欠缺的。本文通过对一个科技孵化器协会的个案研究发现，当地方政府的职能部门之间出现职责交叉和利益重合时，行业协会如果能够帮助弱势部门增加权力资源博弈的筹码，就能受到该政府部门更多的重视、支持以及享有更多政策话语权。除此之外，在地方政府"块块"的管理格局下，具有规模和资源优势的大企业与主管部门的上级政府部门沟通、互动机会更多，所以有这样大企业加入的行业协会也更能赢得其主管部门的关注和支持，从而增强该行业协会的政策倡导效力。

一　行业协会政策倡导的理论回顾

对行业协会作用的研究主要可以划分为保障和参与两个视角（Bennett，1998；郁建兴、宋晓清，2009）。保障角度以经济学、管理学和法学为主，更关注社会在市场经济结构完善中的作用以及外部法制影响，认为行业协会作为一种保障机制，服务于会员单位的直接利益，为"市场失灵""志愿失灵""契约失灵"等潜在问题的解决提供补充；而参与的角度主要立足于政治学和社会学，以"国家社会关系"为代表，侧重于行业协会在国家和政府运行过程中的作用，将行业协会作为实现行业利益表达、参与社会治理甚至代表国家社会关系的基础性力量（Solinger，1992），其中，政策倡导是行业协会作为参与主体直接介入政策制定并影响政策实施的主要行为（王名，2006）。

（一）政策倡导与制度结构

政策倡导是行业协会进行政治参与的重要手段。行业协会通过政策倡导，代表行业向政府传达观点，进而影响政府相关法规和政策的制定以及项目的实施等。学界对行业协会的政策倡导主要从制度结构、行为模式和组织特征三个角度进行。从制度结构来说，行业协会进行政治参与，进而实现自身利益表达的过程与国家和社会关系密不可分。目前对国家和社会关系研究有两种主流观点，即以美国的社会发展为观察基础的多元主义，和由欧洲的发展理念及经验总结而成的法团主义。两个理论分别被众多学者应用到了分析我国行业协会的形成途径和发展特征中。多元主义以公民社会理论为基础，提出行业协会等社会组织应该以自下而上的途径，依靠体制外的力量发展起来，是市场实现环境适应、自身整合的工具（王名等，2001）。社会与国家的运行和发展并不是某一个团体掌握集中权力所决定的，而是由众多具有不同利益和价值的团体通过相互之间的合作竞争、博弈协商、冲突让步等行为决定的。个体作为组织团体的组成者，在其中共享利益、影响决策。社会和政治权力是分散在每个个体手中的，各群体权利或话语权是通过其所能调动的个体资源和个体支持率所体现的（Ham & Hill，1993）。因此，在多元主义视角下的政府社团关系中，各利益团体在与政府博弈中可以对等交流。他们并不谋求获得政治权力或推翻政府，而是利用自身的行动和影响力相互竞争以及向政府施压，以保证自身利益价值可以有组织地进入政治关注中，进而获得话语权并影响行业秩序的建构。也就是说，多元主义中的行业协会通常通过游说、谈判、利用媒体等外部施压方式进行政治表达和实现政策倡导。但是以 White（1993）为代表的中国行业协会多元主义视角研究多是从行业协会的成立方式、预算架构的独立性等方面入手（贾西津，2007；江华，2008），很少从政策表达的角度进行分析，这也从另一方面说明我国多元主义特征的行业协会发展还不成熟。虽然江华等（2011）提出浙商资本投资促进商会曾在2008年以召开研讨会、发动舆论媒体等方式向山西省政府进行政策倡导，但是山西省各地政府始终都没有给出回应。

相比之下，当前大多数研究中国社会组织的学者都认为中国的国家社会关系属于法团主义模式。Unger（1995）的研究被法团主义者认为是对中国法团主义最直接的证明。他们认为，在社会主义社会中，各地方的工会、农协团体等所扮演的角色同特定群体的纽带作用就是法团主义的特征，国家为了弥补经济放手过程中带来的社会控制弱化，创造出一大片团体和组织作为法团主义的代理人。与多元主义不同，法团主义视角中的行业协会以自上而下成立的国家承认为主要特征。张静（2005）在《法团主义》一书中提到，法团代表了一种组织化、正规化、协约化的利益联合体，是一种“利益中介（协调）制度”。这种中介协调性质意味着，功能团体以代表的资格合法地参与到决策咨询中，各团体认可政府在政策中的领导地位，并通过与国家体制保持经常性和正式的沟通联系获得相应权利，承担公共责任。相应的，作为对认可政府地位的交换，政府也有责任和义务对各功能团体进行支持，认可它们的合法性，甚至在领域内的垄断性，并保护它们参与社会治理的权利和合法利益。法团主义在我国依然有多种变体，例如庇护型国家法团主义（张钟汝等，2009）、利益契合型法团主义（江华等，2011）、总体型法团主义（吴建平，2012）。在法团主义的国家与社会关系下，行业协会主要通过接受政府监督和干预以换取政府的承认，参加政府相关工作座谈会等官方意见表达活动，获得相关政策制定时的发言权，进行政策倡导。

（二）政策倡导与政治关联

虽然相较于其他社会组织，行业协会可能获得更多的政府支持和鼓励（康晓光、韩恒，2005），但很多学者还是表达了不同于多元主义和法团主义的观点。政策倡导的中观视角提出，行业协会的政治关联是实现政策倡导的重要因素。政治关联对政策倡导的影响在西方学界尚未有一个定论。Berry（2003）认为，社会组织与政府的关系越密切，越依赖于政府的支持，就越有动力进行政策倡导。但是此观点并不被一些学者认同。他们提出社会组织的政治关联越强，就越难以失去政府所提供的资源。为了维持同政府的关系，社会组织更可能失去政策倡导的动力（Schmid，et al.，2008；Grogan & Gusmano，2009）。

针对我国的研究似乎更倾向于后一种观点。他们认为在我国的政府和企业关系下，经济精英更倾向于依附政府，并寻求嵌入而不是提出政治变革的要求（Tsai，2005）。同时国家也更倾向于保留政策制定的权力，使政府与企业形成“恩赐—依附”关系（Wank，2001）。令人吃惊的是，Dickson（2003）提出，在我国越是经济发达的地区，行业协会越是寻求依附而非自主。在这种情况下，行业协会更多地扮演了政府代言人的角色，并没有得到企业的认可。此外，通常来说，政府掌握的资源，需要企业通过政策倡导获取。但是张华（2015）认为，这种高度的资源控制权力集中在部分官僚手中，反而给了企业去和政府官员结盟的动力，而不是提高行业协会的自主性。可见，持这些观点的学者对我国行业协会的政策倡导并不乐观。

（三）政策倡导与组织特征

对行业协会等社会组织进行政策倡导与组织特征影响研究则更偏重微观视角。协会以及成员企业的特征都会影响其自身政策倡导。江华和张建民（2009）研究发现，大型行业协会更倾向于为企业提供公共物品，小型行业协会则更可能提供私人产品，这也符合 Donaldson（2008）做出的进步型和利己型政策倡导分类。江华（2008）同时也提出，协会成员企业规模的不同也影响其对协会的需求。大企业既能凭借其自身的市场影响力在行业协会中获得主导权，又可以通过其对地方经济的影响力而直接同政府进行对话。纪莺莺（2016）通过案例研究发现，当一个企业的规模远超过同行业其他企业时，协会内部很难形成对等合作的关系，协会只是特定成员实现自身利益，甚至压制其他成员的工具。并且，地方政府也更有意愿直接同这种在行业内具有绝对优势的企业互动，给予其在政治参与和政策倡导中的特权。

以上文献的研究并没有考虑到不同区域，以及不同职能部门也会受职能类型、利益涉及、领导风格等方面的影响。城市特征会影响该区域内社会组织独立性和自主性的表达。管兵（2013）通过案例分析发现，相较于一般的单一政府城市，上级政府所在地的城市更倾向于对社会组织的发展持开放态度。并且，同时有上级政府和重点高校等机构所在的城市，对社会组织的管理模式通常表现为多元共存。黄晓春、嵇欣（2014）基于不同政府部门的特点，提出部门差异会影响他们对社会组织功能的认知和理解，进而生产出不同的管理制度。他们根据我国“条块分离”的行政体系，将政府部门分为职能部门、由各级职能部门组合而成的各层地方政府，以及嵌入前二者中的党群部门。三者的工作目标以及所承担的责任不同，对社会组织的要求和控制力度也不同。职能部门的利益取向，也关系到其所监管的社会组织的行动机制。当领导部门的利益与社会组织的目标一致时，社会组织越容易获得政府部门的信任（王诗宗、宋程成，2013）。由此可见，不同城市、不同类型的部门，以及不同的利益取向，都会影响社会组织的行为，这其中自然也包括政策倡导。然而目前并没有学者根据职能部门的特点，划分出不同部门所监管社会组织的特征类型和政策倡导形式。本文试图从领导部门利益取向的角度，分析政府部门职能交叉和权责博弈如何影响行业协会的政策表达。

二　行业协会政策倡导的新视角：政府部门职能交叉

我国政府机构内职能部门间的权责交叉是一个早就存在的问题（唐铁汉，2007）。1988 年以来，中央政府多次进行行政管理体制和政府机构改革。近年来，在政府管理领域被广泛讨论的“大部制”改革就是期望能在一定程度上解决政府部门职能交叉所造成的争利推责等现象的举措（谢志岿，2013）。也就是说，职能交叉使政府部门之间形成了充满复杂利益关系的结构。各部门以团体利益为出发点，通过特定措施使自身利益最大化。从博弈论的角度分析，当出现职能交叉时，各部门都倾向于争取相应的权限，而把责任推给其他部门（谭燕萍，2008）。在这过程中，部门行政效率低下，各部门之间相互扯皮的现象也就不可避免地产生了。实质上，对利益的争夺在一定程度上就是对资源的争夺，尤其是权力资源。作为政府的次级结构，部门会因为所占有资源的不同而出现“强势”和“弱势”两种类型（赵新宇等，2015）。

现有政策倡导研究更多以行业协会为出发点，分析其与政府之间的关系，以及其自身独立性和自主性。但是，政府部门之间也存在复杂的利益结构和话语权的争夺。这些政府部门之间的博弈，是否会对行业协会的发展产生影响这一议题尚有待探究。金淑霞和王利平（2012）发现，在政府部门权力争夺中，弱势部门可以通过引入外部措施以减弱强势部门的职权垄断，这些外部措施包括利用技术手段提高执行效率，通过争取其他相关机构支持等方式提高部门的不可替代性，获得高级管理者的支持等。行业协会作为外在于政府部门的第三方机构，也有可能在相关政府部门发生资源博弈时，成为政府部门所争取的外部资源的一部分，进而发挥影响。在一定情况下，行业协会可以凭借其在政府部门争夺权力资源时发挥的作用，促进自身发展，加强政治参与，实现政策倡导。因此，本文提出如下分析框架（见图 1），政府部门引入行业协会作为支持其在权力配置中获得优势地位的外部资源；行业协会因为帮助政府部门增强了话语权，进而获得该部门的支持与信任，建立积极的政治关联，实现政策倡导。

笔者在调研 T 市创新创业工作的开展情况时，通过对相关政府部门、企业以及众创空间孵化器的访谈发现，当地科技孵化器协会在刚成立的一年内，表

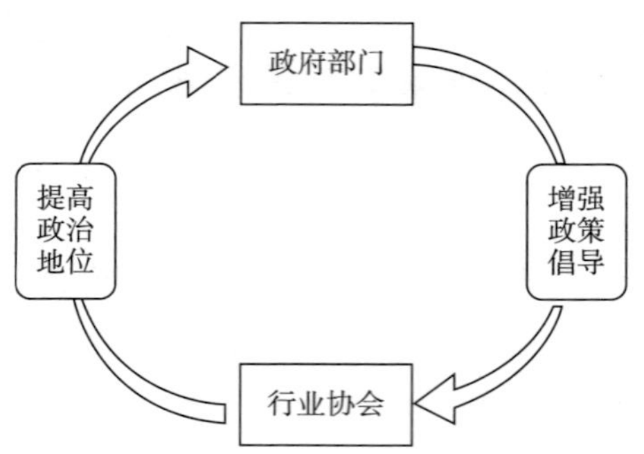

图 1　分析框架：行业协会通过政府博弈获得政策倡导机会

现十分活跃，举办了多次活动，并获得了主管部门的充分信任和进行政策倡导的机会，提议通过的政策也得到了很好的实施和执行，为 T 市创新创业的发展做出了重要贡献。但是一年后该孵化器所受到的主管部门的支持突然消失。协会也从能代表行业发声的机构变成了形同虚设的组织。在这期间，T 市政府对创新创业工作的重视程度并未发生大的变化；市政府及该协会主管部门的主要领导未发生调整；协会成员结构也没有出现显著变动。那么为什么在前后一年的时间里，协会在政策倡导方面的积极性和效果会发生如此重大的变化？笔者通过深入调研发现，一个关键的原因是该协会卷入了当地科技部门和财政部门的利益博弈。

本文通过文献法、访谈法和观察法，对 T 市孵化器协会的发展进行基于经验的质性研究，以期探索出职能部门的利益取向和协会成员特征如何影响协会的政策倡导。

三　科技孵化器协会的成立：创新工作下的分权博弈

中共十八届三中全会提出要“加快建设创新型国家”，“促进创新、扩大就业”，“支持非公有制经济健康发展”后，各地纷纷将加强创业孵化列入工作重点，一时间众创空间等迅速成为火热的话题，孵化器、创客工厂如雨后春笋般冒了出来。这场在全国范围内开展创新创业的活动于 2014 年 9 月由国务院总理李克强提出“大众创业、万众创新”而达到了高潮。从中央到地方，相关支持政策纷纷出台。在这期间，作为以往的“冷门”单位，科技部门在各级政府中的地位有了显著提升。

（一）部门职能交叉的产生

T市在全国创新的活动中表现十分活跃。早在2008年，T市就建立起了国家级孵化器，并于2011年引进了国内知名的科技企业投资孵化企业K，为之特批了办公大楼建设项目。从2013年开始，T市不断引进国内高校科研机构在当地建立研究所，招揽国内大型智能制造、互联网等企业入驻建厂，投资建立了小微企业服务平台、科技市场等创新便利服务机构。在这些举措的实施下，T市的创新创业工作也有了大幅度的提升。在全国大多数地区中，通常都是科技局作为创新工作的主要负责单位，承担区域内创新相关项目的审批、工作开展，并且直接参与到地方政府相关政策的制定中。但是，T市从一开始就将创新工作的牵头单位指定为财政局。科技局和其他相关部门一样只是作为协同单位，地位并未得到显著提高。

> 我们也去过很多地方学习考察。其他地方都是科技局带头干这些，像什么政策制定啊，（众创）空间标准制定啊。这些都是科技局有专项经费的。我们市上有副市长带的领导小组，但是副组长是财政局局长，我们科技局只是成员单位，也就相当于交给财政局牵头了。所以政策制定什么的都是我们协助来做。我们做的方案，到领导小组的时候，经常就给修改了。人家财政局说我们这个（方案）预算不够，或者有问题，（我们的方案）就不行。有时候一个方案交上去，等人家讨论就得一段时间……经费都在财政局管着，我们自己想出政策，可是没钱有啥办法。（科技局处长A）

可见，在这种情况下，财政局和科技局出现了明显的职能交叉和利益博弈。由于上级政府的安排，在全市创新工作中，财政局获得了大于其他成员部门的权力资源。作为“弱势”部门的科技局，不仅不如财政局，甚至还比不过其他部门。这种资源掌握的匮乏，使得科技局在创新工作中的话语权越来越少。

> 我们基本上没啥权力，别说领导人家企业了，指导都谈不上。人家企业都比我们有经验，我们指导人家啥？领导就更谈不上了，我们管不动，也没人听……其他单位都有权，大企业有财政局、招商局，有高新区（负责）；小企业有中小企业管理局，工商局就不用说了，人社（局）都有人才引进，我们也就是认定一下科技企业、空间孵化器，就连企业入驻孵化

标准都是工商局定的。(科技局处长A)

(二)行业协会卷入的原因

因此，科技局期望能通过引入外部资源并获得相应支持，以提升自身话语权，维护部门在相关工作中的权力资源。但是由于本地大型科技企业数量少且科技部门不负责招商，T市的高校和科研机构并不突出，在国内排名不高，不足以引起上级管理者的重视。在权衡了各种外部资源引入可能性后，科技局决定从获得孵化器企业的支持，尤其是获得与市政府关系密切的孵化器企业支持入手。但是作为政府部门，如果直接同K企业这样的大型企业绑定，很容易被社会和上级认为有“潜规则”交易。协会无疑是一个很好的关系建立中介。科技企业孵化器协会也就因此在科技局的牵头下成立了起来。

成立这个孵化器协会呢，就是想把孵化器都联合起来。毕竟当时没有一个孵化器方面的协会，但是大家都有这方面的需求，我们科技局不搞，其他单位后面也会搞。毕竟我们是科技口，大家都是科技企业孵化器，通过我们来牵头反映大家的问题，我们也能有贡献……，像K企业这样，跟市里关系都很好，领导们也都很重视。有他们支持，方案一般下来的都比较快……，(为什么不直接找K企业联合?)我们又不是管理单位，咋联合?业务往来都不多，我们老找一个企业，还是个厉害的民企，没人说好(话)。(科技局创业服务中心副主任S)

四　蜜月期：在政府利益博弈中发展

在科技孵化器协会成立之初，协会邀请T市已退休的前市委领导担任理事长，在科技局设立的二级单位——创业服务中心作为法人代表并承担秘书处的工作，初始成员为7家市内、省级及国家级孵化器。除了K企业以外，还包括T市国企成立的孵化器Y，T市政府官办孵化器W，高新区孵化器G，以及当地高校科技园Z等，基本涵盖和代表了T市孵化器的所有类型。

当时发起成立的时候，我们主要的考虑是成员要包括得广泛，一定是有一定底子的。毕竟这样大家的意见才有代表性，也容易被上面接受，毕竟都是有一定水平的（孵化器），何况还有K企业。（创业服务中心副主任S）

（一）协会的物质支持

科技孵化器协会在创办之初，受到了主管部门的充分关照。首先表现在协会从主管部门获得了大量的物质支持。第一年里，协会收到了主管部门提供的场地和数量可观的经费，举办了多次活动，包括组织各孵化器企业代表去其他省市交流学习，组织对孵化器工作人员进行培训等。

协会刚成立的时候，秘书处就设在了我们单位。我是秘书长，负责联系各孵化器。当时请某某担任理事长主要是因为他在市里地位比较高，但是主要工作是我们在做……协会是我们成立的，也不好让企业交多少会费，只是象征性地收了些，主要是单位拨钱。那时候领导很重视协会，局里报了很多活动经费，像那时候去外地考察了好几次都是……组织过孵化器服务人员培训，主要是借着市里的创新人才培训的机会，局领导就跟人社那边协商，给我们增加了培训名额。（创业服务中心副主任S）

那时候（科技局）还是X局长，局里出钱帮协会组织活动，主要也是为了把协会先团结起来，让协会对局里有归属感，后面也好继续合作下去。（科技局副处长B）

协会一开始的时候还是挺活跃的，组织了好多次学习，我跟着去过一次广东……，培训是挺多的，好像很多也是以协会的名义，我同事去过几次，不说学到多少吧，但是能看出来政府对这一块挺重视的……，那时候科技局领导也挺重视的，跟我们直接交流就有五六次。（Y孵化器工作人员D）

（二）协会的政策倡导

除了物质支持外，协会的政治参与也在当时达到了活跃的顶峰。科技孵化器协会在科技局的支持下，进行了多次围绕全市孵化器发展问题的讨论，并向市政府提交了方案，其中很多都在后续的政策中得到了落实。

当时开会挺多的。不是那种听报告的会，就是叫我们去反映问题。我没有直接参加过，但是给领导整理过参会材料，有的我们提的意见也是我写出来给上去的。挺多（问题）都解决了。比如以前我们一些企业在申请技术奖励上，评选标准有问题，反映了之后，很快就解决了，比现在反映个问题强多了。（Y孵化器管理人员D）

我们是秘书处，就能定期把大家组织起来讲问题，大家讨论得都挺热烈的。一些局里能直接解决的，比如科技资格认定啊什么的，大家意见一致，领导基本就当场表态了。局里没有权力解决的，就报上去……，这些问题后来落实的都还不错，我能想起来的基本也都解决了吧。（创业服务中心副主任S）

可以看出，虽然科技孵化器协会是官方主导的社会组织，但是在初期并没有表现出学界所担心的行业协会对政府的依附关系。科技孵化器协会既获得了政府大量的物质支持，也得到了政治参与的机会。无论从政策提出的频率，还是从后续政策落实情况来看，当时科技孵化器协会都可以说是很好地发挥了政策倡导作用，实现了学界对理想的法团主义中社会组织政治参与的描述，即功能团体由政府部门主导建立，并承认政府部门的权威地位；政府部门承认组织的合法性和唯一性，听取其所代表的利益团体的意见，转化成解决方案并加以落实，国家和社会相互赋权（顾昕，2004）。可是，在分析该协会成立背景时提到，科技局的主要目的并不是实现行业协会参与社会治理，而是竞争权力资源，突出科技局在创新创业工作中的地位，增加部门话语权。那么科技局在这过程中又得到了什么？

（三）协会和政府部门的合作逻辑

正如科技局副处长B在之前提到的，科技局在协会初期提供的大量物质支持主要还是为了后续合作。而这“后续的合作”也是科技局扶持协会的主要原因，即借助科技孵化器协会以及与市内孵化器，包括与市政府联系密切的企业的关系，增加科技局在全市创新创业工作中的话语权。而协会的政策倡导功能就成了科技局与其他政府部门进行博弈的筹码之一。

不能说是利用，我觉得我们和孵化器协会还是各取所需。我们组织各孵化器企业一起商讨它们共同的问题，跟它们商量出一个合理的政策方案，再报到市领导小组去。市领导小组一看，这个问题是孵化器的共性问题，而且都是大孵化器企业提出的啊，K企业也在里面，那就研究解决。因为问题是我们报的，领导小组研究了一般就定一个调，再责成我们科技局连同相关部门出政策方案。这样科技局就成了这个政策的主导单位了。如果涉及部门不包括我们也没事，协会秘书处是我们负责，其他局要联系协会商量，也相当于是在联系我们。这样问题解决了，我们的功能也实现了。（科技局处长A）

科技局以协会的名义成为孵化器企业（尤其是在当地有一定影响力的企业）的代表，并以主管单位和协会秘书处的双重身份，分享了协会作为政府部门同孵化器企业沟通桥梁的角色，使自身在上级管理者眼中成了获取外部单位支持的中介之一。而这些外部支持也正好符合上级管理者的管理取向，因而获取了更有利的地位（金淑霞、王利平，2012）。即使这种因部门博弈而来的政策倡导机会对协会来说并不一定是可持续的，但是至少也为协会所代表的行业发展带来了积极的影响。

本文总结了科技局与科技孵化器协会实现相互"增权"的合作逻辑（见图2）。政府部门和行业协会相互"增权"，实现了政治话语权的提升。政府部门

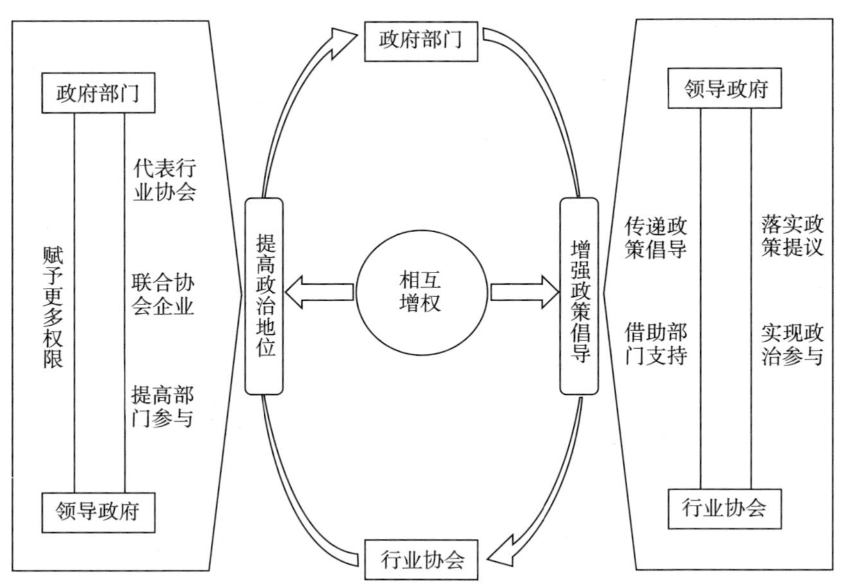

图2　政府部门与行业协会相互"增权"逻辑

通过代表协会进而获得代表协会成员企业，尤其是大企业的资格，扩大了工作负责的范围以及在地方政府中的话语权，进而被赋予更多权力资源。相应的，虽然只是政府部门进行利益争夺的工具，行业协会也在这过程中，利用政府部门博弈时弱势部门对协会的争取，将声音传递到了地方政府，实现了政治参与和卓有成效的政策倡导。

五 转折点：政府部门退出后的质变

然而，科技局与科技孵化器协会的密切关系持续了不到一年，就因外部原因被打破。2014 年，中央巡视组点名纠正干部在社会组织和团体中兼职的问题。当年，T 市所在省份就实行了清理处级及以上干部在社团兼职的措施，到 2015 年，T 市大多数社团中，不仅没有了处级及以上干部的身影，就连一般干部也鲜有出现。在这种情况下，科技孵化器协会原理事长转任名誉理事长，理事长职位空缺，科技局不得不从协会退出，将秘书处的工作交给了 K 企业。

> 当时我们也没办法，上面说不让兼职了，先是理事长转成名誉的了。然后我们的主任是秘书长，也不能干了。后来秘书长就交给 K 企业，因为想着总是要有个说话有分量的才好把大家组织起来。我们也还是主管单位。（创业服务中心副主任 S）

可让科技局没想到的是，虽然他们还是该协会的主管单位，却难以借助协会为自己获取话语权了。

（一）政府部门失去支持动力

首先，市政府不再认同科技局可以代替协会传达孵化器企业意见。虽然科技局还是主管部门，但是这种关系并不像以往那样直观。况且此时协会的人都来自各孵化器企业，这也就难以在市领导眼里将科技局和协会挂上钩。S 副主任也很认同这一点，“有时候市里开相关会，也叫协会的人参加。以前我们介绍说是协会的也是科技局的，领导就说那就你们科技局联系处理吧。后面协会再提意见，领导就不觉得跟我们有关系了，让去找其他部门了”。

其次，其他相关部门和协会的联系也不再需要通过科技局。科技局将协会秘书处的工作转交出去，也就意味着失去了处理协会日常工作的权责，进而无法以协会管理者的身份介入和协会有关的工作中。“有活动需要几家孵化器参加的，一般都是通过协会。以前肯定就要通知我们的，现在就直接联系协会或者孵化器了。”分析原因，A 处长认为，过去各部门联系协会时知道协会的秘书处由科技局负责，因此让协会出力相当于是借用科技局的人，于情于理都需要通知科技局，甚至把科技局添加为活动组织单位。现在科技局同协会只有监管关系，没有人员关系，其他部门也就不需要通知科技局了。

最后，科技局无法继续同大型孵化器企业，尤其是 K 企业保持政策倡导方面的“绑定”关系。由于失去了协会这一联络孵化器企业的身份，科技局同孵化器企业的联系也就回到了以往的业务范围内，即新孵化器资格认定和科技型小微企业认定。但是以 K 企业为代表的已有大孵化器都已经获得了省级甚至国家级的认定，不在科技局的管理范围内。而且失去管理协会权限的科技局，同时也失去了代表大孵化器企业发声的权力。“没办法跟上面提要求，提到人家（别的政府部门）业务里就是说人家做得不好，人家肯定不高兴了。”（科技局处长 A）

因此，在不得不退出协会的管理后，科技局失去了协会为他们带来的争取权力资源的优势，丧失了鼓励协会进行政策倡导的动力，科技局和孵化器协会关系也就疏远了。“后面就很少再联系那些孵化器来开会了，都变成费力不讨好了，谁愿意弄。”（科技局处长 A）之前的物质支持也都没有了后续，“本来说给协会每年一定的外出学习经费，后面也都没给，我听说好像改成企业自己集资了”。（创业服务中心副主任 S）

（二）行业协会不再代表行业

而协会方面，也因科技局的退出而失去了进行政策倡导的支持者，导致其政治参与的效果十分不理想。笔者在对协会成员进行访谈的过程中发现，成员对协会如今作用的评价走向了两个方向。担任协会秘书长单位的 K 企业认为协会依然在运行，其这两年里参与了多项政府项目活动的举办，并发挥了相当的作用；同时也反映了不少政策需求。而调研访谈的其他几家协会成员孵化器企业却都觉得协会已经形同虚设，不再具有代表大家进行政策倡导的功能。Y 孵化器的管理人员 D 提到，“现在都没有一个反馈渠道了，大家的问题，协会也基本都没帮忙问。我们自己找政府，政府说你这不是共性问题，不重视。协会又基本不开会，要么就是组织大家见个面。开始还能讨论一些问题，后来发现没什么用，也就不说了……，现在缺少一个能代表全体意见的（组织）把真正的问题反映上去，协会现在就是给政府拿来用的牌子”。另一家官办孵化器W也并没有因为官方背景而受到特殊照顾，而是跟Y孵化器一样逐渐被忽视了，“反映上去有什么用？看起来政策不断出来，协会名字提来提去的，但是政策落实不到我们，经费到不了我们手里，都到K企业那里去了，因为K背后实力强，政府的钱进去不会出事；而且人家本来有钱，把场子弄得漂亮，上面领导来了也都爱去那边，地方肯定更给钱树典型了……，你别看都是国家级，我们也是国家级，Y、G都是国家级，但是没用，加起来都比不过人家K”。（W孵化器管理人员）

综上不难看出，T市的科技孵化器协会在政府部门的支持中诞生，因其个别成员的影响力而受到政府部门青睐，因政府部门博弈而得到政策倡导的机会，最终也因失去被政府部门利用的意义而远离政治参与，成为大企业的工具。

六 结论与探讨

首先，政府部门之间的权力资源博弈，可能为行业组织的政策倡导提供机会。虽然处于弱势的政府部门与行业协会的目标不同，但是目标实现途径出现重合，二者可以通过分享身份提升各自话语权。顾昕（2004）提出，国家与社会的关系不是零和博弈，而是可以通过相互赋权，促进国家和社会双赢发展。本文发现，政府部门与行业协会也可以相互促进，实现各自的功能和目标。T市科技孵化器协会的案例说明，在我国，行业协会有可能实现Berry（2003）提出的社会组织与政府关系越密切，就越可能实现政策倡导的推论。由政府部门完全支持、主导和组织的行业协会，能够实现有效的政策倡导。

其次，虽然政府部门和行业协会可以相互“增权”，但是由于二者根本利益的出发点不同，这段关系也就在可持续性方面产生了隐患。政府部门之所以如此积极地为协会创造政策倡导机会，主要是看重成为企业代表，获取相关大企业成员支持这些身份方面的优势，借此提高在部门合作中的话语权以及增加在当地政府面前的表现机会。协会企业愿意成为该政府部门的支持者，是因为可以通过部门博弈获得政府支持。这种关系看似互利互惠，但是一旦一方不需要或不能通过这种合作获利时，这种合作关系就很容易破裂。在本例中，T 市科技部就因国家和省级政策的改变而失去了共享协会身份和资源的机会。这种一方无利可图的情况很可能造成合作关系不复存在的局面。除这种不可抗拒的原因，其他政府方面的原因也可能使得政府部门退出合作。例如金淑霞和王利平（2012）提出的，次级部门的行动与高级管理者的价值观一致是决定该部门在权力配置中地位的重要因素。在本文案例中，正是因为创新创业是国家重点开展的一项活动，积极发展创新、培育科技孵化器符合 T 市领导的价值取向，所以科技孵化器协会才能成为提高科技局话语权的有效工具。

最后，这种看似平等、各取所需、互不可缺的合作关系，本质上还是由政府掌握主动权。一方面，政府部门是这项合作关系的发起者。对于协会及大多数协会成员来说，能否获得政府的政策支持很可能对其发展造成决定性的影响。因此，与政府部门合作，实现政策倡导对协会及成员企业来说通常都是难得的机会。但是对政府部门而言，没有这种合作关系也并不会使其面临严重的发展问题。因此往往只有政府部门有相应需求后，协会才能获得增加政策倡导的机会。另一方面，政府部门能够依据协会特征选择合作对象，但是协会很难挑选政府部门。在本文案例中，科技孵化器协会能发挥政策倡导的作用，一个重要的原因是科技局看重 K 企业在当地政府中的影响力。当科技局退出协会后，K 企业依旧可以获得资源倾斜，但其他科技孵化器的意见就难以被传递到地方政府的面前。因此，能够借助行业中大企业的力量和资源，是政府部门愿意同协会合作的重要出发点。

通过总结 T 市孵化器协会政策倡导的经历，可以看出这种部门博弈带来的政治参与，虽然提升了行业协会政策倡导的机会，但并不是一个可持续的机制，其中依然摆脱不了“强政府，弱社会”的阴影。行业协会的政策倡导机会并不是基于社会力量的提升。这也将行业协会等社会组织定位为了政府争夺资源的工具而非社会治理的助手或伙伴。当政府部门不能或不需要行业协会所提供的支持时，协会便难以维持以行业利益为出发点的政策倡导能力。依附理论提到，我国的经济精英更倾向于同政府合作来获取资源，而非通过协会政策倡导等途径。协会只是经济精英同政府建立关系的工具，这使得其他企业对协会没有产生身份认同。蔡欣怡（2013）提出，由于中国企业的多样性，经济精英难以和小企业形成利益共同体。因此，K 企业承担 T 市科技孵化器协会秘书长工作后，协会代表行业企业进行政策倡导的作用也就随之淡化了。

作为直接与行业协会等社会组织发生政治联系以及与协会和企业经营的发展直接相关的单位，政府职能部门对行业协会的态度和需求在很大程度上关系到协会的发展。本文的分析和讨论以职能部门的需求为视角，希望能为研究我国行业协会实现政治参与和政策倡导提供一个新的视角。

参考文献

〔美〕蔡欣怡（2013）：《绕过民主：当代中国私营企业主的身份与策略》，黄涛、何大明译，杭州：浙江人民出版社。

顾昕（2004）：《公民社会发展的法团主义之道——能促型国家与国家和社会的相互增权》，《浙江学刊》，（6），第 64～70 页。

管兵（2013）：《城市政府结构与社会组织发育》，《社会学研究》，（4），第 129～153 页。

黄晓春、嵇欣（2014）：《非协同治理与策略性应对——社会组织自主性研究的一个理论框架》，《社会学研究》，（6），第 98～123 页。

纪莺莺（2016）：《转型国家与行业协会多元关系研究——一种组织分析的视角》，《社会学研究》，（2），第 149～169 页。

贾西津（2007）：《中国公民参与的非政府组织途径分析》，《中国社会科学》（英文版），（2），第 137～146 页。

江华（2008）：《民间商会的失灵及其矫正——基于温州行业协会的实证研究》，《经济体制改革》，（1），第 164～167 页。

江华、张建民（2009）：《民间商会的代表性及其影响因素分析——以温州行业协会为例》，《公共管理学报》，（4），第 78～88 页。

江华等（2011）：《利益契合：转型期中国国家与社会关系的一个分析框架——以行业组织政策参与为案例》，《社会学研究》，（3），第 136～152 页。

金淑霞、王利平（2012）：《组织中次级单位权力配置格局：一个整合模型》，《南京社会科学》，（1），第 33～39 页。

康晓光，韩恒（2005）：《分类控制：当前中国大陆国家与社会关系研究》，《社会学研究》，（6），第 73～89 页。

谭燕萍（2008）：《政府部门职能界定中的博弈分析——基于职能交叉现象的思考》，《学术论坛》，（7），第 115～119 页。

唐铁汉（2007）：《我国政府职能转变的成效、特点和方向》，《国家行政学院学报》，（2），第 10～13 页。

王名等（2001）：《中国社团改革：从政府选择到社会选择》，北京：社会科学文献出版社。

王名（2006）：《非营利组织的社会功能及其分类》，《学术月刊》，（9），第8～11页。

王诗宗、宋程成（2013）：《独立抑或自主：中国社会组织特征问题重思》，《中国社会科学》，（5），第50～66页。

吴建平（2012）：《理解法团主义——兼论其在中国国家与社会关系研究中的适用性》，《社会学研究》，（1），第174～198页。

吴军民（2005）：《行业协会的组织运作：一种社会资本分析视角——以广东南海专业镇行业协会为例》，《管理世界》，（10），第50～57页。

谢志岿（2013）：《中国大部制改革的谜思与深化改革展望》，《经济社会体制比较》，（2），第98～109页。

郁建兴、宋晓清（2009）：《商会组织治理的新分析框架及其应用》，《中国行政管理》，（4），第59～64页。

张华（2015）：《连接纽带抑或依附工具：转型时期中国行业协会研究文献评述》，《社会》，（3），第221～240页。

张静（2005）：《法团主义：及其与多元主义的主要分歧》，北京：中国社会科学出版社。

张钟汝等（2009）：《国家法团主义视域下政府与非政府组织的互动关系研究》，《社会》，（4），第167～194页。

赵新宇等（2015）：《组织中弱势部门权力提升过程研究》，《西安交通大学学报》（社会科学版），（6），第45～54页。

Berry, J-M (2003), *A Voice for Nonprofits*, Brookings Institution Press.

Bennett, R. J. (1998), "Business Associations and their Potential Contribution to the Competitiveness of SMEs", 10 (3), *Entrepreneurship & Regional Development*, pp. 243 – 260.

Dickson, B-J (2003), *Red Capitalists in China: The Party, Private Entrepreneurs, and Prospects for Political Change*, Cambridge University Press.

Donaldson, Linda-Plitt (2008), "Developing a Progressive Advocacy Program Within a Human Services Agency", 32 (2), *Administration in Social Work*, pp. 25 – 48.

Grogan C-M, Gusmano, M-K (2009), "Political Strategies of Safety-net Providers in Response to Medicaid Managed Care Reforms", 34 (1), *Journal of Health Politics, Policy and Law*, pp. 5 – 35.

He, B. (2016), *The Democratic Implications of Civil Society in China*, New York: Springer.

Ham, C. & Hill, M-J (1993), *The Policy Process in the Modern Capitalist State*, New York: Harvester Wheatsheaf.

Solinger, D-J (1992), "Urban Entrepreneurs and the State: the Merger of State and Society", *State and Society in China: The Consequences of Reform*, pp. 121 – 142.

Tsai, K-S. (2005), "Capitalists without a Class: Political Diversity Among Private Entrepreneurs in China", 38 (9), *Comparative Political Studies*, pp. 1130 - 1158.

Schmid, H., et al. (2008), "Advocacy Activities in Nonprofit Human Service Organizations: Implications for Policy", 37 (4), *Nonprofit and Voluntary Sector Quarterly*, pp. 581 - 602.

Schmitter, P-C & Streeck, W. (1994), *Governing Capitalist Economies: Performance and Control of Economic Sectors*, Oxford University Press, USA.

Salmenkari, T. (2008), "Searching for a Chinese Civil Society Model", 22 (3), *China Information*, pp. 397 - 421.

Unger, J. (1995), "Anita Chan, China, Corporatism, and the East Asian Model", (33), *The Australian Journal of Chinese Affairs*, pp. 29 - 53.

Wank, D-L (2001), *Commodifying Communism: Business, Trust, and Politics in a Chinese City*, Cambridge University Press.

White, G. (1993), "Prospects for Civil Society in China: A Case Study of Xiaoshan City", (29), *The Australian Journal of Chinese Affairs*, pp. 63 - 87.

White, G., et al. (1996), "In Search of Civil Society: Market Reform and Social Change in Contemporary China", *OUP Catalogue*.

The Influence of Governmental Game on Policy Advocacy of the Industry Association: A Perspective of the Science and Technology Incubator of the City T

Yan Zehua

[**Abstract**] Under China's social organization dual management system, the support and supervision of the competent authorities to industry associations can determine their political participation and policy advocacy. Through the case analysis of the technology incubator association in city T, this article finds that when overlapping duties and interests occur among the functional departments of the local government, associations can receive more attention, support, and policy discourse if they can help the weaker sectors to increase the bargaining power. In addition, under the management pattern of "local blocks" of local governments, large companies with scale and resource advantages communicate and interact with higher local government. Therefore, industry associations that such large companies join can win more attention and support from their competent authorities, thereby enhance the effectiveness of policy advocacy.

[**Keywords**] Industry Association; Policy Advocacy; Government Games; Overlapping Duties

（责任编辑：张潮）

社交媒体对非营利组织倡导行为的影响

——以台湾众筹平台为例

周树林　郭建良*

【摘要】 非营利组织（NPO）如何善用社交媒体于政策或社会倡导这个任务上，是数字经济时代中的重要课题；但目前相关研究多针对典型社交媒体影响进行研究，除发现社交媒体特质尚未有效被应用的情况外，亦发现迄目前为止社交媒体对NPO倡导活动贡献有限的情况。为有效理解关键原因是否在于NPO倡导活动—社交媒体特质二者间的配适，本研究以台湾最大的众筹平台FlyingV为例，分析社交媒体是否以及如何改变NPO的倡导行为与模式。研究结果发现，虽然众筹确实有助NPO取得资源和支持者并转换为倡导活动，且倡导活动的成效（募资金额）取决于参与/赞助该倡导活动的人数；但同时间，本研究也发现，NPO在倡导活动上，其实并没有将众筹视为关键资源而随之进行行为与定位的调整。

【关键词】 非营利组织　政策倡导　社交媒体　众筹

* 周树林，清华大学公共管理学院博士研究生，主要研究方向为政策创新、公共参与；郭建良，博士，台湾“中国文化大学”推广教育部信息管理学系副教授，主要研究方向为产业政策、服务创新、社群参与。

一　研究背景、动机与目的

社会服务提供（Service Provision）与政策倡导（Policy Advocacy）被视为非营利组织（Nonprofit Organization，NPO）的两大核心功能（Zhang & Guo，2012）。但是，在实务上，许多 NPO 倾向于只将社会服务提供视为核心活动，借此呼应该 NPO 原有的使命与目标，并通过和政府间的竞合关系加以表现出来；究其原因，除了可能因为不同国家政治环境差异导致 NPO 多属于政府主导之形态的 NPO（Government-led Non-Government Organization，GONGO）的因素外，另一个关键原因则在于 NPO 对外部资源极度仰赖，间接导致 NPO 无法有效配置或取得适切资源来执行倡导活动（Zhang & Guo，2012；Schmid & Almog-Bar，2014）；因此，取得资源和民众关注便成为 NPO 彰显与投入政策倡导价值的关键。

而进入 21 世纪后，互联网的普及与创新应用，似乎缓解了前述 NPO 面临的两大挑战，尤其在多元社交媒体（Social Media）的推波助澜下，受惠于互动性（Interactivity）、分布式（Distributed）与正式网络联结（Formal Networking）三个特质，一方面新媒体的成长和扩散速度加速，另一方面则是 NPO 紧贴重要利害关系人（Stakeholder）的能力被激发，于是开始对吸引支持者和影响公共政策倡导作为产生影响，并为 NPO 创造了新的风貌与形式。无怪乎，Christ（2005）预测社交网络平台（Social Networking Site）将会促成执行公共关系的从业单位（包括 NPO）重思如何和利害关系人重新建构关系，并通过社群网络的互动元素进行实验性探索（Waters et al.，2009）；且具体证据，亦可以从 Barnes & Andonian① 研究得出的“相较于一般企业，NPO 更积极采用社交媒体”论点中获得初步证实。

因此，身处充斥创新社交媒介应用的数字经济时代，面对 NPO 等倡导组织采用社交网络来落实组织使命的做法已近二十年的当口，自然更期望能窥见 NPO 在倡导活动产生质变上的可能做法与效果，这也成为相关领域学者研究与

① Barnes，N. G.，Andonian，J.（2011），“The 2011 Fortune 500 and Social Media Adoption：Have America's Largest Companies Reached a Social Media Plateau”，University of Massachusetts，available at www. umassd. edu/cmr/studiesandresearch/bloggingtwitterandfacebookusage.

关注的重要课题（Obar et al.，2012；Saxton & Wang，2014；Guo & Saxton，2014）。

但是，即便相关学者一再陈述 NPO 采用社交媒体对政策倡导活动的潜在价值，到目前为止，除相关研究仍着重探讨 NPO 社交媒体使用的表面行为外（亦即对 NPO 使用社交动态特质及模式与情境的探讨仍相对有限），相关研究也一再指出目前 NPO 对于社交媒介的应用，虽看似积极，但用法仍相对保守，因此尚未产生社交媒体对政策倡导活动产生影响的事实（Obar et al.，2012；Guo & Saxton，2014；Saxton & Waters，2014）。更具体来说，参考近期研究可以发现，有关 NPO 杠杆社交媒体进行政策倡导的议题，仍存有以下几个研究缺口：（1）研究仍多锁定使用现况做静态描述；（2）有关社交媒体三大特性对 NPO 落实政策倡导的影响仍未进行系统性探讨；（3）锁定的社交媒体仍以脸书（Facebook，FB）及推特（Twitter）为主要对象（Obar et al.，2012；Cho et al.，2014；Guo & Saxton，2014；Stiver et al.，2015；Guo & Saxton，2018）。所以，简言之，有关 NPO 使用社交媒体进行倡导组织的理解与效益，到目前为止仍相对不足且未见显著突破。

更进一步地，将公益视为三大应用且能创造聚沙成塔的小额捐款和社交网络转传特质下的众筹（Crowdfunding），是否有机会协助 NPO 加速或创造新的政策倡导行动，似乎是一个有趣但尚未被回答的课题。因此，本研究希望从众筹平台应用角度出发，针对社交媒体是否以及如何改变非营利组织的倡导行为与模式的课题，以台湾情境为例进行探索性研究，希望借此对 NPO 利用社交媒体进行政策倡导的研究议题做出回应和贡献。

二　文献评述

（一）非营利组织与政策倡导

“倡导”（Advocacy）一词原先系指致力于或领导特定观点与想法；如将之应用到政策领域，则可将之诠释为“通过致力达成特定政策目标的特定人所采取的系统性投入”（Obar et al.，2012）。对 NPO 而言，公共政策倡导其实是他们最具代表性的产出，且可借此影响或改变政府的政策投入，因此，NPO 倡导被视为判断 NPO 影响政府决策的企图与能力之关键（Guo & Saxton，2010）；在这样的框架下，NPO 政策倡导研究所要检视的不只是 NPO 对政策流程与系统对公民需求和兴趣的代表性和理解的外显层面，也包含如何通过公民参与凝结公众需求与行动来落实公民活动的内部理解过程（Zhang & Guo，2012）。

而在探究倡导内涵时，虽然每次都会让人联想到游说政客的刻板形象，但 NPO 实际上可采取的倡导战术和战略相当多元（Guo & Saxton，2010），其中，Berry（1977）率先将倡导内涵分为影响长期公共政策的“倡导战略”（Advocacy Strategy）与执行特定策略具体行动方案的“倡导战术”（Advocacy Tactics）两个层次（Guo & Saxton，2014）。后续研究则在这个基础上，分别对倡导战略与战术发展出多种分类架构与方法。例如，McCarthy & Castelli（2002）将 NPO 的倡导战略分为“直接倡导”（致力创造公共意见与政策）与“间接倡导”（通过累积草根支持者借此为后续政策定位进行民众动员）两大类（Zhang & Guo，2012；Zhang，2017）；Guo & Saxton（2014）则是综整过往研究，将倡导政策分为系统内部（Inside the System）及系统外部（Outside the System）两类，并建议以 Guo & Saxton（2010）提出的 11 项分类作为倡导战术的分类基础。不过，值得注意的是，Guo & Saxton 的研究发现，除了公众教育（Public education）这个战术有超过一半的 NPO 采用，以及研究、媒体倡导与建立联盟三个战略有将近五成的受访 NPO 采用外，其他 7 种倡导战术被 NPO 采用的比率都不高。

此外，就政策倡导研究与价值观之，虽然政策倡导向来被视为 NPO 的核心功能与价值，但是从实务与文献中，至少可以看到两项关键挑战与缺口。首先，许多 NPO 会因为资源和环境限制，刻意弱化政策倡导功能（Schmid & Almog-Bar，2014）；例如，Guo & Saxton（2010）发现，受访的 NPO 中竟有近三分之二几乎没有在倡导活动中投入资源；此外，Zhang & Guo（2012）通过针对中国 203 个 NPO 探讨其倡导活动及诱发公民影响公共政策情况的调查发现，这些 NPO 执行倡导活动的程度相对较低，且会因为领域专业化程度及其对政府经费的仰赖程度不同而有不同。其次，即便 NPO 把倡导活动当作重点，也可能因为倡导活动效率与影响的评量不易，而出现政策倡导活动的潜在价值或重要性被忽略之情况（Schmid & Almog-Bar，2014）。

综上所述，本研究认为，过往被视为 NPO 核心活动的倡导课题其实在 NPO 使命上尚未被普及导入。此外，在落实层面上，不论战略还是战术，以至于成效层面，其实近十年并未有显著变化，因此，如何在数字经济时代下搭配新资源或方式来实践，似乎便成为 NPO 应该思考的重点课题。

（二）非营利组织政策倡导与社交媒体应用的关联

1. 社交媒体特质和非营利组织倡导

社交媒体自 2009 年起开始受到 NPO 关注，并获得“公众麦克风”（Microphone for the Masses）的称号（Guo & Saxton，2018）。整体而言，社交媒体被认为可以协助组织，通过分享、合作、几近实时的行动化参与活动等方式，有效吸引既有及潜在的利害关系人（Guo & d Saxton，2014）。此外，社交媒体的互动性与分布式环境特质，使 NPO 能以低成本方式号召支持者，促成与公民进行互动对话，并协助被传统媒体忽略的议题重获关注（Guo & Saxton，2014）。因此，既有研究显示，社交媒体将有助 NPO 倡导活动的推广投入，促成创造回馈回路（Engaging Feedback Loops），并可通过提升沟通速度方式来强化集体公民行动的投入，让社交媒体成为协助 NPO 在倡导过程中用更少资源做更多事情的利器（Obar et al.，2012）。而在具体成效和媒体差异上，Obar et al.（2012）的研究发现，社交媒体有助于公民参与（Civic Engagement）和促动公民行动（Collective Action），并以脸书和推特的效果较佳，至于 Youtube 则是效果最差的一类。此外，相关研究显示，许多 NPO 在 2009 年起其实每天都会利用社交媒体和公民进行沟通，且它们深信社交媒体可协助组织促成公民参与和公民行动，并落实倡导和组织使命，而且，这些 NPO 并不会因为规模和兴趣不同而在认知上有显著差别，不过可能会因为 NPO 参与者的性别差异而在采纳意愿和应用效果上存有不同的认知（Curtis et al.，2010；Obar et al.，2012）。

另外，就政策倡导的研究视角观之，过往公共政策研究多强调宏观面的观点，也就是关注社会移动（Social Movement）与倡导组织（Advocacy Organizations）如何通过公众回应来影响政策的课题；相较之下，有关微观面的观点，也就是思考哪些议题或方式可有效促使公众进行关注的部分，似乎较少谈及（Guo & Saxton，2018），也因此，其为从社交媒体观点出发探讨 NPO 倡导的研究提供了互补的观点。其中，Guo & Saxton（2014）提出了以社群媒体为基础的倡导金字塔模型，该模型的最底层为“接触群众”（Reaching out to People），重在接触更多新的客群，而倡导代表只是基本沟通作为，或称为讯息层次的倡导；第二层则为“持续活化”（Keeping the Flame Alive），重在深化群众对于相关知识的理解及维持对于该议题的兴趣，强调社群导向的推文数增加情况，也就是聚焦支持者社群和网络的深化与维运；至于最上层则为“行动落实”（Stepping up to Action），亦即促成行动落实，此时倡导本身即为具体行动，也就是通过社群媒体促成公共行动，并以基层游说为代表，虽然实际上效果可能不如预期且深受限制；这三个层次皆属于行动参与驱动的关系建立模式（Mobilization-driven Relationship Building）且在实作上是可以并存的。

2. 典型社交媒体对非营利组织倡导的影响分析

在所有的社交媒体中，FB 可被视为 NPO 最积极使用的代表工具，在 FB 的架构下，它提供了三种不同涉入（或参与）度的工具，也就是“喜欢”（Like，纯粹用来表达对 FB 帖文的兴趣但没有任何语言意义表现）、“分享”（Share，让公众成为讯息传播志工，将相关信息传达到自己所属社群）和“评论”（Comment，让公众可以直接针对组织传递讯息表达意见并有效涉入）（Cho et al.，2014）。而在相关研究中，Bortree & Seltzer（2009）对 450 个倡导组织分析了其使用 Facebook 的情况，Schwarz 强调相关活动者如何通过如 FB 或推特等社交网络平台的使用来补充或强化传统社交网络与信息管道的内涵，Bortree & Seltzer 则是发现致力环保（环境）议题的倡导组织开始使用如 FB 等社群媒体来诱发公民对话。至于 Waters et al.（2009）则针对 275 家采用 FB 的 NPO 分析他们如何利用这些新的社交网络平台来落实其组织使命与计划，结果发现，这些 NPO（74%）最常使用的传播策略是通过 FB 进行讨论、贴图（贴照片）及提供故事联结；相反地，它们并没有善用这样的联结帮自己建立公共关系，或通过 FB 进行新闻发布。因此，NPO 当时虽然懂得通过 FB 进行外部联结，却未有效利用 FB 的潜力让相关组织活动能有效地被告知、传递和参与，所以，这导致 FB 的建立无法提升组织能见度与影响力，更遑论诱发群众活动参与。

至于近期，则是 Twitter 的应用成为探讨对象。不同于 FB，Twitter 虽然利用以 140 个字母为上限的方式进行有效且有意义的沟通是件难事，但 Twitter 仍成功地利用这种不同于过往的沟通方式创造了新的沟通模式。整体而言，推特主要具有三种沟通功能，分别是信息（将组织活动或相关报道的信息传递给利害关系人的推文）、社群（通过和利害关系人的互动、分享与交谈，从而促成在线社群形成的推文），以及行动（锁定聚合跟随者共同落实某事的推文——小至捐款大至参与倡导活动）（Lovejoy & Saxton，2012；Lovejoy et al.，2012；Guo

& Saxton，2014）。而为有效了解微博对于 NPO 倡导的效益，Lovejoy & Saxton（2012）聚焦检视美国百大 NPO 对于推特的使用情况，结果发现，在推特的三大功能中，信息功能使用占比最高（58.6%），相反地，有关更具价值的社群功能（包括标注识别并表达感谢、目前或地区事件的告知、对回复讯息的响应、对于募款/征集的响应）和行动成效（涵盖事件广宣、捐款的提出、产品的贩卖、征集志工、游说与倡导、参加其他平台或为组织投票、学习如何提供协助）的使用率则不如预期，这再次反映了 NPO 在社交媒体应用上仍属相对保守或初阶的状态，以至于未善用推特来极大化利害关系人的涉入和参与行为。Guo & Saxton（2014）针对美国 188 个倡导组织进行观察，着眼 NPO 如何使用社交媒体介入政策倡导工作，并以推特作为关注媒体，结果发现，推特确实是有力的沟通工具，但是，就效用观之可能还不能算是具有行动力的工具，此外，在使用的倡导战术上，大众教育仍居首，其他十种战略的出现频率仍非常低（Guo & Saxton，2014）。至于 Guo & Saxton（2018）则是测试 NPO 使用 Twitter 的效率，探讨到底 NPO 如何通过社交媒体释出的讯息来获取支持者的关注，结果发现，NPO 的网络规模（跟随者人数）、发声数量与频率（发送的推文数），及参与对话次数，和网络关注正相关；但组织的目标客群和链接策略，和不同网络关注则负相关（Guo & Saxton，2018）。

3. 社交媒体对非营利组织倡导的研究缺口与挑战

第一，整合过往研究结果，有关 NPO 使用社交媒体落实政策倡导历程可能遭遇的挑战，除了 NPO 人员因数字素养缺口引发的使用限制、代表组织发言时口径和说法一致性的挑战，以及外人不易辨识出个人与组织观点等项目外，关键挑战恐怕在于链接能力、关注效果，及应用思维本身（Obar et al.，2012；Guo & Saxton，2018）。第一，针对链接能力部分，如同 Gladwell① 所述，社交媒体能促成引导百万人浏览网页的“弱链接”（Weak Ties），却无法直接证明具备让这些公众确实落实倡导内容的能力；因此，如果 NPO 想要通过社交媒体促动公民实质行动（Mobilization），则有赖整合个人联结与相关策略投入（Obar et al.，2012）。

第二，在关注效果的部分，有关通过社交媒体传递于跟随者的动态信息更

---

① Gladwell，M.（2010），“Small Change：Why the Revolution Will Not Be Tweeted”，New Yorker，http://www.newyorker.com/reporting/2010/10/04/101004fa_fact_gladwell?currentPage=1.

新行为，以及高度参与结构和低进入障碍等特质，似乎尚未系统地进行着墨；所以，让公共关注（Public Attention）不只成为NPO想要有效使用社交媒体的关键前提（Key Prerequisite），不只因关注成为NPO目前欠缺的资源，甚至还因为NPO对于此资源的不足，从而出现了"关注赤字"的论点（Guo & Saxton，2018）。

第三，针对应用策略，NPO还是倾向于把社交媒体视为传统媒体的分支与信息扩散的媒介，于是让NPO的社交媒体使用策略仍属于单向式信息分享沟通（而非通过双向对称沟通来吸引群众）的类型①（Cho et al.，2014），但这样的沟通策略，抑制了公众的对话与响应强度，也因此无法强化讨论声量与增加关注或支持人数（Cho et al.，2014；Guo & Saxton，2018）。换言之，如果希望通过社交媒体发挥NPO倡导的功能与影响力，NPO应该有效地定位到底它们是想要通过社交媒体和公众建立新的关系，还是与之建立新的社群关系，据此善用社交媒体的动态双向特质；同时，NPO也应思考，如何通过更多元参与和提升讯息深度与互动性（而非信息量和可视化效果），来有效创造效果。

（三）众筹与非营利组织倡导

如前所述，在NPO的相对保守做法下及社交媒体存有的弱链接特质下，链接在社交媒体、NPO与政策倡导三者中似乎不够强烈，所以，如能进一步锁定以倡导行动作为主体的社交媒体并进行探讨，或许是更有趣的互补研究观。因此，众筹（Crowdfunding）成为一个有趣的新媒介目标。

整体来说，众筹衍生自众包（Crowdsourcing），并在2010年后快速兴起，它是一种由提案者发起募资项目的财务资源请求，并是通过创造者本身提供相对应之回报所形成的服务；就本质来看，众筹并非全新作为，但是脸书、推特等社交媒体的出现，让组织和参与的个人可以和他们选择的使用者建立正式联结，并可进一步应用于在线捐款和筹资的参与活动中，提供NPO筹款的新渠道（Ordanini et al.，2011；Saxton & Wang，2014）。

而在众筹应用的领域上，除了科技产品研发和文化创意外，社会公益则被视为第三个重要领域，且在公共事务应用的现况下，亦有相关研究可以佐证。

---

① Barnes，N. G.，& Andonian，J.（2011），"The 2011 Fortune 500 and Social Media Adoption：Have America's Largest Companies Reached a Social Media Plateau"，University of Massachusetts，available at www.umassd.edu/cmr/studiesandresearch/bloggingtwitterandfacebookusage.

例如，Flannery et al.（2009）调查发现，在线募款已成为 NPO 的新筹资管道，且在线捐助者多属年轻并愿意捐助较多的群众类型（Saxton & Wang，2014）；此外，通过民众和政府合作获取所需服务（从实体结构到地区服务街友）资源的公民众筹（Civic Crowdfunding）不只已经问世，并已证明这类众筹项目会对公众参与产生实质影响；另一个有趣的讯号则是筹资效率的表现，Pitschner & Pitschner-Finn（2014）发现，虽然公益性质的众筹项目占比不如预期（约只占4%），且通常不容易获得较多赞助人，但这类项目反而比较容易达到募资门槛，并较有机会从单一赞助者身上获得高于平均的赞助额；黄育淇与郭建良（2017）针对台湾最大众筹平台 FlyingV 上 700 多个公益型与文创型募资项目进行分析的结果亦有类似发现，且进一步发现赞助人数成为预测募款金额的关键（尤其在设定募款金额较高的公益型项目中更明显），间接证实了众筹对公益倡导活动的影响力与重要性。

换言之，通过社交网络进行在线募资已成为 NPO 落实倡导活动和社会参与的重要议题（Stiver et al.，2015）。但是，既有研究也指出，基于下述三点原因，NPO 在杠杆众筹进行倡导时，必须跳脱过往募资活动的思维：（1）结合社交媒体进行众筹可让 NPO 触及实体距离遥远的潜在群众，且可通过粉丝网络影响更多 NPO 本身无法接触的潜在捐助者；（2）潜在捐助者多属通过他人网络渠道主动加入者，因此，这种个人性质的 P2P 募款方式和客户特质明显有别于过往募资管道特质；（3）潜在赞助者对捐款需求的响应属开放类型（Open to the Public），因此经常会和社交网络应用捆绑并产生循环关联，因此，众筹/捐款行为将有依赖强而有力的社交网络的驱动力（Saxton & Wang，2014）。相关论点在 Saxton & Wang（2014）的研究中也获得支持，并指出社交网络效应对捐赠的影响显著高于其他影响传统募款的因素，同时，成功募款与否的决胜因素不是 NPO 本身的财务能力而是网络能力（Web Capacity），此外，因为捐款金额相对较小，FB 赞助者不太在乎募款项目的效益率，这与线下 NPO 赞助者的心态差异甚大。

不过，就如同以 FB 和 Twitter 为目标进行的 NPO 政策倡导研究之发现一样，目前代表性的公民众筹平台多采用单向式社交媒体链接策略，并局限在众筹项目层次的对话与讨论中（Stiver et al.，2015）。此外，有关众筹对 NPO 倡导的影响亦尚未进行系统化的研究，因此，对于此领域，值得进一步进行探究。

三　研究设计与模型

（一）研究模型与分析方式

理论上，众筹具备募资和吸引关注两大功能，有效呼应 Guo & Saxton（2014）社交媒体触动政策倡导模型中提到的三个层次（即落实行动—持续倡导—触及群众），而非和其他社交媒体一样，只聚焦在唤起公众关注和进行活动倡导的“弱链接”形态上，因此，NPO 通过众筹平台形成项目进行倡导活动落实的行为，应该比过往社交媒体促成的倡导模式更系统化与持续化，同时，在项目金额设定与吸引公众关注等议题上，应该也比其他社交媒体模式更具效率。因此，基于前述考虑，本研究将聚焦下述课题进行探讨与验证。

1. 众筹是否能确实协助 NPO 成功取得来自公众的小额捐款据此落实倡导项目（NPO 可以通过众筹有效提高借由社交媒体取得落实倡导活动所需的资金）。

2. 募资金额（即倡导行动）的效率将取决于参与群众的人数（众筹项目成功的关键仍在于足够公众关注下诱发的公众捐赠）。

3. NPO 是否会为了呼应组织使命和关注课题，针对倡导议题于不同年份持续启动募资项目（因为众筹与组织使命的链接，让 NPO 愿意持续针对类似倡导课题启动募资项目）。

（二）样本取得

在对象选择上，FlyingV 是台湾第一家、项目、成案项目与成功募集资金最多，同时也是被国内论文探讨最多的众筹平台（郑澔阳，2016）；而且，FlyingV 在营运之初便已涵盖公益型（包括公共与在地类型）的众筹项目。因此，基于代表性、项目数量及信息丰富度，本研究决定以 FlyingV 作为数据搜集对象。而在案例选择上，本研究以“公共和在地”类型项目作为对象，然后针对发起者为 NPO 者做第二梯次的收敛。至于在涵盖的时程上，由于 FlyingV 是从 2012 年开始营运的，因此，本研究最后以 2012 年到 2017 年 12 月进行募资、属于前述两类，且发起者为 NPO 者的项目作为本次研究分析的基础。基于这样的设计，本研究最后从 654 个众筹项目中筛选出 92 笔作为分析对象，相关信息可以简要整理如表 1。

表 1　本研究样本结构和比较信息说明

单位：个

	2012 年	2013 年	2014 年	2015 年	2016 年	2017 年	小计
NPO	0	4	22	25	18	23	92
非 NPO	6	44	163	173	150	118	654

此外，基于前述研究重心，本研究在分析过程中，将善用项目设定募款金额、实际募款金额、捐款人数、最低捐款金额、最高捐款金额、项目名称，以及项目发起人等项目作为探讨基础。其中，要说明的是，在众筹研究中，理应可通过关注人数、转载情况和参与人数来进行分析，但因目前 FlyingV 将关注人数等信息加以隐藏，以致无法做更细致的验证，成为本研究在分析上的潜在限制，特此说明。

四　分析结果与研究发现

首先，有关 92 个 NPO 倡导活动的众筹项目基础数据，可用表 2 加以表示，其中，平均设定的筹资目标将近 30 万新台币（但最大项目则为 770 万新台币），平均实际募得金额则约为 25 万新台币（但募得最高之项目则将近 1200 万新台币），平均募资达标率为 166.62%，至于平均赞助人数则为 164 人（获得最多人赞助的项目则有 11522 人）。从这样的信息可以发现，除了特定项目外，其实目前为止，NPO 通过众筹项目落实倡导活动的规模不算太大。

此外，为了解众筹导入台湾时间长度是否对于众筹项目产生影响，本研究进一步通过变异数分析（Analysis of Variance，ANOVA），针对表 2 所列之各项目，比较不同年度众筹项目是否存在差异，结果发现，所有 P 值皆落于 0.216 ~ 0.563，因此，都不显著，这意味着不同年度的众筹项目彼此间并不存在显著差异，所以可以合并进行分析。

表 2　NPO 倡导之众筹项目的统计特性描绘（N = 92）

	平均值	标准偏差	最大值	最小值
筹资目标金额（新台币）	296788	516739	7700000	1000
实际筹资金额（新台币）	250949	811928	11984994	0
募资达标率（%）	166.62	1117.08	23970	0
赞助人数（人）	164	613	11522	0

续表

	平均值	标准偏差	最大值	最小值
最小赞助金额（级距）（新台币）	150	170	2000	100
最小金额赞助人数（人）	28	87	1139	0
最高赞助金额（级距）（新台币）	13500	45005	840000	100
最高金额赞助人数（人）	15	216	5099	0

进一步地，为了有效响应研究问题 1，我们在此先依据实质募款金额（30 万新台币）和成功募款与否，对这 92 个项目进行切割，结果如表 3 所示。从表 3 数据可以发现，能够获得赞助者青睐、筹到 30 万新台币的项目仅约占三成，这再次反映实质项目规模相对不大的情况。此外，为有效理解所有众筹项目的金额变化差异，图 1 将这 92 个众筹项目的设定与实际募资金额，利用十分位数的方式进行了排序与图像化呈现；从图 1 中可以发现，实际募得金额的十分位数自 50% 后就开始显著高于设定金额，并在 80% 之后呈现更明显的差异，这间接反映了约有 20% 的项目募资效果和金额明显高于其他项目。

表 3　NPO 倡导之众筹项目的规模和成功状态

单位：个

	未达 30 万新台币	达 30 万新台币	小计
未达设定目标	29	10	39
达到设定目标	37	16	53
小计	66	26	92

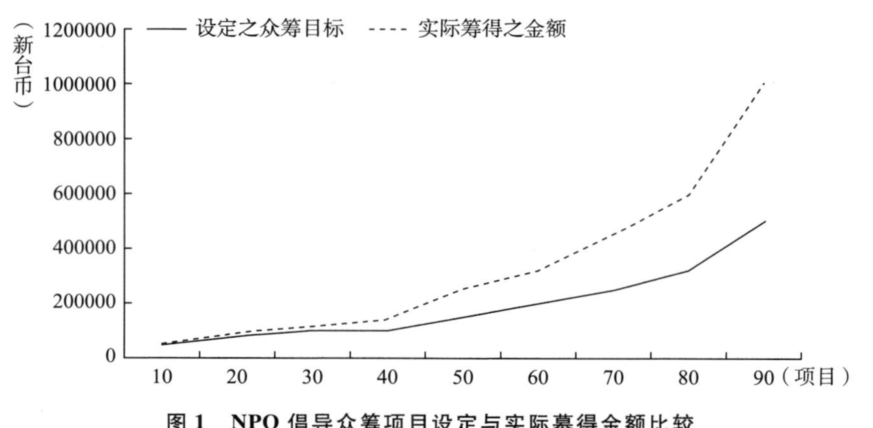

图 1　NPO 倡导众筹项目设定与实际募得金额比较

同样地，为了同步分析倡导活动的参与（也就是赞助）人数变化和影响，表4依据实质参与人数（50人）和成功募款与否，对这92个项目进行切割，并发现类似的变化，也就是获得50人实质投入的项目达标率就已非常高，远表示目前NPO提出的相关倡导活动在一开始默认的规模就不算太大。但是不论如何，对于NPO而言，确实有将近六成（57.6%）的项目成功获得足够的赞助金额，并因此转换为NPO实际倡导活动。因此，就具体成效而言，相较于现有研究对于NPO投入FB或Twitter之相关研究，本研究发现NPO仍多着眼于尝试性的信息分享层次（也就是超过八成以上的社交媒体应用都只是在最基本的信息分享层次上），对于台湾有投入尝试众筹的NPO而言，其在落实倡导层次上确实相对有效。

表4　NPO倡导之众筹项目的参与（赞助）人数和成功状态

单位：个

	未达50人赞助	达50人赞助	小计
未达设定目标	37	2	39
达到设定目标	10	43	53
小计	47	45	92

其次，为了响应研究问题2，本研究参考过往众筹研究经常使用的回归模型，以实际募得金额作为因变量，并以赞助人数、设定目标金额、最小赞助金额级距、最小赞助金额人数、最大赞助金额级距、最大赞助金额人数等变量作为自变量，通过逐步回归法，最后得到如表5的结果。从表5中我们可以发现，虽然以赞助人数和筹资目标作为预测变量的模型解释力最佳（达91.6%），但是相较之下，光是以赞助人数作为预测变量的回归式，其模型解释力便已高达84.3%，这意味着NPO如果希望通过众筹取得较高的赞助金额，关键确实在于参与人数（在此即是指赞助人数）的吸引成效，因此，NPO通过众筹平台的特性吸引到足够多的潜在支持者转换为具体行为甚或协助转贴讯息，唤起更多人的加入，确实成为倡导活动和募资得以成功的关键。而这样的论点，其实和前述针对FB与Twitter进行研究的发现相呼应，也就是只有静态信息公告的效果并不明确，相反地，通过更多更新信息的呈现、讨论与转贴，才有机会成功促使倡导活动的落实和引起参与群众的共鸣。

表 5　针对实际募得金额的逐步回归结果

	模型一	模型二
赞助人数	0.919 ***	0.606 ***
筹资目标	—	0.414 ***
解释力（Adj. R^2）	0.843	0.916

注：*** 表示 P＜0.001。

最后，为了响应研究问题 3，本研究重新审视 92 个项目，并依据 NPO 行为重新整理得到表 6。从表 6 中可以发现，为了倡导活动或组织使命在 FlyingV 上申请多次众筹的 NPO 数目并不多（20.2%），其中，只有三家 NPO 针对类似主题于不同年度持续申请三次项目而进行筹资和倡导，另外则有 12 家 NPO 于过往五年中提出两次呼应该 NPO 使命和倡导议题的相近项目而进行筹资。此外，这 15 家跨年申请类似众筹项目的设定金额，其实变化亦不大，且多以 30 万新台币以下之规模为主（87.9%）。因此，不论就 NPO 持续针对议题进行倡导的历程还是执行金额等数据观之，目前通过 FlyingV 进行众筹的 NPO，其实似乎仍未将众筹视为重要且持续的倡导活动落实的渠道，因此，这样的讯息似乎意味着，对 NPO 来说，众筹似乎和 NPO 使用其他社交媒体的定位类似，多为静态或消极性的尝试。此外，另一个值得关注的信息则是 NPO 规模的课题，再重新审视这 74 家 NPO 后发现，约有 7 家（也就是 10% 左右）的 NPO 属于台湾较具知名度或较为活跃的 NPO，且这几家 NPO 在众筹上的投入，只有 3 家属于在 FlingV 上申请众筹项目两次以上的类型；同时间，这些 NPO 申请的所有项目，约有七成属于成功募资，但只有约五成属于相对规模较大的项目（30 万元新台币）。基于这样的数据，本研究认为，其实 NPO 的知名度和倡导活动期望规模及其达成度，其实并未存在高相关的讯号，这意味着非知名的 NPO 只要本身拥有受到关注的组织倡导活动和使命，就有机会通过众筹这样的社交媒体，取得资源和获得支持，从而转换为具体的社会或政策倡导活动。

表 6　NPO 在 2012～2017 年提出的众筹项目数量分布

	1 次	2 次	3 次	小计
NPO 家数	59	12	3	74
对应募资专案数	59	24	9	92
成功募资项目数	32	16	5	53

五　结论与建议

（一）结论与发现

社交媒体和数字经济的来临，让许多过往造成 NPO 无法发挥倡导功能的限制被解放，但同时间，也因为 NPO 对于社交媒体的定位和采用心态，辅以社交媒体的功能，社交媒体对于 NPO 倡导迄目前为止最多只能发挥弱联结的效果，而无法达到 Guo & Saxton（2014）提到的“落实行动—持续倡导—触及群众”这三个层次的效果。因此，本研究选择强调落实倡导活动的众筹平台作为新社交媒体目标，并以台湾 FlyingV 为例，探讨 NPO 是否会因为众筹这类社交媒体的加持，改变既有的倡导活动与态度。

首先，研究结果显示，台湾 NPO 到目前为止采用众筹进行政策或社会倡导活动的比例并不高，但是，众筹平台确实因为本身具备的特质，协助了超过 50% 落实于此的 NPO 成功募得相关资金，产生了初步唤醒公众关注和落实倡导活动的效果。不过，如深究其背后的实质内涵可以发现，台湾 NPO 目前在众筹这个媒体的应用策略上，其实和过往研究 NPO 应用社交媒体于倡导活动的观察结果类似，也就是多属于保守与静态的试误方式，并可从募资目标设定金额和赞助人数等数据窥见。其次，有关在预测 NPO 能否通过众筹平台吸引潜在支持者转换为具体行为上，研究结果显示，赞助（或参与）人数确实是决胜关键；这样的论点，其实意味着唯有通过更多更新信息呈现、讨论与转贴，才有机会获得公众关注与共鸣并进行倡导活动的落实，因此可以和过往针对 NPO 利用 FB 与 Twitter 进行倡导的研究结果相呼应。最后，有关 NPO 是否持续善用如众筹等社交媒体进行倡导的做法，本研究的数据发现，其实持续发起项目（超过一个）来呼应或落实 NPO 组织使命与倡导重点的比例偏低，且拥有相对较高知名度和资源的 NPO，在众筹平台上的倡导活动投入与成效，其实亦未显著高于规模或知名度相对较小的 NPO。

（二）实务与理论意涵

基于前述研究结果，本研究在文末尝试提出相关的意涵与建议。首先，针对理论意涵的部分，虽然相关研究一再提到社交媒体的互动、分散与正式网络联结对于 NPO 进行倡导活动的潜在贡献与价值，但到目前为止，似乎并没有看到太多具体的进步或突破。而本研究锁定更具备支持倡导特质的众筹平台作为分析基础，并通过研究结果，证明影响 NPO 善用社交媒体落实倡导活动的关键不在于 NPO - 社交媒体的配适（Fit）本身，而在于 NPO 本身。

针对实务意涵的部分，就社交媒体促成的倡导活动成效观之，本研究认为，公民众筹等相关概念的兴起和更多互动机制于众筹平台的使用，确实让众筹有别于其他重信息分享的社交媒体，成为更有助 NPO 在落实唤起参与者实际支持并执行倡导活动的“强链接”媒介。但是，如果就实质使用的 NPO 家数和结构、能够唤起的参与人数，以及确实搭配 NPO 组织使命和社会倡导重点持续通过众筹进行深化与发声的角度来说，众筹对 NPO 而言可能无法称为一个具有活动倡导能力的利器。

此外，本研究认为，NPO 必须理解到，众筹本身具有可支持不同目的与创造不同产出的不同类型之做法。因此，如果要提升传递效率或倡导效果，NPO 应更有系统地加入讨论并通过众筹平台功能增加支持或关注人数；同时间，也该注意相关讯息的深度与互动性。同时，NPO 也必须再次理解，除非能有效创造出双向沟通或是高度涉入的社交媒体应用情境，否则潜在支持者对于 NPO 发出的筹资信息，很可能只会被解读成一种尝试性讯号，而无法获得更多的共识与认同。所以，本研究建议，NPO 应该有效确认其目前在倡导活动上的缺口以及重新思考和定位它们到底想要和哪些群众建立何种关系（既有群众 vs. 潜在群众，建立更多关联 vs. 建立新的社群关系，建立尝试性的认同关系 vs. 建立一次性的支持关系）。

参考文献

黄育淇、郭建良（2017）：《台湾公益型群众募资项目的效率与特质之初探》，第二十八届国际信息管理学术研讨会（ICIM 2017）。

郑澔阳（2016）：《探讨群众募资平台的经营策略创新——日本案例的启发》，台湾“中国文化大学”信息管理学系硕士论文。

Berry, J. M. (1977), *Lobbying for the People: The Political Behavior of Public Interest Groups*, Princeton, NJ: Princeton University Press.

Bortree, D. S., & Seltzer, T. (2009), “Dialogic Strategies and Outcomes: An Analysis of Environmental Advocacy Groups' Facebook Profiles”, 35 (3), *Public Relations Review*, pp. 317 – 319.

Cho, M., et al. (2014), "Public Engagement with Nonprofit Organizations on Facebook", 40 (3), *Public Relations Review*, pp. 565 – 567.

Christ, P. (2005), "Internet Technologies and Trends Transforming Public Relations", 1 (4), *Journal of Website Promotion*, pp. 3 – 14.

Curtis, L., et al. (2010), "Adoption of Social Media for Public Relations by Nonprofit Organizations", 36 (1), *Public Relations Review*, pp. 90 – 92.

Flannery, H., et al. (2009), 2008 *Donor Centrics Internet Giving Benchmarking Analysis*, Charleston, SC: Target Analytics.

Guo, C., & Saxton, G. D. (2010), "Voice-in, Voice-out: Constituent Participation and Nonprofit Advocacy", 1 (1), *Nonprofit Policy Forum*, pp. 1 – 25.

Guo, C., & Saxton, G. D. (2014), "Tweeting Social Change: How Social Media are Changing Nonprofit Advocacy", 43 (1), *Nonprofit and Voluntary Sector Quarterly*, pp. 57 – 79.

Guo, C., & Saxton, G. D. (2018), "Speaking and Being Heard: How Nonprofit Advocacy Organizations Gain Attention on Social Media", 47 (1), *Nonprofit and Voluntary Sector Quarterly*, pp. 5 – 26.

Li, H., et al. (2017), "Nonprofit Policy Advocacy Under Authoritarianism", 77 (1), *Public Administration Review*, pp. 103 – 117.

Lovejoy, K., & Saxton, G. D. (2012), "Information, Community, and Action: How nonprofit Organizations Use Social Media", *Journal of Computer-Mediated Communication*, pp. 337 – 353.

Lovejoy, K., et al. (2012), "Engaging Stakeholders through Twitter: How Nonprofit Organizations are Getting More out of 140 Characters or Less", 38 (2), *Public Relations Review*, pp. 313 – 318.

McCarthy, J. D. & Castelli, J. (2002), "The Necessity for Studying Organisational Advocacy Comparatively", In P. Flynn and V. A. Hodgkinson (eds). *Measuring the Impact of the Nonprofit Sector*, New York: Academic/Plenum Publishers, pp. 103 – 121.

Obar, J. A., et al. (2012), "Advocacy 2.0: An Analysis of How Advocacy Groups in the United States Perceive and Use Social Media as Tools for Facilitating Civic Engagement and Collective Action", 2, *Journal of Information Policy*, pp. 1 – 25.

Ordanini, A., et al. (2011), "Crowd-funding: Transforming Customers into Investors through Innovative Service Platforms", 22 (4), *Journal of Service Management*, pp. 443 – 470.

Pitschner, S., & Pitschner-Finn, S. (2014), "Non-profit Differentials in Crowd-based financing: Evidence from 50, 000 Campaigns", 123 (3), *Economics Letters*, pp. 391 – 394.

Saxton, G. D., & Guo, C. (2011), "Accountability Online: Understanding the Web-based Accountability Practices of Nonprofit Organizations", 40 (2), *Nonprofit and Voluntary Sector Quarterly*, pp. 270 – 295.

Saxton, G. D., Wang, L. (2014), "The Social Network Effect: The Determinants of Giving

Through Social media", 43 (5), *Nonprofit and Voluntary Sector Quarterly*, pp. 850 – 868.

Saxton, G. D., Waters, R. D. (2014), "What do Stakeholders Like on Facebook? Examining Public Reactions to Nonprofit Organizations' Informational, Promotional, and Community-building Messages", 26 (3), *Journal of Public Relations Research*, pp. 280 – 299.

Schmid, H., Almog-Bar, M. (2014), "Introduction to the Symposium-Nonprofit Advocacy and Engagement in Public Policy Making", 43 (1), *Nonprofit and Voluntary Sector Quarterly*, pp. 7 – 10.

Stiver, A., et al. (2015), "Civic Crowdfunding Research: Challenges, Opportunities, and Future agenda", 17 (2), *New Media & Society*, pp. 249 – 271.

Wang, J. (2015), "NGO2.0 and Social Media Praxis: Activist as Researcher", 8 (1), *Chinese Journal of Communication*, pp. 18 – 41.

Waters, R. D., et al. (2009), "Engaging Stakeholders through Social Networking: How Nonprofit Organizations are Using Facebook", 35 (2), *Public Relations Review*, pp. 102 – 106.

Zhang, C. (2017), "Nothing about us Without Us: the Emerging Disability Movement and Advocacy in China", 32 (7), *Disability & Society*, pp. 1096 – 1101.

Zhang, Z., & Guo, C. (2012), "Advocacy by Chinese Nonprofit Organisations: Towards a Responsive Government?" 71 (2), *Australian Journal of Public Administration*, pp. 221 – 232.

The Social Media Influence of the Advocacy Behavior to NPOs: A Perspective of Taiwan Crowdfunding Platform

Zhou Shulin   Kuo Chien-Liang

[**Abstract**] How nonprofit organizations (NPO) utilize social media to engage in advocacy work is regarded as one of the most important challenges in the digital economy era. However, although current studies pay their attention to how NPO react to the prevalence of social media, less focus is paid on how social media help to shape NPO's practices on advocacy work. To help close the gap between theory and practice, this research explores whether the alignment between NPO's advocacy practices and features of social media determine the NPO's usage on social media. In particular, how the crowdfunding platform, an emerging and powerful form of social media, is used by NPO is investigated. Those crowdfunding projects initiated by NPO in FlyingV, the most well-known crowdfunding platform in Taiwan, are taken as the data source for analysis in this paper. The findings reveal that crowdfunding platforms are beneficial to NPO in turns of gaining resources and attracting participants, which then fostering the realization of advocacy activities. As well, the efficiency of crowdfunded projects (or advocacy proposals) is mainly determined by the number of participants (or sponsors). However, based on the findings, it is argued that NPO so far have not realized the power of crowdfunding platforms, thus not yet regarding crowdfunding platforms as key social media or strategic weapons in strengthening their impact or contribution on advocacy work relevant to their missions.

[**Keywords**] Nonprofit Organization; Policy Advocacy; Social Media; Crowdfunding

（责任编辑：张潮）

公益4.0：中国公益慈善的区块链时代

张　楠　王　名*

【摘要】 区块链的诞生，标志着人类开始构建真正的信任互联网。将区块链技术重构的信任机制应用到公益慈善事业中，将带来公益慈善领域的重要变革和公众参与公益慈善事业的极大热情。本文认为区块链技术将推动我国公益慈善进入新时代，将带来公益模式的创新，由政府背书慈善组织的公益1.0阶段、企业支持慈善组织的公益2.0阶段、互联网慈善的公益3.0阶段向区块链慈善的公益4.0阶段发展。区块链技术的分布式记账、去中心化、非对称加密等特征以技术方式重构了信任机制，有利于解决慈善组织的信息披露和透明度等问题，将改变慈善领域的信息披露机制、善款追踪机制、政府的信息监管机制和对慈善机构的审计机制，慈善组织在定位和业务重点，与利益相关方的关系、运营模式、组织财务和信息披露方面都将发生变革。基于我国慈善事业的发展现状，我们提出了公益3.5阶段模式，即当下的由互联网慈善向区块链慈善的过渡期，慈善事业的参与主体由“慈善组织+互联网平台”向“慈善组织+大型支付平台”过渡，在此期间，慈善组织的资金中介作用由大型支付平台担任，而慈善组织则侧重慈善服务的提供和慈善信息的监察，相关组织以搭建组织间的区块联盟链为主。最后，对慈善组织如何迎接公益4.0模式以及政府对区

* 张楠，清华大学公共管理学院博士后；王名，清华大学公共管理学院教授、博士生导师。

块链慈善信息的监管，提出相应对策建议，在实践上鼓励、政策上引导、推动区块链技术在公益慈善领域的发展。

【关键词】 区块链技术　公益慈善　发展模式　政府监管　联盟链

随着互联网技术在公益慈善领域的应用，慈善信息化建设进程加快，公众对慈善组织透明度的关注不断提升，尤其是对其业务活动信息和财务信息的披露。但是，我国的慈善组织的信息披露存在一些问题。（1）信息披露能力不足，慈善组织的信息采集和处理都需要专业的培训，需要设计程序规范、运作透明的工作机制和财务管理机制，有效追逐捐赠款物的使用情况、反馈机制和公示制度，但是大部分慈善组织欠缺这方面能力。（2）披露信息的平台不健全，尤其是一些基金会没有官方网站进行披露或官网信息更新不及时。（3）披露信息的边界不清，除了法律法规要求慈善组织披露的信息外，其他信息慈善组织是否应该披露没有统一规定。为了解决慈善组织的信息披露和透明度问题，我们建议以区块链技术构建我国慈善事业的4.0阶段，即区块链慈善阶段。区块链技术以其分布式数据存储模式、全网公开透明性和永久保留不可篡改性，适于解决公益慈善领域的信息披露和资金流通透明问题，以技术方式重构人与组织间的信任机制，这将带来我国公益慈善事业的重大变革，改变慈善组织信息披露的难点、提升信息披露透明度、提升公众对慈善组织的信任，进而有利于促进公众的小额捐赠，推动我国公益慈善事业的进一步发展。

本文探讨区块链技术将对公益慈善领域带来的创新变革，共分为四个部分。第一部分，阐述区块链技术将对公益慈善模式带来的改变和冲击。区块链技术将推动公益慈善模式的发展，由政府背书慈善组织的1.0阶段、企业支持慈善组织的2.0阶段、“互联网 + 慈善组织”的3.0阶段向区块链慈善模式的4.0阶段发展，以技术重塑信任机制来提高慈善组织公信力。第二部分，从区块链技术的本质出发，分析区块链技术为何能解决慈善难题，进而带来慈善模式的变革。作为一项颠覆性的技术创新，区块链技术发展仍不成熟，其本身的技术门槛会限制公益慈善领域的实际应用，因而梳理区块链技术的内涵有利于分析其如何应用到公益慈善领域中。第三部分，分析区块链技术将如何改变慈善模式。在指出区块链能解决的三类慈善问题和将带来的五方面变革后，针对我国公益慈善发展现状，提出公益3.5阶段模式，即区块链技术应用于公益慈善领域的早期阶段，慈善组织和大型支付平台的合作过渡期，分析这一阶段的参与主体、区块链适用类型、信任机制和信息披露方式，以及慈善组织功能转变四个特征，为当下探索区块链慈善模式的相关组织提供一定借鉴。第四部分，在区块链慈善的背景下，对慈善组织投身区块链慈善模式和政府的信息监管提出相应的建议，鼓励慈善组织和政府迎接公益 4.0 时代的到来，以适应、引导和推动区块链技术在公益慈善领域的应用。

一　我国公益发展进入新阶段

（一）从公益 1.0 到公益 3.0

在过去的 40 年，我国公益的发展受制度和技术水平的影响，不断发展迭代，我们将之划分为公益 1.0、公益 2.0 和公益 3.0 阶段。20 世纪 80 年代至 20 世纪末是公益 1.0 阶段，其典型特征是政府主导慈善。在这一阶段，慈善组织大多脱胎于政府或党群社团，以政府信任为背书进行筹款，在“大政府、小社会”的社会结构下，慈善组织的活动受到过度行政化的影响，无法合理、有效地处理慈善资源和慈善项目对接问题。从 21 世纪初开始，特别是 2008 年汶川地震后，进入公益 2.0 阶段，其典型特征是以企业为代表的非慈善组织加入慈善事业中。快速发展的企业以企业社会责任的名义投身于慈善事业，“企业 - 慈善组织联盟”成为主要慈善运作模式，其市场性和开放性提高，但出现慈善组织对企业大额捐赠的恶性竞争，如恶意隐秘对自身不利的信息以获得捐赠，造成慈善项目运作效率低下，资源浪费；同时，企业为了获得税收优惠，选择与政府有关联的慈善组织为合作伙伴，其中也滋生了腐败、诈捐等行为（王凯茜、王大洲，2015）。在过去的 3 ~ 5 年，特别是 2015 年腾讯“99 公益日”的出现，公益 3.0 阶段到来，即互联网慈善阶段。一方面，随着汶川地震等特大自然灾害及“郭美美事件”等公益丑闻的发生，我国公民的主体性和主体意识开始觉醒，并推动我国公民的慈善意识发展；另一方面，随着互联网技术的发展和阐述，具有高度通达性、透明度和使用友好性的新媒体时代到来，为我国公益进入 3.0 阶段打破了技术障碍（王名、王超，2014）。互联网技术使得公益 3.0 阶段具有三方面突出特征：一是公益慈善组织的发展更加成熟，主要表现在数量增长快、领域覆盖广、慈善领域创新创业多等方面；二是公益慈善资源得到巨大增长，近三年稳定在千亿元规模上，特别是腾讯“99公益日”推动的全民参与捐赠的新模式，扩大了网络筹款规模，推动我国公益慈善走出资源短缺时代；三是慈善组织透明度提升，互联网的公开、透明、快速传播的特点，推动了慈善组织的信息披露、慈善项目信息传播、受助人信息反馈等发展，一定程度上提高了公众对慈善组织的信任感。但是，慈善组织扮演着由捐赠人到受助人的信任中介的角色，网络曝光的慈善组织丑闻引发了大范围的信任缺失，慈善组织的公信力影响着我国公众参与慈善事业的意愿和信心。具体模式参见图1。

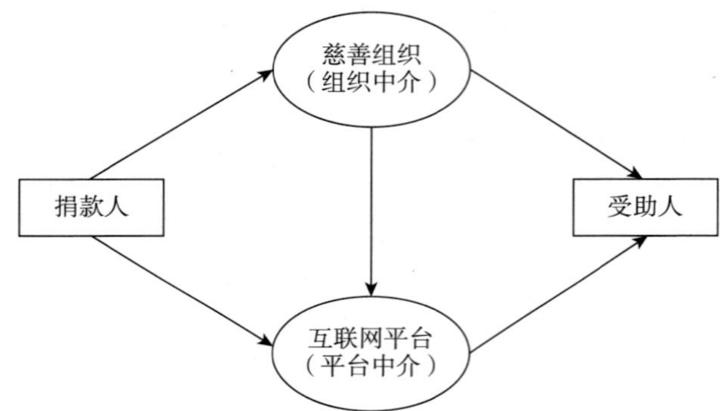

图1　互联网慈善模式中各参与主体关系示意

（二）区块链技术推动我国慈善进入公益4.0阶段

从理论上讲，区块链技术带来的信任互联网机制将推动公益慈善进入公益4.0阶段，该阶段的突出特征是去中心化的区块链技术带来人人参与的新局面，并以技术重塑信任机制来提高慈善组织公信力，开启慈善组织公信力塑造与提升的新篇章。

近几年，随着区块链技术的出现及在公益领域的应用，区块链所构建的价值信用机制将依托于互联网带来新的信任模式。最重要的，区块链的去中心化将带来慈善模式中的“去慈善组织化”，使得慈善组织不再扮演资产流转中介的角色，捐款人和受助人直接对接，具体模式参见图2。这有利于推动“慈善四化”，即捐款对象明确化、捐款流程简便化、善款金额透明化、善款管理专业化，这将显著提升慈善组织的公信力，鼓励更多公众参与到慈善事业中，推动我国慈善事业的繁荣健康发展。此外，区块链的不可篡改性，可以确保财务信息不被篡改；可匿名性能保护捐款者的隐私，尤其利于低调的企业家进行大额捐赠；在区块链技术底层引入智能合约，针对具体的捐助项目，直接创造一个专项的捐款合约，确定捐款的使用规则，可以确保专款专用，降低组织和个人贪污的风险。此外，相关数据信息上链，使得数据公开透明，也有利于规范慈善组织的信息披露。

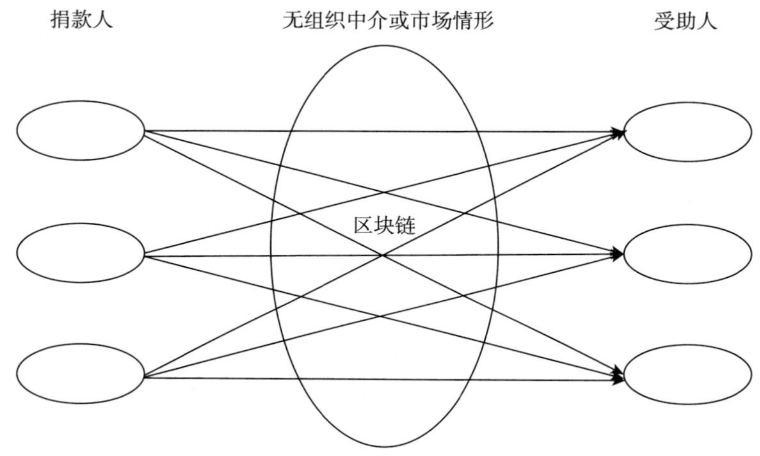

图 2 区块链慈善模式下各参与主体关系示意

二 区块链技术为何能改变慈善模式

区块链技术起源于化名为“中本聪”（Satoshi Nakamoto）的学者在 2008 年发表的奠基性论文《比特币：一种点对点的电子现金系统》，区块链技术是比特币的底层技术，后脱于比特币而有多视角的解读和应用场景。根据《中国区块链技术和应用发展白皮书》（2016）①，广义来讲，区块链技术是利用块链式数据结构来验证与存储数据、利用分布式节点共识算法来生成和更新数据、利用密码学的方式保证数据传输和访问的安全、利用由自动化脚本代码组成的智能合约来编程和操作数据的一种全新的分布式基础架构与计算范式；狭义来讲，区块链是一种按照时间顺序将数据区块以顺序相连的方式组合成的一种链式数据结构，并以密码学方式保证的不可篡改和不可伪造的分布式账本。我们认为，区块链技术是以分布式数据存储、点对点传输、共识机制、加密算法等计算机

① 中国区块链技术和产业发展论坛（2016）：《中国区块链技术和应用发展白皮书》，2016 - 10 - 21，http://www.sohu.com/a/116821965_481758。

技术在非信任环境中建构的信任服务基础设施，其核心价值是重构信任。区块链的核心特点是分布式（decentralized）数据储存，这种不依赖于中心服务器（集中式）的模式可以在多个站点、不同地理位置、多个机构组成的网络中分享数据，如此在多个终端存储的数据形成的分布式账本，使得数据公开透明和不可篡改。慈善最令人诟病的是信息不公开、善款去向不明等问题，而区块链的底层技术设计和技术特点使得区块链能解决慈善组织信息的公开和透明难题。

（一）区块链底层技术

区块链底层技术的设计使之适用于解决慈善组织信息披露和善款透明化的问题，主要涉及区块存储与链接、工作量机制、非对称密码机制和 P2P 去中心化机制。基于区块链技术的这些技术特点，学界和业界普遍认为区块链技术适合搭建一种跨不同机构或同一机构不同系统的数据传播、处理和存储的数据平台（苏恒，2017），适用于金融服务、公益慈善、运营管理、共享经济等领域。

（1）区块与信息存储

区块由区块头和其后的数据交易串（区块身）构成，多个区块从后向前有序链接起来就形成区块链（见图 3）。区块头是每个区块的信息标识，通过哈希（Hash）加密运算形成一个哈希值，来识别出这个区块在整个区块链条中的位置。区块头通过一个指针与下一个区块相连，指针是前一个区块（父区块）的区块头通过哈希算法得到的，如此，每个区块头都跟前一区块（父区块）形成关联，由父区块的区块头的哈希值链接到后一区块（子区块）中。这样前后两个区块的相连，就创建了一条可追溯到起始区块的链条。

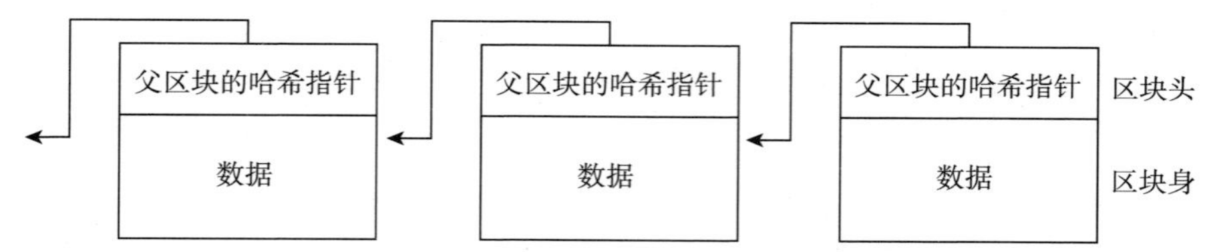

图 3　区块链示意

资料来源：根据蔡伟德等（2017）图式修订。

（2）工作量与信息安全

区块之间这条指向父区块的哈希值保证了交易信息的安全（夏新岳，2016），这是因为任一区块的区块头信息修改，都将带来该区块头哈希值的改变，这改变指向子区块的指针，子区块读取的父区块信息也会变化，从而子区块的区块头改变，进而所有的区块都需要更改。这种更改的工作量很大，即需要大量的计算，而巨大付出得到的回报（如更改数据的获益）可能很小，这种机制保证区块不会被更改。用基于区块和指针的区块链来存储信息，使信息更改的成本大幅提高，这是一种新颖的数据存储机制。

（3）非对称加密算法与信息不可篡改

非对称加密算法包括两个不同的密钥，即公钥和私钥。二者是相对而言的，如果用公钥对数据加密，则需要用私钥解密；而如果用私钥对数据加密，则需要用公钥解密。这基于单向函数的密码学，其不可逆性可以保证信息安全。在技术实现过程中，每个用户都会生成一把公钥和一把私钥，公钥可以对他人公开，而私钥只针对解密信息的人。比如，机构对个人发消息时，机构用个人的公钥对信息进行加密；个人收到信息后，用本地生成的自己的私钥解密信息。这种机制保证了他人无法读取信息，保证了信息的安全性和私密性，并且可以验证发送方和信息的有效性。

（4）P2P 网络与去中心化

P2P 网络（Peer to Peer，点对点网络）是相对于中心服务器与客户端网络（中心化网络）而言的。在中心化网络中，由中心服务器负责数据的采集和分发，客户端需要访问中心服务器才能读取数据，这种中心化模式便于管理，保证数据一致性，但中心服务器易操纵数据而无法保证数据真实，并且一旦出现故障可能影响整个数据的存储。在 P2P 网络中，没有中心服务器，众多客户端都是对等的网络节点，同时每个客户端都是服务器，实现了全网数据的自由流通和公开透明，也分散了中心服务器被攻击的风险，保证数据透明和安全。

（二）区块链类型

区块链可分为公有链、联盟链和私有链。公有链即公共区块链（Public Blockchains），对所有参与者开放，无须经过任何机构或服务器的允许，就可以向公有链的参与者发送数据，典型代表是比特币和以太坊。就公益慈善领域的应用来说，搭建人人参与的公有链来记录慈善组织的信息和善款流通，最能提升慈善组织的公信力，但是难度也最大。

联盟链指联盟区块链（Consortium Blockchains），由多个组织共同参与管理区块链，每个组织控制一个或多个节点，共同记录和发送交易数据，但每个组织的交易必须得到其他组织节点的确认才能生成区块，因而实现多中心化的运作结构。以银行间的区块链联盟为例，联盟里的多个银行都参与数据的生成和交易，相关数据信息上链，实现联盟成员对信息的实时共享和更新，这种营造内部生态系统的联盟链方便金融公司之间的交易。国内较有影响力的联盟链包括中国区块链研究联盟（CBRA）、金联盟、中国分布式总账基础协议联盟（China Ledger）等。搭建慈善组织和相关支付平台间的联盟链，不失为我国当下慈善发展的一条优径。

私有链即完全私有区块链（Fully Private Blockchains），由个人或组织所有，由个人或组织来制定系统的运行规则，数据对个人和组织内部开放，读取数据受到权限限制，隐私性更强；但限于组织内部，链上的规则可能被组织修改，因此也受到一些诟病。因此，私有链不适于解决我国慈善组织目前的难题。

（三）区块链特点

基于区块链技术的底层技术设计，我们认为区块链有以下五方面特点。

（1）以数学方法定义信用。张建（2016）指出区块链技术将全部数据按照时间顺序以区块方式储存，是利用数学方法定义互联网中各参与者在互不认识的情况下的一套游戏规则，以达到信息的对称和各参与者之间的信任。

（2）以密码学来保证数据安全。区块链技术以密码学技术有序链接数据，在加密和解密过程中使用两个非对称的密码，保证数据传输和访问的安全，不可篡改。

（3）去中心化打破了信息不对称格局。区块链技术将全部数据按照时间顺序以区块方式存储，并以密码学技术有序链接数据，保证数据传输和访问的安全，无须中心服务器就可以生成和更新数据。

（4）全员参与带来透明化。区块链的全网信息依赖参与者共同维护，每个参与者都是系统的节点，每个节点都拥有整个系统的数据库，可以查看所有在链上的数据；同时，每个人也有机会在数据库中写入和更新数据，数据库实现多节点背书，信息透明化提升，信息不对称问题有效缓解。

（5）有效降低交易成本。区块链技术的点对点传输和以数学方法定义信任的共识机制，有效解决了信任和价值传输的可靠性问题，去中心化带来了中介组织交易成本的降低。以数字形式上链的资产认证、记录、登记、注册、存储、交易、支付、流通等都可以通过区块链实现（腾讯 FiT、腾讯研究院，2017），由于所有数据全网公开，所以可以随时清算、审计和交易，快速便捷且交易成本更低。

区块链的以上特点有助于解决公益慈善领域中的信息披露、资金追踪等问题。例如，目前公益慈善领域的信息披露不健全，在资金流通和到账时间、受助人受惠效果、资金使用范围等方面的信息不对称容易造成公众的不信任，而且可能存在资金被挤占挪用的现象。而区块链的以上特点，则从技术层面实现了数据透明、可追踪和不可篡改，天然适用于公益慈善领域。

三　公益4.0阶段模式分析

区块链作为一个新的研究领域，可以被广泛应用于政府管理，供应链管理，证券、银行、股权交易等金融领域，文化娱乐产业，信息管理，公益慈善等领域。2017年，有学者将区块链应用于慈善领域，如李奕、胡丹青（2017）研究蚂蚁区块链平台如何帮助“听障儿童重获新声”“和再障说分手”等慈善项目的筹款问题；陈志东等（2017）则提出了众筹业务的私有区块链架构如何满足慈善众筹的业务需要；李琪等（2017）则从信息技术层面解读了区块链技术如何应用于慈善领域，并建构了基于区块链技术的慈善平台运行机制。但是，以上学者多从信息技术的角度探讨如何搭建区块链慈善平台，而很少学者关注区块链技术带来的慈善模式和慈善组织业务活动流程的转变。本部分将主要分析“区块链+慈善”对公益模式的影响和在实践中的具体应用，并提出适用于我国当下慈善发展现状的公益3.5阶段模式。

（一）区块链技术可以解决四类慈善问题

将区块链应用于慈善领域十分必要，业界和学界都在关注可能的应用和研究，但目前没有一个成熟的机制。我们认为，区块链技术可以应用到公益慈善领域的四个具体方面。（1）基于区块链技术的信息披露机制。区块链技术以底层技术规范建构了参与者的共识机制，此共识机制可以作为慈善组织信息披露的标准，并依据法律法规的规定，慈善组织基于便于使用的区块链技术平台（例如App），将相关信息上链，实现披露信息的透明和全网公开，解决慈善组织信息披露能力不足、信息披露平台不健全、信息披露范围不明确等问题。（2）基于区块链技术的善款跟踪机制。可以利用区块链技术来记载和存储公益平台上的善款募集、资金划拨和使用情况，实现捐赠信息的公开和资金去向的可追踪。(3) 基于区块链技术的信息监管机制。区块链的信息公开和数据可追溯，使得各个参与者共同记账、信息同步，可以扮演传统监察机构的角色，对数据披露和资金流通进行监管。(4) 基于区块链技术的公益慈善机构审计制度。建立区块链公益账户（公有链），这与原有的各个慈善机构的私有账户有显著区别，将公益慈善捐赠的数据公开化，便于相关信息的审计。

（二）区块链技术将带来五方面慈善模式变革

区块链技术应用于慈善事业将带来慈善模式的创新变革。具体来说：(1) 慈善组织的角色发生了改变，主要任务由原有的资产流转中介转变为信息发布和审核者，其线下对项目和受助人的信息搜集和审查成为关键，这也是区块链技术不能改变的。这种角色转变，将带来慈善组织业务重点的转变，需要重新设计慈善组织的业务流程和重点。(2) 角色转变也带来了慈善组织与各利益相关方的关系变化，如何处理与捐赠人、受助人、网络平台的关系值得研究。(3) 慈善组织运营模式的改变，如管理机制、捐赠模式、筹资模式、监督机制等。(4) 组织财务机制研究，在区块链技术影响下，组织的善款筹集、利用、跟踪、监管等都发生了变化，组织如何应对这种变化并制定新的财务管理机制有待研究。(5) 组织信息披露方式改变，区块链的公开透明解决了慈善组织与公众信息不对称的问题，慈善组织利用这一点进行信息搜集、筛选、编辑、发布也会有所变化。

（三）区块链慈善过渡期：公益 3.5 阶段

以上区块链慈善模式分析都是基于搭建人人参与的公有链，而从我国慈善事业发展现状来看，搭建基于区块链技术的公有链以实现人人参与、资金流向全网公开，需要时间、技术、人力和资金等资源，不是慈善组织以一己之力在短时间内就能完成的。仅从技术层面而言，一方面，区块链技术本身不成熟，在公益慈善领域的应用大部分仍在构想和内部测试之中，并未发展出较为成熟的市场应用机制，距离在公益慈善领域的真正运用还有较长的路。另一方面，目前缺少基于区块链技术的简便易操作的应用程序，公有链的搭建需要具有超大容量的存储空间和计算能力，较高的技术门槛可能降低公益慈善组织和相关平台对区块链应用的认知和接纳程度。

因此，我们认为，公益慈善领域在利用互联网向依托区块链技术发展的过程中，需要一个过渡时期，即公益 3.5 阶段——基于区块链技术的“慈善组

织 + 大型支付平台”模式。在过渡期内，慈善组织的发展有四方面特点。

（1）参与主体模式由“慈善组织 + 互联网平台”向“慈善组织 + 大型支付平台”转变。公益慈善情境下的资金流通需要全生命周期资金上链，这需要有中立的资金托管方将链下的资金信息上链，一些大型支付平台就担任着资金网关的角色（李奕、胡丹青，2017），并成为主要的参与主体。目前已有一些大型支付平台在公益慈善领域应用区块链技术，如国内的蚂蚁金服以支付宝为金融载体，搭建了区块链技术模块，并应用于 2016 年的“让听障儿童重获新声”、“和再障说分手”和“照亮星星的孩子”等项目。2017 年 3 月，支付宝爱心捐赠平台全面引入区块链技术，所有捐赠数据上链。截至 2018 年 1 月，支付宝平台基于区块链技术已记录 2100 万用户向 831 个公益项目捐赠 3.67 亿元，捐赠人次达 2.2 亿。此外，心链、布萌区块链、京东公益、腾讯供应链等也都在尝试公益区块链的具体应用。

（2）区块链搭建的类型以联盟链为主，逐渐向公有链发展。在过渡时期，人人参与慈善数据的写入和更新还不现实，从技术、资金、知识普及程度等多方面来看，搭建公益慈善的公有链难度较大。因而，搭建慈善组织和大型支付平台合作的联盟链是一个可行的模式，慈善组织提供捐赠项目、募集明细等信息，大型支付平台以区块链技术展示资金流向、受助人反馈等信息，并形成多个慈善组织的多个项目在大型支付平台上的上链和运营维护。在此阶段，应用区块链技术的特定慈善组织和相关平台形成产业联盟，组成一个可行的生态系统，在局部验证区块链慈善的模式后，可大规模地应用和推广。

（3）慈善组织的信任机制和信息披露方式由“慈善组织个体公信力 + 单独账本”向“背书机构集体 + 中心账本”发展，并最终发展成“慈善共识模式 + 公共账本”模式。目前，慈善组织的公信力依靠其自身的信息披露和透明程度，在互联网技术的支持下，公众搜索慈善组织信息的途径增多，其透明化有所提升，但关键、敏感信息等仍存留在慈善组织的单独账本中，慈善组织的公信力依靠其自身声誉来背书；在公益 3.5 阶段，慈善联盟链通过授权机制，挑选达到一定标准的慈善组织进入联盟，如此组织之间相互背书，信息在组织间共享、共同记录，以区块链为技术的“中心账本”在一定程度上提升了数据的透明度；在公益 4.0 阶段，慈善公有链的搭建将实现慈善组织、公众、支付平台等多方利益相关者的共同参与，基于大多数参与者的慈善共识模式来记录慈善数据，甚至实现捐赠人与受助人之间的信任，真正实现区块链技术对公益慈善模式的变革。

（4）慈善组织角色和功能发生变化，出现大型支付平台的组织中介化和慈善组织的服务转型。区块链技术带来产业变革，必然导致分工的改变。慈善组织的主要任务由原有的资产流转中介转变为信息发布和审核者，其线下对项目和受助人的信息搜集和审查成为关键，这也是区块链技术不能解决的。这种角色转变，将带来业务重点的转变，需要重新设计慈善组织的业务流程和重点。

（四）公益 4.0 模式的实践意义

（1）有助于提升慈善组织的规范、效率和公信力。公益慈善领域已有一些组织在积极探索将区块链技术应用于慈善捐款活动中，在国内，如中国光大银行的“母亲水窖”公益慈善项目、众托帮爱心互助项目布萌区块链、蚂蚁金服基于区块链技术为中华社会救助基金会“聆天使计划”开设互联网捐赠平台、数链的基于区块链的大病综合救治系统；在国外，区块链技术被应用在慈善领域，以意大利的 Helperbit 平台、英国的 Disberse 平台为典型。将区块链技术应用于慈善领域，不仅在技术上保障了公益数据的真实性，提升了公益透明度和信任度；而且还能帮助公益项目节省信息披露成本，降低交易成本，提高捐赠效率。

（2）有助于动员更多的公众参与到慈善事业中，探索一条解决公益慈善痛点的路径。区块链技术解决了捐赠人对自己捐款去向的担忧，知道自己的钱到底用在了哪里，有没有用到受助人身上，用到受助人身上多少钱等，有利于解决捐赠人的捐赠痛点。

（3）区块链技术的去中心化将带来慈善事业的去慈善组织中介化，由此数字技术带来的信任机制将扩展慈善组织行为的有形边界，带来慈善事业范围的进一步扩展，尤其是到慈善组织力量薄弱的地区。由此，慈善事业的发展不再主要依托于慈善组织的有形边界和有限力量，区块链技术带来的分布式数据储存和传输，将实现捐赠人和受助人的点对点连接，实现更大范围的慈善互联、互助。

（4）基于区块链技术的慈善解决方案是在信息化时代下，为重塑公正、诚信的社会主义核心价值观而进行的创造性尝试。区块链技术带来的慈善组织公信力提升、捐助人对慈善组织信任感提升等，有利于推动社会中普遍信任的提升。

基于以上四点，将区块链技术应用于公益慈善领域，具有一定的必要性和实效性。

四　慈善组织和政府的应对措施

以区块链技术重构慈善数据的存储、流通、公开，是在大数据时代下推动慈善数据的整合化和公开化发展的有力举措，这将推动我国慈善事业迎来新时代。面对即将到来的公益 4.0 阶段，慈善组织需要在思维、人才、实践等方面做好准备；同时，区块链慈善模式的健康发展离不开政府在新模式下对信息的监管。

（一）慈善组织的应对措施

（1）培养慈善组织的区块链思维，实现“区块链 + 慈善”思维的融合。区块链技术本身不是变革，其背后代表的透明、协作、分享的模式和精神才是变革，透明、协作和分享的模式是区块链思维的核心。培养慈善组织的区块链思维，避免犯“看不起、想不明、跟不上”的“互联网焦虑症”（曹磊等，2015），利用区块链技术思维重构慈善组织在项目运作中的职能体系。

（2）培养熟知区块链技术的人才，成立专门的区块链慈善小组，以专业的人从事“区块链 +”时代的慈善项目运作，并利用区块链技术保护个人隐私等敏感信息。比如，利用智能合约写定信息内容，以技术划定隐私边界，保护捐赠人和受助人的隐私；以非对称加密技术保护用户隐私，用户可以通过区块链的一对公钥和私钥来对个人信息进行加密存储。

（3）与其他慈善组织、大型支付平台合作，积极投身构建慈善联盟链，调整组织的业务流程和业务重点，逐渐侧重于慈善信息搜集和项目设计，保证资金流通的独立性和透明度，并积极将组织相关信息披露上链，在实践中探索区块链慈善的可行模式，在“互联网 +”慈善模式的基础上，走向“区块链 +”时代的慈善新模式。

（二）政府信息监管的应对建议

（1）构建政府“元领导”、社会多元主体参与的监管体系。坚持政府对信息监管的领导作用，发挥政府对信息监管的宏观把握作用，制定相关的信息监管规则，对个体普及监管知识，扮演好“元监管”的角色（郁建兴、朱心怡，2017）；同时，承认公有链的全员参与及联盟链的大型支付平台对信息的监管主体作用，充分发挥社会监督和行业自律的监管作用。以此发挥多元主体对信息监管的合力作用，巧妙运用多样化的监管手段，在“互联网+”监管模式的基础上，走向“区块链+”时代的政府监管新模式。

（2）实行松紧有序的监管模式，扶植区块链技术在公益慈善领域的发展。一方面，制定区块链技术背景下的信息监管规则，如相关法律、法规等，政府在区块链慈善信息监管中的主要作用在于建立和维护制度规则，用“更大的放，更好的管，更优的服”来促进区块链技术在公益慈善领域的应用和发展，避免出现“一管就死，一放就乱”的监管局面。另一方面，合理配置政府横向与纵向的监管权力，有效解决区块链慈善信息的跨地区、跨国家监管问题。在横向监管方面，明细各部门间的委托—代理关系，避免职能交叉冲突和监管缝隙的出现；在纵向监管方面，优化中央和地方监管制度的衔接，并给予地方政策执行的自主性。

参考文献

蔡维德等（2017）：《基于区块链的应用系统开发方法研究》，《软件学报》，28（6），第1474～1487页。

曹磊等（2015）：《互联网+：跨界与融合》，北京：机械工业出版社。

陈志东等（2017）：《基于众筹业务的私有区块链研究》，《信息安全研究》，3（3），第227～236页。

李琪等（2017）：《基于区块链技术的慈善应用模式与平台》，《计算机应用》，37，第287～292页。

李奕、胡丹青（2017）：《区块链在社会公益领域的应用实践》，《信息技术与标准化》，3，第25～30页。

苏恒（2017）：《区块链技术在公益扶贫领域应用的思考和实践》，《中国金融电脑》，7，第10～15页。

腾讯FiT、腾讯研究院等（2017）：《腾讯区块链方案白皮书——打造数字经济时代信任基石》，4月。

王凯茜、王大洲（2015）：《我国互联网慈善中的信任重建机制研究》，《中国高新技术企业》，（26），第1～3页。

王名、王超（2014）：《公益 3.0 与中国新体制》，《财经年刊：2015 预测与战略》，12，第 106～109 页。

夏新岳（2016）：《基于区块链的股权资产购买和转赠设计与实现》，呼和浩特：内蒙古大学硕士学位论文。

郁建兴、朱心怡（2017）：《“互联网 +”时代政府的市场监管职能及其履行》，《中国行政管理》，6，第 11～17 页。

张建（2016）：《区块链：定义未来金融与经济新格局》，北京：机械工业出版社。

Charity 4.0: The Blockchain Era of Philanthropy in China

Zhang Nan Wang Ming

[**Abstract**] The development of blockchain technology contributes to build the Internet of trust. The application of the trust mechanism reconstructed by blockchain technology in philanthropy field, will bring essential changes for charities and increase the public participation. This paper argues that blockchain technology will promote China philanthropy into a new era with the innovation of philanthropic development mode, from Charity 1.0 of government-supported stage, Charity 2.0 of enterprise-supported stage, and Charity 3.0 of Internet-based stage, to the coming Charity 4.0 of blockchain-based stage. The distributed ledger, peer-to-peer network and asymmetric encryption of blockchain reconstruct the trust mechanism in a technical way, to solve the problem of information disclosure and transparency of charitable organizations. This may lead to an overthrow for the operation and development of charitable organizations, such as the information disclosure mechanism, the donation tracking mechanism, the government supervision mechanism and the charity audit mechanism. To deal with the new charity stage, charitable organizations should reform their business priorities, the relationship with stakeholders, and daily operation, finance, and information disclosure design. Based on the current situation of philanthropy in China, we put forward a Charity 3. 5 stage, to describe the transition from Internet-based charity to blockchain-based charity. In this stage, the main agents of philanthropy will transfer from "charitable organization + Internet platforms" to "charitable organization + large payment platform", which means charitable organization works mainly as charitable service provider and information supervisor, the circulation of donation is undertaken by large payment platform, and charitable organizations try to build consortium blockchain to explore the application of this new technology. In the end, practical coping advice for charitable organizations and political suggestions for government supervision were provided, to promote, encourage and guide the development of blockchain in philanthropy.

[**Keywords**] Blockchain Technology; Philanthropy; Development Mode; Government Supervision; Consortium Blockchain

（责任编辑：马剑银）

购买服务中公众对非营利机构与营利性机构信任差异的实验研究*

李晓倩　刘求实**

【摘要】非营利机构和营利性机构是承接购买服务的主要单位，以往研究已经探讨了这两类机构在承接购买服务时的差异。作为购买服务的重要利益相关方，公众对于服务承接机构的认知会直接影响其在服务实施过程中的参与程度和对服务的满意度；然而，公众是否对于承接购买服务的非营利机构和营利性机构存在认知差异还尚不清楚。本研究通过一项调查实验，检验了非营利机构和营利性机构的部门性差异如何影响人们对于二者在承接购买服务时的信任差异。结果表明，相比于营利性机构，人们对于非营利机构的“善意”更加信任，即人们认为非营利机构能更多地为服务对象考虑，更愿意为服务对象的利益而努力；而在服务能力和服务诚信度上，人们对于非营利机构和营

* 国家自然科学基金资助项目（71573153，71673157）；国家社会科学基金重大资助项目（16ZDA077）；中国博士后科学基金资助项目（2017M610935）；教育部人文社会科学研究青年基金项目（18YJC630078）；北京市自然科学基金资助项目（9184025）。感谢中国人民大学马亮老师、中山大学张书维老师对本文的指导意见。感谢编委会及匿名评审专家意见。

** 李晓倩，清华大学公共管理学院公益慈善研究院博士后，研究领域为行为公共管理学、公众信任等；刘求实，清华大学公共管理学院公益慈善研究院副教授，研究领域为公共政策、非政府组织管理。

利性机构的信任没有体现出差异。

【关键词】购买服务　非营利机构　营利性机构　信任　调查实验

一　引言

近年来，政府及一些事业单位为提高服务的专业化水平和服务对象的满意度，开始通过购买服务或服务外包的方式来间接向服务对象提供服务。一般而言，承接购买服务的机构既有非营利机构也有营利性机构。非营利机构和营利性机构在承接购买服务时的差异已经被研究者广泛讨论和研究（Bryce，2006：311－318；Brown，2006：323－331；Slyke，2007：157－187），例如国外有研究表明，与营利性服务机构相比，非营利机构承担外包服务更不容易出现契约失灵（Lamothe & Lamothe，2007：769－797），且更容易受到政府的信任，可以获得更长的合同以及更少的监管（Witesman & Fernandez，2012：689－715）。然而，非营利机构与营利性机构之间的差异是否也存在于公众的认知评价中？例如与承接购买服务的营利性机构相比，公众是否会对非营利机构更加信任？这对于公众的参与程度及接受服务后的满意程度会有直接影响。这个问题在以往的研究中还尚未被探索，本研究通过一项调查实验对这个问题进行了实证研究。

（一）非营利机构和营利性机构在购买服务中的差异研究

对于购买服务中非营利机构和营利性机构的差异，以往国外的研究已经给予了关注和讨论。例如，Bryce 提出了 5 项非营利机构在政府购买服务中较营利性机构具有竞争优势的因素，包括对于政府投资追加资源的能力、与政府的利益和目标一致、可以降低交易和运作成本、更容易吸引政府投资、降低项目失败风险（Bryce，2006：311－318）；Brown 等在过往研究的基础上，对购买服务中三类服务承接机构（营利性机构、非营利机构和其他政府部门）的选择决策做了总结和分析，其中营利性机构被认为是利益驱动的，更重视创新和效率，当其在追求这些目标时可能会以牺牲公共服务的价值为代价；相反，非营利机构被认为与政府共享使命，是更可靠的合作伙伴，甚至会使用自己的慈善资源进一步提高公共服务的质量（Brown，2006：323－331）。在交易成本低且有竞争的市场中，政府更倾向于与营利机构订立合约；在交易成本高且不具有竞争的市场中，政府更倾向于与非营利机构订立合约（Brown，2003：275－297）；Van Slyke发现政府经常与非政府机构建立长期合同关系，并会忽视对于它们的监管（Slyke，2003：296－315）。

Witesman和Fernandez对于政府购买服务中非营利机构与营利性机构的差异进行了实证性考察（Witesman & Fernandez，2012：689－715）。在这项研究中，基于委托代理理论（Principal-agent Theory），作者从订约过程（Contracting Process）和合同执行（Contract Performance）两个方面检验了政府向非营利机构以及营利性机构购买公共服务的差异。研究基于一项美国全国地方政府购买服务的调研，针对地方政府的管理人员展开。研究结果表明，与营利性机构相比，非营利机构在订约过程中享有与信任相关的一些优势，具体体现为政府对于非营利机构的监管频率更低、给予非营利机构的合同时间更长、更倾向于将高不确定性的服务任务（High Uncertainty Task）交给非营利机构；但是在合同执行上，非营利机构对于合同任务的完成并没有比营利性机构显示出优势。这项研究表明，虽然非营利机构被认为在政府购买服务中具有一定的优势，但这种优势并没有体现在其工作绩效上，而仅仅是在订约过程中享有一定的光环效应（halo effect）。

上述这个研究从购买服务中的一个重要利益相关方——政府管理者的角度，对于购买服务中非营利机构与营利性机构的差异进行了阐释，并提供了实证研究证据。在购买服务中，另一个重要的利益相关方是作为服务受益者的公众，他们对非营利机构和营利性机构在购买服务中的差异如何认知，亦是一个重要问题，它对于服务对象在购买服务实施过程中的参与程度以及对服务的满意度都有直接影响。

（二）购买服务中的公众认知

购买服务中的公众认知问题已经引起了研究者的关注。这些研究中，有些研究关注公众对于购买服务的满意度（Slyke & Roch，2004：191－209；王轲，2016：59－61；王春婷等，2013：109－115），有些研究关注公众对于购买服务的责任归因（Slyke & Roch，2004：191－209；James et al.，2016：83－93；Marvel & Girth，2016：96－108）。

目前公众在购买服务中一个尚未被广泛讨论的认知成分是信任。公众对于服务机构的信任及预期会直接影响其对绩效及服务满意度的评价（James & Van

Ryzin，2015：23 – 35；Van Ryzin & Lavena，2013：87 – 103；James，2011：1419 – 1435；Van Ryzin & Lavena，2013：597 – 614）。以往研究探索了在不同情况下公众对于非营利机构和营利性机构之间的信任差异，例如有研究发现对于某些服务（健康服务、大学教育）而言，大学生更会信任非营利机构（Handy et al.，2010：866 – 883）；相比营利性医院，病人更信任非营利医院（Drevs et al.，2014：164 – 184；Schlesinger et al.，2004：181 – 191）。本研究旨在以往研究的基础上，进一步探讨在购买服务中公众对于非营利机构与营利性机构的信任差异。

（三）关于本研究

综上所述，过去的研究已经分别探索了购买服务中非营利机构与营利性机构的差异，以及不同背景下人们对于非营利机构与营利性机构的信任差异。在本研究中，通过对公众信任进行多维度测量，我们希望进一步探索在购买服务中公众对于非营利机构与营利性机构的信任差异。

1. 研究方法

本研究采用调查实验（Survey Experiment）的方法对公众对非营利机构与营利性机构的信任差异进行考察。近年来实验方法在国外公共管理研究中的应用日益广泛，在国内公共管理研究中的使用还相对有限（李晓倩等，2017：16 – 34），尤其在非营利研究领域。实验方法的优势是可以通过对变量的操控从而更加直接、便捷地揭示变量之间的因果关系。在本研究中，实验方法的优势体现在可以将非营利机构和营利性机构之间的差异操纵在部门差异上，而控制其他因素，与一般的调查研究相比，这可以更为纯粹地分离出非营利机构和营利性机构部门差异对于公众信任影响的效应。

调查实验是目前应用最广泛的一种实验方法，它与传统的调查研究最类似，二者均通过问卷收集调查对象的反馈，不同之处在于，调查实验通常会根据不同的实验条件形成不同版本的问卷，通过对比调查对象对不同问卷的作答情况来检验研究假设。在调查实验中，最常用的一种方法是情景实验，研究者会将研究内容以一个情景描述的方式向被试呈现，将不同的实验条件嵌套在不同的情景中。本研究也采用了情景实验的方法。

2. 信任测量

信任被很多研究者认为是一个多维度的概念（Rousseau et al.，1998：393 –

404；Grimmelikhuijsen & Meijer，2014：137 - 157）。在本研究中，我们亦采用这种多维度的思路对信任进行测量。与以往采用单维度测量的研究相比，采用多维度测量信任的优势在于可以更有区分度地捕捉测量对象的认知差异，这种测量方式在以往公众对于政府信任的研究中已被广泛使用。具体而言，本文对信任的测量采用了经典的三维度测量（Grimmelikhuijsen，2010：5 - 35；Mcknight et al.，2002：334 - 359），从感知善意评价（Perceived Benevolence）、感知能力评价（Perceived Competence）和感知诚信评价（Perceived Honesty）三个维度展开，这三个维度已被以往的研究证实是信任的必要组成部分（Grimmelikhuijsen，2012：5 - 35；Grimmelikhuijsen，2013：575 - 586；Grimmelikhuijsen & Meijer，2014：137 - 157；Grimmelikhuijsen et al.，2013：575 - 586），并且发现人们会在信任的不同维度上有不同的认知体验。例如在一项关于政府透明度对于公民信任的跨国研究中，研究者发现政府透明度对于人们信任的能力评价维度有影响，但对于善意和诚信维度没有影响（Grimmelikhuijsen et al.，2013：575 - 586）。

在本研究中，感知善意评价是指测量对象是否认为服务机构在服务过程中会全心全意地以服务对象的利益为重；感知能力评价是指测量对象是否认为服务机构可以提供专业的服务、有能力完成服务工作；感知诚信评价是指测量对象是否认为服务机构在服务过程中诚实守信。

3. 研究样本与内容

本研究在北京某高校中开展，以学生作为研究样本。尽管学生样本在统计意义上属非代表性样本，但是由于一方面本文的研究对象是作为服务对象的公众，学生可以很好地代表这一身份，同时以往研究也已经证明使用学生样本的结果具有可推广性（Druckman & Leeper，2012：878）；另一方面由于实验研究的主要诉求是内部效度（建立可靠的因果关系）而非外部效度，因此使用非代表性样本（例如学生样本、志愿者样本）也被研究者广为接受（Anderson & Stritch，2016：211 - 225；Charbonneau & Van Ryzin，2015：288 - 304；De Fine Licht，2014：361 - 371；Grimmelikhuijsen & Meijer，2014：137 - 157；Grimmelikhuijsen et al.，2013：575 - 586；Hvidman & Andersen，2016：111 - 120；Karens et al.，2016：486 - 494）。同时，鉴于学生样本的高同质性，在实验研究中可以更好地确保研究的内部效度。

为了确保研究样本对研究内容的熟悉程度，我们将研究情景设计为高校的购买服务，这样进一步提升了测量对象与研究内容之间的匹配程度，从而进一步确保了研究信度。具体而言，在研究情景中，学生被试被告知越来越多的高校开始使用购买服务的方式来提供校内的一些公共服务，承接服务的既有非营利机构，也有营利性机构；非营利机构与营利性机构用名称（非营利机构用“中心”，营利性机构用“公司”）以及注册地点（非营利机构用“民政局”，营利性机构用“工商局”）作区分。除此之外，服务类型（高技能服务 vs. 低技能服务）和是否作为服务对象（是 vs. 否）也被作为两个研究的因素。学生的心理健康服务和校园环卫是两种服务类型，其中心理健康服务是一项更加综合、复杂的服务（Brown & Potoski，2010：656 - 668），被作为高技能服务；校园环卫作为低技能服务。研究样本是否作为服务对象则通过在介绍购买服务时使用“我校”或“某校”的字眼作区分。除去以上关键控制外，其他情景描述的内容在不同条件之间保持一致。

4. 研究假设

由前述文献可知，以往来自不同背景下的研究证据显示，公众对于非营利机构的信任更高一些，这些研究结论普遍基于对信任的单维度测量得出。本研究对信任测量进行了感知善意、感知能力和感知诚信三个维度的划分，之前已有研究显示，人们认为非营利机构更加温暖、有善意（Warm，Kind，Generous），而营利性机构更加有能力（Competent）（Aaker et al.，2010：224 - 237），因此我们假设，公众对于非营利机构的高信任主要体现在对其的感知善意评价和感知诚信评价上，而在感知能力上，测量对象对于营利性机构的评价可能更高。

假设 1：测量对象对于非营利机构的感知善意评价更高。

假设 2：测量对象对于非营利机构的感知诚信评价更高。

假设 3：测量对象对于营利性机构的感知能力评价更高。

另外，购买服务有不同的类型，简单来说，有的是技能水平高的、相对复杂的服务（例如教育），有的是技能水平低的、相对简单的服务（例如环卫）；服务类型是否会对非营利机构与营利性机构的信任差异产生一定的调节作用，是本研究希望考察的第二个问题。作为服务对象与否，是否也会影响公众对于非营利机构与营利性机构的信任评价，是本研究考察的第三个问题，对于这一问题的考察有助于未来在应用层面开展公众信任调查时对调研对象的合理选择。

二 实验方法

（一）实验设计与被试

本研究使用了一个 2（服务机构类型：营利性机构 vs. 非营利机构）×2（服务类型：高技能 vs. 低技能）×2（服务对象：是 vs. 否）的混合实验设计，其中服务机构类型和服务对象是被试间因素，服务类型是被试内因素。总计共有 4 个版本的问卷被设计。200 名来自 A 大学的研究生参加了这项调查实验，其中男生 115 名，女生 85 名，平均年龄 23 岁（$SD=1.94$）；每个版本的问卷由 50 名学生作答。每位学生在完成后留下其学号，之后通过学校财务以统一劳务代发的方式支付 15 元的参与报酬，这部分信息也被用来进行问卷作答查重。

（二）实验程序

问卷借助问卷星的平台通过电子问卷的方式进行发放和收集。来自 A 大学 15 个院系的 20 名学生代表被委托进行了问卷链接的发放，4 个版本问卷的链接同时发送给被试，被试被告知只能随机选择其中一个链接来完成。各版本的问卷链接会随着问卷数达到 50 份而终止。问卷收集完毕后由研究人员手动对问卷回答质量进行筛查，筛查主要根据被试个人信息对其是否有重复作答不同版本的问卷进行，重复作答的问卷从各版本中剔除，并对相应版本的问卷进行再次发放，直到每个版本达到有效问卷 50 份。

1. 实验材料

每份问卷由导语、2 个情景描述以及每个情景描述后的若干个问题组成。导语向被试介绍了高校购买服务的基本情况，两个关于学校购买服务的情景描述分别介绍了相应的服务和服务供应商，不同版本的问卷体现在服务供应商是非营利机构还是营利性机构，以及这些服务是提供给被试自己的学校还是其他学校方面。其中一个情景关于购买低技能服务（校园保洁服务），另一个情景关于购买高技能服务（心理健康服务）（导语和情景描述见附录）。

2. 测量方法

每段情景描述后被试被要求回答有关他们对相应服务机构信任的问题，具体要求被试在 9 点量表上对服务机构感知到的善意、能力以及诚信做出评价。

对于每一个维度的测量，被试被要求给出他们对于两项题目的同意程度。除此之外，被试也被要求对于他们是否支持学校从这个服务机构购买服务做出回答（见表1）。

表1　本研究测量方法

测量维度	问题	选项
感知善意	该公司/中心在服务过程中会以学校的利益为主	1 2 3 4 5 6 7 8 9 非常　　非常 不同意　　同意
	如果出现问题，该公司/中心会尽其最大努力予以解决	
感知能力	该公司/中心有能力完成这项工作	
	该公司/中心可以提供专业的服务	
感知诚信	该公司/中心在服务过程中会信守承诺	
	该公司/中心在服务过程中不会弄虚作假	
支持度	你在多大程度上支持该公司/中心负责该校的这项服务	数字1~100

三　结果与讨论

（一）结果分析

1. 操纵检验与变量描述性统计结果

对组间变量4个条件下的被试进行了样本一致性检验，如表2所示，4组被试的性别和年龄分布无显著差异，$Fs<1$。此外，作为背景信息的一部分，被试还被要求在9点量表上回答他们对于营利性机构和非营利机构差异的认知（您是否了解营利性机构和非营利机构的区别？请用数字1~9对您的了解程度做出评价，1表示非常不了解，9表示非常了解），如表2所示，4组被试对于营利性机构和非营利机构的差异认知没有显著性差异，$F<1$。

表2　组间样本一致性检验

	性别		年龄		对营利性机构与非营利机构的差异认知	
	M	*SD*	*M*	*SD*	*M*	*SD*
营利性机构-服务对象	1.44	0.50	23.28	1.36	5.66	1.48
营利性机构-非服务对象	1.42	0.50	23.08	1.46	5.70	1.83

续表

	性别		年龄		对营利性机构与非营利机构的差异认知	
	M	*SD*	*M*	*SD*	*M*	*SD*
非营利性机构 - 服务对象	1.46	0.50	23.10	1.45	6.14	1.71
非营利性机构 - 非服务对象	1.42	0.50	23.56	1.99	5.98	1.80
组间差异显著性检验	$F<1$		$F<1$		$F<1$	

表 3 和表 4 分别展示了低技能服务和高技能服务条件下各变量的描述统计结果和相关关系，以及因变量测量的内部一致性效度。

表 3　低技能服务条件下的描述统计结果及变量间相关关系

变量	*M*	*SD*	α	1	2	3	4	5	6
1. 服务机构类型操纵	-	-	-						
2. 服务对象操纵	-	-	-						
3. 感知善意	6.26	1.41	0.73	0.11	-0.087				
4. 感知能力	7.05	1.25	0.83	-0.074	-0.11	0.48**			
5. 感知诚信	6.50	1.28	0.79	0.064	-0.049	0.68**	0.65**		
6. 信任总分	19.81	3.38	0.87	0.044	-0.096	0.85**	0.81**	0.90**	
7. 支持度	75.32	15.09	-	0.027	-0.40	0.39**	0.36**	0.44**	0.46**

注：*** $p<0.001$，** $p<0.01$，* $p<0.05$。

表 4　高技能服务条件下的描述统计结果及变量间相关关系

变量	*M*	*SD*	α	1	2	3	4	5	6
1. 服务机构类型操纵	-	-	-						
2. 服务对象操纵	-	-	-						
3. 感知善意	6.33	1.45	0.75	0.17*	-0.12				
4. 感知能力	6.89	1.40	0.88	-0.027	-0.109	0.65**			
5. 感知诚信	6.46	1.41	0.84	0.062	-0.15	0.75**	0.67**		
6. 信任总分	19.68	3.80	0.90	0.077	-0.14*	0.90**	0.87**	0.91**	
7. 支持度	71.03	19.05	-	0.052	-0.11	0.56**	0.52**	0.59**	0.62**

注：*** $p<0.001$，** $p<0.01$，* $p<0.05$。

2. 服务机构类型、服务类型和服务对象对信任评价的影响

采用混合方差分析（Mixed ANOVA），以服务类型（高技能 vs. 低技能）作

为重复测量自变量，服务机构类型（营利性机构 vs. 非营利机构）和服务对象（是 vs. 否）作为被试间自变量，分别以被试对服务机构的感知善意评价、感知能力评价、感知诚信评价以及总体信任评价（计算方法为三个分维度求和）为因变量，对数据进行处理。

（1）感知善意评价

服务机构类型作用于感知善意评价的主效应显著，$F(1196) = 4.78$，$p = 0.030$，$\eta_p^2 = 0.024$；描述统计结果显示，被试对于非营利机构的感知善意评价高于营利性机构（$M_{非营利机构} = 6.50$，$SD = 0.13$；$M_{营利性机构} = 6.10$，$SD = 0.13$）（见图1）。其他因素以及相应的交互作用对于感知善意评价的影响不显著。

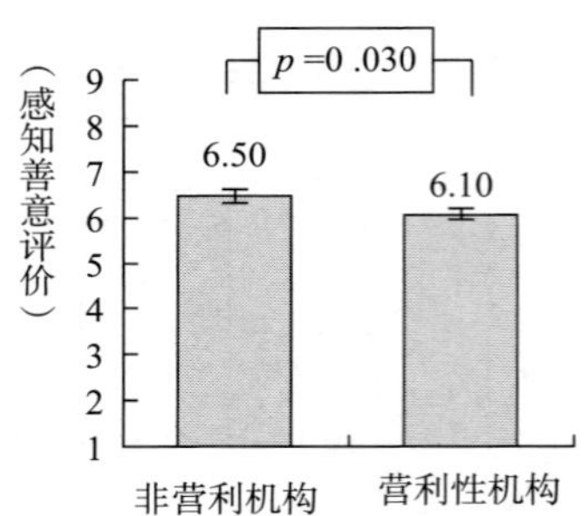

图1　服务机构类型对感知善意评价的效应

（2）感知能力评价

服务类型作用于感知能力评价的主效应呈边缘显著，$F(1196) = 3.63$，$p = 0.058$，$\eta_p^2 = 0.018$；描述统计结果显示，被试对于低技能服务机构的感知能力评价稍高于高技能服务机构（$M_{低技能} = 7.05$，$SD = 0.088$；$M_{高技能} = 6.89$，$SD = 0.099$）（见图2）。服务对象作用于感知能力评价的主效应也呈边缘显著，

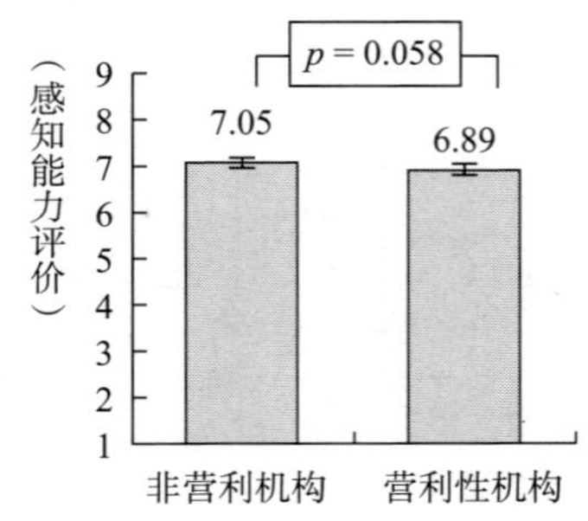

图2　服务类型对感知能力评价的效应

$F(1196)=3.04$，$p=0.083$，$\eta_p^2=0.015$；描述统计结果显示，不作为服务对象的被试对服务机构的感知能力评价稍高于作为服务对象的被试（$M_{非服务对象}=7.12$，$SD=0.12$；$M_{服务对象}=6.83$，$SD=0.12$）（见图3）。其他因素以及相应的交互作用对于感知能力评价的影响不显著。

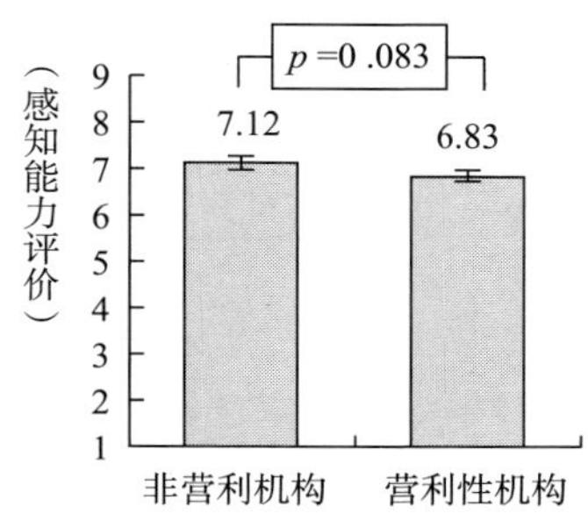

图3　服务对象对感知能力评价的效应

（3）感知诚信评价

服务类型与服务对象作用于感知诚信评价的交互作用呈边缘显著，$F(1196)=3.27$，$p=0.072$，$\eta_p^2=0.016$；进一步分别对不同服务类型下服务对象作用于感知诚信评价的效应做检验：以服务机构类型与服务对象为自变量的方差分析结果显示，对于高技能服务，不作为服务对象的被试对服务机构的感知诚信评价高于作为服务对象的被试（$M_{非服务对象}=6.68$，$SD=0.14$；$M_{服务对象}=6.25$，$SD=0.14$），$F(1196)=4.63$，$p=0.033$，$\eta_p^2=0.023$；对于低技能服务，服务对象作用于感知诚信评价的效应不显著，$F<1$。其他因素以及相应的交互作用对于感知诚信评价的影响不显著（见图4）。

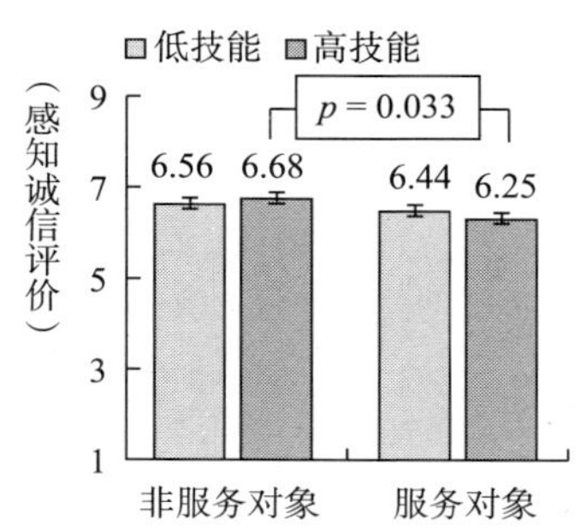

图4　服务对象对感知诚信评价的效应

（4）总体信任评价

服务对象作用于总体信任评价的主效应呈边缘显著，$F(1196) = 3.39$，$p = 0.067$，$\eta_p^2 = 0.017$；描述统计结果显示，不作为服务对象的被试对服务机构的总体信任评价稍高于作为服务对象的被试（$M_{非服务对象} = 20.17$，$SD = 0.33$；$M_{服务对象} = 19.32$，$SD = 0.33$）（见图5）。其他因素以及相应的交互作用对于感知能力的影响不显著。

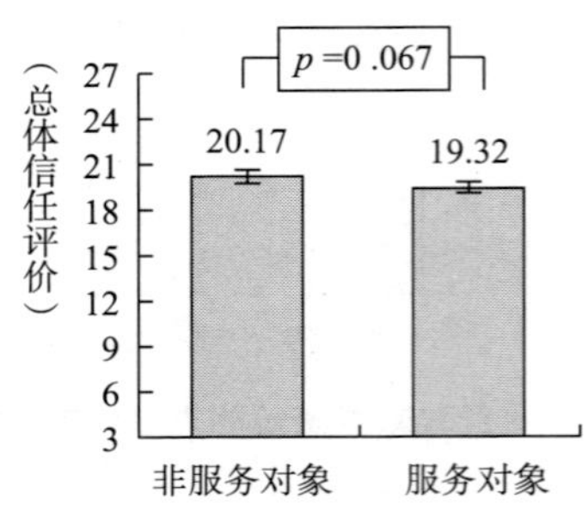

图5　服务对象对总体信任评价的效应

（5）支持度

服务类型作用于支持度的主效应显著，$F(1195) = 15.27$，$p < 0.001$，$\eta_p^2 = 0.073$；描述统计结果显示，被试对于低技能服务机构承担校园服务的支持度高于高技能服务机构（$M_{低技能} = 75.20$，$SD = 1.07$；$M_{高技能} = 71.01$，$SD = 1.35$）。其他因素以及相应的交互作用对于支持度的影响不显著（见图6）。

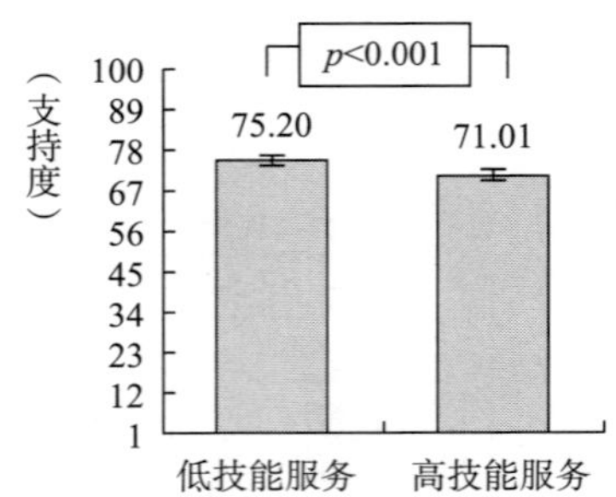

图6　服务对象对支持度的效应

（二）结果讨论

1. 服务机构类型与信任评价

公众对于购买服务中非营利机构和营利性机构的信任差异是这项研究的主要研究目标。以往的研究证据显示，公众对于非营利机构有更高的信任，本研究通过将信任划分为感知善意、感知能力和感知诚信三个维度，发现被试对于非营利机构的信任主要体现在对其感知善意评价上，即人们认为比起营利性机构，非营利机构能更多地为服务对象考虑，更愿意为服务对象的利益而努力，这与以往研究发现的人们认为非营利机构更加温暖、有善意的结论（Aaker et al.，2010：224－237）相一致。

在信任的感知能力维度上，没有发现被试对于非营利机构和营利性机构的评价差异，即人们感知到的非营利机构和营利性机构的服务能力没有差异，这个发现虽然没有支持我们的假设，但是与 Witesman 和 Fernandez 针对政府管理者的研究发现较为一致——非营利机构与营利性机构在合同执行过程中的工作绩效没有差异（Witesman & Fernandez，2012：689－715）。这两项研究发现表明，不论对购买服务的委托方还是对服务对象而言，他们认为非营利机构和营利性机构在承接服务的工作能力上并没有显著差异。

在信任的感知诚信维度上，也没有发现被试对于非营利机构和营利性机构的评价差异，尽管从理论上我们假设公众对于非营利机构的感知诚信评价应该更高，但由于近年来国内社会组织多次出现了公众的信任危机事件，这可能会影响公众对社会组织的感知诚信评价；另外，营利性机构对于信任建设的重视可能也在一定程度上提升公众对它们的感知诚信评价。这些推测可以在未来的研究中进行进一步的检验。

2. 服务类型与信任评价、支持度

人们对于非营利机构和营利性机构的信任差异是否会受到服务类型的影响，具体来说是否会受到服务技能水平的影响，是这项研究探索的另一个问题。研究结果没有发现服务类型对公众在非营利机构和营利性机构之间信任的影响，具体来说，公众对非营利机构和营利性机构的信任差异没有因为它们承接不同技能水平的服务而有异。这个发现在一定程度上与公众对非营利机构和营利性机构的感知能力评价相一致——由于公众没有认为非营利机构和营利性机构在能力上有差异，因此他们也不会因为非营利机构和营利性机构承担不同技能水平的服务而对它们的信任产生差异。

另外，研究结果发现人们对于购买服务承接机构的信任会受到服务类型的影响，如果提供的是低技能类服务，人们更倾向于信任承接机构的能力，并且支持它来承担这项服务；如果提供的是高技能类服务，人们对于承接机构的能力信任和支持度都会有所保留。这表明虽然不同技能水平的服务类型对于公众对非营利机构和营利机构的信任差异没有影响，但是对于购买服务承接机构的普遍信任还是有影响，服务所需技能越高，人们对于服务承接机构的能力越不信任。这项研究结论对于未来进行购买服务决策、公众进行购买服务评价具有一定的参考意义。

3. 服务对象与信任评价

本研究探索的第三个问题是，“是否作为服务对象”这个因素是否会影响公众对非营利机构和营利性机构的信任差异。虽然研究中没有发现公众对于非营利机构与营利性机构的信任差异会受到他们是否作为服务对象的影响，但研究结果表明，公众对于购买服务承接机构总体上的信任评价在很大程度上受到评价主体是否作为服务对象的影响。当人们不是服务对象时，对服务承接机构的信任更高；相反，当人们是服务对象时，更不倾向于信任服务承接机构。这个研究结论对于未来开展购买服务公众认知评价具有一定的参考意义。

四 结论与启示

（一）结论

综上所述，本研究的主要结论如下。

（1）在购买服务中，公众对于非营利机构和营利性机构之间的信任差异主要体现在感知善意评价上：与营利性机构相比，公众对于非营利机构的感知善意评价更高，而对于非营利机构和营利性机构的感知能力评价和感知诚信评价没有差异。

（2）服务的不同技能类型会影响公众对于服务承接机构的信任评价：服务所需技能越高，公众对服务承接机构的感知能力评价越低，也越不支持它们承接购买服务。

（3）是否作为服务对象会影响公众对于服务承接机构的信任评价。即：总体而言，购买服务的服务对象对服务承接机构的信任程度要比非服务对象低。

（二）启示

公众认知是公共部门行为的重要反馈，本研究提供的公众对于购买服务中非营利机构和营利性机构信任差异的认知证据，对于购买服务工作的开展具有一定的参考意义。

本研究显示，人们认为非营利机构在服务过程会更加全心全意地为服务对象服务，这表明“善意”是人们感知到的非营利机构与营利性机构的显著差异之一。在未来购买服务工作中，为了避免这种潜在认知差异所引起的公众对于非营利机构与营利性机构之间的不同态度以及不同的应对行为，在向营利性机构购买服务时，可以适当关注营利性机构的“善意”属性；在服务实施过程中，也可以适当加强营利性机构“善意”属性的传播。

尽管非营利机构在购买服务中能力不足、需要能力建设的问题已经被广泛讨论，但是目前的研究结果表明，公众对于非营利机构在承接购买服务的能力评价与营利性组织并无差异。这虽然不能作为非营利机构在承接购买服务时能力与营利性机构相当的佐证，但是在一定程度上建议了在判断非营利机构承接购买服务能力不足的问题上应该更加谨慎。

此外，本研究发现购买服务所需的技能越高，人们越不信任承接机构的能力，也更不支持由其他服务机构来承接。这个结果在一定程度上对公共服务的购买选择提供了依据——一般而言，公众更容易接受由其他非公共服务机构提供低技能的公共服务。由于本研究中没有设立政府等公共部门作为服务提供机构的条件，我们无法对由公共部门直接提供服务和由其他服务机构提供服务的公众认知进行对比，但是目前的结论可以为在购买高技能服务和低技能服务之间的决策提供一定的依据。未来的研究可以进一步探索公众对于公共部门作为服务提供机构与其他部门服务提供机构的认知差异。

值得注意的是，在本研究中我们以心理健康服务和校园环卫服务分别作为高、低技能服务的代表，尽管在实验进行过程中我们通过对两项服务的服务技能水平进行了星级标定来实现对二者的技能差异的显性控制，但不能否认的是被试有可能从两项服务的其他属性差异上对其差异进行理解（例如心理健康属于个人服务，而校园环卫属于公共服务），未来研究可以通过更严格的控制来验证这项研究结论以及探索其他可能的原因。

本研究的另一项发现是服务对象对服务承接机构的信任程度要比非服务对象更低。这个研究结果建议在未来进行公众对于购买服务信任评价时，要注意区分和控制公众是否作为服务对象。如果公众是服务对象，那么他们对于服务机构的信任评价很可能有一定的低估；相反，如果公众不是服务对象，那么他们对于服务机构的信任评价可能有一定的高估。

（三）意义与局限

本研究的意义体现在以下几个方面。(1) 在以往针对政府管理者展开研究的基础上，本研究从公众角度出发，揭示了购买服务中公众对于非营利机构和营利性机构的信任差异，对以往非营利机构和营利性机构的公众信任研究进行了新的证据补充，并基于信任的三维度划分提供了更为细化的研究结论。(2) 本研究揭示了服务类型和服务对象身份对于购买服务承接机构信任的影响。(3) 研究结论可以为购买服务实务工作的开展提供一定的参考。

本研究存在以下几点局限。(1) 本研究采用情景实验的方法，其优势是可以控制研究样本基于同样的情景做出判断，缺陷则是研究样本需要假想身处相应的情境，这在一定程度上增加了研究效度受损的可能性；与真实情景结合的方法可以在一定程度上弥补这一缺陷，例如针对特定政府购买服务的服务对象展开研究。(2) 本研究的样本量相对于一般的调查研究较小，由于采用实验方法，当前的样本量可以满足分析需要，但是采用更大的样本量（例如每个条件样本量到100）可以贡献更好的稳定性；同时可以考虑通过大样本调研对本研究结论进行进一步验证。(3) 本研究的研究结论基于高校购买服务得出，在推广上有一定的局限性；对其他形式的购买服务进行进一步研究可以增强当前研究的可靠性和可推广性。(4) 未来研究可以进一步探索可能影响本研究结论的边界条件，例如是否体验过购买服务是否会影响人们对于非营利机构和营利性机构的信任。

参考文献

李晓倩等 (2017)：《国外公共管理实验研究的进展与启示》，《公共管理评论》，25，第16~34页。

王春婷等 (2013)：《政府购买公共服务绩效结构模型建构与实证检测——基于深圳市与南京市的问卷调查与分析》，《江苏师范大学学报》（哲学社会科学版），39，第109~115页。

王轲 (2016)：《社会公众视阈下的政府购买公共服务研究——基于武汉市的调查》，《管理现代化》，36，第59~61页。

Aaker, J., et al. (2010), "Nonprofits Are Seen as Warm and For-Profits as Competent:

Firm Stereotypes Matter", *Journal of Consumer Research*, 37, pp. 224 – 237.

Anderson, D. & Stritch, J. (2016), "Goal Clarity, Task Significance, and Performance: Evidence From a Laboratory Experiment", *Journal of Public Administration Research and Theory*, 26 (2), pp. 211 – 225.

Brown, T. L. &Potoski, M. (2003), "Managing Contract Performance: A Transaction Costs Approach", *Journal of Policy Analysis & Management*, 22, pp. 275 – 297.

Brown, T. L. & Potoski, M. (2010), "Managing the Public Service Market", *Public Administration Review*, 64, pp. 656 – 668.

Brown, T. L. et al. (2006), "Managing Public Service Contracts: Aligning Values, Institutions, and Markets", *Public Administration Review*, 66, pp. 323 – 331.

Bryce, H. J. (2006), "Nonprofits as Social Capital and Agents in the Public Policy Process: Toward a New Paradigm", *Nonprofit & Voluntary Sector Quarterly*, 35, pp. 311 – 318.

Charbonneau, é. & Van Ryzin, G. G. (2015), "Benchmarks and Citizen Judgments of Local Government Performance: Findings from a Survey Experiment", *Public Management Review*, 17 (2), pp. 288 – 304.

De Fine Licht, J. (2014), "Policy Area as a Potential Moderator of Transparency Effects: An Experiment", *Public Administration Review*, 74 (3), pp. 361 – 371.

Drevs, F., et al. (2014), "Do Patient Perceptions Vary With Ownership Status? A Study of Nonprofit, For-Profit, and Public Hospital Patients", *Nonprofit & Voluntary Sector Quarterly*, 43, pp. 164 – 184.

Druckman, J. N., & Leeper, T. J. (2012), "Learning More from Political Communication Experiments: Pretreatment and Its Effects", *American Journal of Political Science* 56, pp. 875 – 96.

Grimmelikhuijsen, S. G. (2010), "Transparency of Public Decision-Making: Towards Trust in Local Government?" *Policy & Internet*, 2, pp. 5 – 35.

Grimmelikhuijsen, S. (2012), "Linking Transparency, Knowledge and Citizen Trust in Government: an Experiment", *International Review of Administrative Sciences*, 78, pp. 50 – 73.

Grimmelikhuijsen, S. & Meijer, A. (2014), "Effects of Transparency on the Perceived Trustworthiness of a Government Organization: Evidence from an Online Experiment", *Journal of Public Administration Research and Theory*, 24, pp. 137 – 157.

Grimmelikhuijsen, S., et al. (2013), "The Effect of Transparency on Trust in Government: A Cross-National Comparative Experiment", *Public Administration Review*, 73 (4), pp. 575 – 586.

Handy, F. et al. (2010), "The Discerning Consumer: Is Nonprofit Status a Factor?" *Nonprofit & Voluntary Sector Quarterly*, 39, pp. 866 – 883.

Hvidman, U., Andersen, S. C. (2016), "Perceptions of Public and Private Performance: Evidence from a Survey Experiment", *Public Administration Review*, 76 (1), pp. 111 – 120.

James, O. (2011), "Managing Citizens' Expectations Of Public Service Performance:

Evidence From Observation And Experimentation In Local Government", *Public Administration*, 89, pp. 1419 – 1435.

James, O., et al. (2016), "Citizens' Blame of Politicians for Public Service Failure: Experimental Evidence about Blame Reduction through Delegation and Contracting", *Public Administration Review*, 76, pp. 83 – 93.

James, O. Van Ryzin, G. G. (2015), "Incredibly Good Performance: An Experimental Study of Source and Level Effects on the Credibility of Government", *The American Review of Public Administration*, 47, pp. 23 – 35.

Karens, R., et al. (2016), "The Impact of Public Branding: An Experimental Study on the Effects of Branding Policy on Citizen Trust", *Public Administration Review*, 76 (3), pp. 486 – 494.

Lamothe, S. Lamothe M (2007), "The Dynamics of Local Service Delivery Arrangements and the Role of Nonprofits", *International Journal of Public Administration*, 29, pp. 769 – 797.

Marvel, J. D. Girth, A. M. (2016), "Citizen Attributions of Blame in Third-Party Governance", *Public Administration Review*, 76, pp. 96 – 108.

Mcknight, D. H., et al. (2002), "Developing and Validating Trust Measures for E-Commerce: An Integrative Typology", *Information Systems Research*, 13, pp. 334 – 359.

Rousseau, D. M., et al. (1998), "Not so Different after All: A Cross-discipline View of Trust", *Academy of Management Review*, 23, pp. 393 – 404.

Schlesinger, M., et al. (2004), "Public Expectations of Nonprofit and for-profit Ownership in American Medicine: Clarifications and Implications", *Health Affairs*, 23, pp. 181 – 191.

Slyke, D. M. V. (2003), "The Mythology of Privatization in Contracting for Social Services", *Public Administration Review*, 63, pp. 296 – 315.

—— (2007), "Agents or Stewards: Using Theory to Understand the Government-Nonprofit Social Service Contracting Relationship", *Journal of Public Administration Research and Theory*, 17, pp. 157 – 187.

Slyke, D. M. V. Roch, C. H. (2004), "What Do They Know, and Whom Do They Hold Accountable? Citizens in the Government-Nonprofit Contracting Relationship", *Journal of Public Administration Research and Theory*, 14, pp. 191 – 209.

Van Ryzin, G. G. (2013), "An Experimental Test of the Expectancy-Disconfirmation Theory of Citizen Satisfaction", *Journal of Policy Analysis and Management*, 32, pp. 597 – 614.

Van Ryzin, G. G. Lavena, C. F. (2013), "The Credibility of Government Performance Reporting", *Public Performance & Management Review*, 37, pp. 87 – 103.

Witesman, E M. Fernandez, S. (2012), "Government Contracts with Private Organizations: Are There Differences Between Nonprofits and For-profits?" *Nonprofit & Voluntary Sector Quarterly*, 42, pp. 689 – 715.

附　录

问卷导语

近年来，高校中越来越多地采用购买服务（即服务外包）的方式来完成校内的一些服务内容（如办公楼与教学楼的物业管理与保洁）。一般而言，高校会通过公开招标的方式来寻找合适的服务供应机构，参与竞标的机构从性质上可以分为两类机构：企业等营利性机构和社会组织等非营利机构。下面是两项某高校 2017 年拟购买的外包服务以及竞标机构的信息，请认真阅读相应的内容，然后完成每项服务后的调研问题。

情景描述

外包服务 A：校园环卫（该服务对专业技能的需求：★★★☆☆）

校园环卫是大学后勤工作的重要内容之一。校内道路保洁、教学及生活区的垃圾清理、校园植被养护等是校园环卫涉及的主要工作。近年来，某高校/我校的校园环卫工作主要通过招标由外包机构来完成，其中 2017 年的竞标机构最终锁定在一家营利性机构和一家非营利机构上，两家机构在校园环卫工作上具有类似的经验。北京市新 ** 环卫有限公司/新 ** 环卫中心是其中之一，它是一家于 2007 年在北京市海淀区工商局/民政局注册的营利性/非营利环卫机构，主要提供道路清扫保洁、垃圾分类收集、河道清洁、植被养护等服务，目前已在北京市运营超过 150 个项目，服务保洁面积超过八千平方米。

外包服务 B：心理健康服务（该服务对专业技能的需求：★★★★★）

某高校/我校的心理咨询中心计划于 2017 年引进外部机构为校内师生提供心理健康相关服务，现面向社会公开招标。在众多竞标机构中目前锁定了一家营利性机构和一家非营利机构，两家机构在教育机构的心理健康服务方面具有类似的经验。其中德 * 心理咨询公司/德 * 心理咨询中心是一家于 2010 年在北京市东城区工商局/民政局注册的营利性/非营利心理咨询机构，拥有 20 余名专业的心理咨询师，业务涉及心理咨询、心理测评、心理健康知识培训等心理健康服务的多个领域，成立以来已经累计服务 1200 余名用户，教育机构是其主要服务对象之一。

An Experimental Study on the Difference of the Public Trust between NPOs and Profitable Organization in Services Purchase

Li Xiaoqian   Liu Qiushi

[**Abstract**] Previous research has examined the difference of nonprofit and for-profit organizations as contracting-out service providers; however, it is still unclear how citizens perceive their difference. With a survey experiment, the present research examined how the sector difference of these two types of organizations influenced citizen trust in them. The results showed that participants' trust in nonprofits and for-profit organizations differs on the perception of benevolence (i. e., participants perceived higher benevolence from NPOs) but not on the perception of competence and honesty.

[**Keywords**] Contracting-out Services; NPOs; For-profit Organizations; Public Trust; Survey Experiment

（责任编辑：羌洲）

自主创新与行为趋同：地方政府社会组织政策工具的演变*

颜克高　任彬彬**

【摘要】 基于政策工具的目标与行动，将社会组织政策工具划分为强制型、市场型、引导型与信息型。以城市性质、区域位置、经济发展水平、既往经验与理论提升潜力为依据，选取四个城市作为研究对象，采取案例内分析与多案例比较方法，从时间与空间两条路径展开研究。研究发现：时间上，地方政府以强制型与引导型工具为核心，形成了孵化与推进、松绑与监管两种社会组织发展模式，其自主创新为顶层设计提供合理性基础，增强工具的科学性与实用性；空间上，工具扩散推动了地方政府行为趋同化发展，不同类型政策工具扩散机理也各不相同。制度强迫性机制驱使地方政府强制型工具内容的更新；横向交流机制使得地方政府引导型工具模仿呈现由易到难、由低到高的阶梯状态；社会规范机制推动着市场型与信息型工具的优化升级。地方政府政策工具学习要结合区域内社会组织发展的具体情景，遵循

* 基金项目：教育部人文社会科学青年基金项目“地方政府发展社会组织的行为模式比较研究”（项目号：16YJC810016）。

** 颜克高，湖南大学法学院公共管理系，博士，教授，研究方向为政社关系与社会（组织）治理；任彬彬，湖南大学法学院公共管理系硕士研究生，研究方向为社会（组织）治理。

客观规律，有序推进社会组织健康发展。

【关键词】自主创新　行为趋同　地方政府　社会组织

一　引言

近年来，社会组织快速发展，社会组织治理已经成为政府的重要议题。中央政府为激发社会组织在社会治理创新与国家治理现代化中的积极作用，对宏观政治制度进行了适应性调整。2013 年《国务院机构改革和职能转变方案》、2014 年民政部的设立“全国社会组织建设创新示范区”、2016 年《关于改革社会组织管理制度促进社会组织健康有序发展的意见》等一系列政策文件出台，为社会组织管理体制进行政策“松绑”，社会组织的发展迎来历史性的机遇。

在压力型体制下（荣敬本，1998），地方政府为提高政策执行能力，会主动调整社会组织政策工具。由于宏观政策的模糊性和高含混性特征（黄晓春、嵇欣，2014：98～123），地方政府源于利益诉求与具体情境的差异（邓宁华，2011：91～101），对社会组织政策工具进行差异化选择（赵秀梅，2008：89～105），表现出强烈的因地制宜与因时制宜的实用主义倾向。另外，社会治理水平提高推动地方政府治理模式的创新与调整。在社会矛盾日益突出、公共服务需求日益增加的社会环境下，地方政府作为民众诉求的直接对象，开始审视不同类型政策工具在社会治理过程中的作用。具有务实精神的地方政府为促进经济发展与公共服务水平提升，主动调整社会组织政策工具，通过制度创新，提高社会治理水平。

宏观政治环境改善促进地方政府社会组织政策工具的调整与优化，地方政府根据自身实际情况，因地制宜地对政策工具箱进行更新，逐渐形成了特色鲜明的社会组织发展模式（薛泉，2015：131～141），如上海的公共服务购买、厦门的社会组织孵化基地建设以及珠三角地区的公益创投（薛泽林、孙荣，2017：50～58；朱仁显、彭丰民，2016：41～46；周如南等，2017：126～135）。地方政府发展社会组织政策工具的主动创新与试点改革，为中央政府的社会组织管理体制创新提供了试点经验，也推动了社会组织政策工具在空间上的扩散。同时，地方政府政策工具选择不仅受到地方政府规模、公共财政水平、地方政府竞争与社会需求等政府内部与外部因素的影响（Walker et al.，2007：95－125；

Wejnert, 2014: 101 - 111), 也受到政策工具属性影响, 即政策工具特征与性质影响地方政府政策工具的创新与扩散行为(朱亚鹏、丁淑娟, 2016: 88~113)。那地方政府对社会组织政策工具是如何进行自主创新, 又形成什么样的发展模式? 不同类型的政策工具在空间上如何扩散? 本文试图跳出既有研究局部观察的局限, 从政策工具演变的整体性视角着手, 通过文献梳理地方政府发展社会组织的行为, 基于政策工具的属性, 通过类型学的工具划分, 构建地方政府发展社会组织的分析框架, 以案例内分析与多案例比较的方式, 揭示地方政府发展社会组织政策工具的演变过程和内在逻辑。这一方面, 对于理解地方政府发展社会组织行为模式, 优化地方政府政策工具, 有序推进社会组织健康发展具有重要现实意义; 另一方面, 对于刻画我国社会组织公共政策变迁过程, 理解当代我国政社关系演变具有理论指导意义。

二 理论构建与分析框架

(一) 从社会组织发展模式到行为策略

总体而言, 我国政府与社会组织关系研究经历了从静态的宏观分析转向动态的微观分析、从发展模式研究转向行为策略研究的变化(陈为雷, 2013: 228~240)。宏观上, 学者们前期研究主要以公民社会与法团主义两大理论范式为分析框架, 对我国社会组织发展模式进行分析与检验, 一定程度上促进了相关理论的丰富与发展(范明林, 2010: 159~176; 张钟汝等, 2009: 167~194; 顾昕、王旭, 2005: 155~175)。在后期探索中, 随着改革开放的深入, 社会组织公共活动空间得以拓展, 政府对社会组织的态度发生实质性改变。学者们从我国社会组织发展的具体情景出发, 建立起具有中国特色的社会组织话语体系, 基于登记管理制度, 将我国社会组织的发展模式描述为"双重管理体制"(王名, 2007: 62~64); 基于社会组织"权威挑战"和"公共服务"的特征, 提出"分类控制"(康晓光、韩恒, 2005: 73~89) 理论与"行政吸纳社会"(康晓光、韩恒, 2007: 116~128) 理论。这些论断对现阶段我国社会组织发展模式多样性具有较强解释力, 推动了对我国政社关系认识的深入。

近年来, 学术界逐渐意识到社会组织研究应该置于具体的政经条件中, 转而开始专注地方政府发展社会组织行为的微观层面。既有研究表明, 地方政府基于政府治理能力提高与社会治理创新需要，对社会组织的认识全面改善，态度逐渐缓和，在传统“分类控制”模式的基础上，通过政策创新，探索出更具体化、精细化的社会组织发展策略（敬乂嘉，2016：22～33；张紧跟，2015：13～23）。在实践中，越来越多的地方政府察觉到传统社会组织管理制度的缺陷，试图探索与尝试各种新的发展社会组织的行为策略。部分学者通过梳理地方政府发展社会组织的具体行为，发现地方政府已经放弃了“四面出击”的管理策略，通过政策工具的创新与调整，实现了社会组织的选择性发展与分类治理（孙发锋，2012：95～103；王向民，2014：87～96）。在理论探索中，部分学者运用“嵌入”的概念，很好地诠释了我国强势政府与社会组织的关系。基于嵌入视角，通过实证检验，发现地方政府通过各种政策工具，营造符合政府政治偏好的政策环境，实现对社会组织的“嵌入型监管”（刘鹏，2011：91～99）。政策工具构成了政府嵌入的载体，通过政治、结构、关系、目标等方面的嵌入，实现对社会组织的控制与发展（朱健刚、陈安娜，2013：43～64；吴月，2013，：107～129；付建军、高奇琦，2012：108～114）。整体上，政府发展社会组织的行为策略正经历着从“控制”向“规范”，从“管理”向“治理”的转变（姚迈新、郭欣，2015：91～96）。

（二）政策工具：理解地方政府行为的一个分析框架

政策工具作为政策目标与政策行动的联结机制，其本质包括目标与行动两个概念（朱春奎，2011）。政策工具的目标反映了政府对于目标群体的假定与偏见。政府对于目标群体具有权力地位与社会建构的认知，影响其对待目标群体（Schneider & Ingram，1993：334－347）。政策工具的行动是指政府对政策工具的主导程度，体现了政府对社会行动者的影响能力（Howlett & Ramesh，2003：548－580）。

政府手中存在一套由政府行为构成的政策工具箱，不同类型的政策工具会产生不同政策实践活动，也会对社会产生不同政策效果（B. 盖伊·彼得斯、弗兰斯，2007）。学者们依据不同的标准对政策工具进行了类型划分，对政府工具选择与适配提供了指导性意义。从政策工具目标来看，目标的直接性与间接性揭示了政府对政策工具的使用目的与意图。罗维将政策工具分为控制个体与影响环境两种，率先提出政策工具分类的观点（Lowi，1964：499－715）。随着研究的深入，萨瓦斯与豪利特从政府行动的角度，依据政府行动的主导能力将其分为自愿性、混合性与强制性三类工具（萨瓦斯，2002）。在公共行政实践中，“强制—混合—志愿”的三分法则被学术界广泛接受，并为政策工具实践应用提供了借鉴性意义（陈振明、和经纬，2006：22～29）。

在地方政府发展社会组织的实践中，政策工具的目标与行动依然影响着地方政府政策工具类别的划分。在目标上，地方政府基于对社会组织的态度与认识，政策目标可能直接作用于社会组织；可能是侧重社会组织的成长环境，间接作用于社会组织。在行动上，政府权威与行政职能使得政府在政策工具运用中居于主导地位。近年来，政府行政管理体制改革，逐渐降低政府干预性，越来越重视市场型工具。因此，本文结合罗维、豪利特的观点，以目标与行动两大要素为基础，依据政策目标的直接性与政府的主导地位，将政府发展社会组织的政策工具划分为强制型、引导型、市场型与信息型（见表1）。

表1　社会组织发展政策工具分类

		政策目标	
		直接	间接
政府主导	高	强制型	引导型
	低	市场型	信息型

强制型政策工具以政府权威为资源，以行政职能为依据，通过法律与行政命令的方式，直接规范社会组织行为，为社会组织有序发展提供基础保障。长期以来，我国政府依据政府职能对社会组织进行“门槛准入”与“过程监督”，登记管理制度与监督管理办法构成了强制型政策工具的具体内容。

市场型政策工具是政府利用市场化的手段，通过定招投标与定向委托的方式，与社会组织签订契约合同，建立委托—代理关系，将公共服务供给职能转移给社会组织，根据公共服务供给情况向其支付资金，满足社会公众日益增长的公共服务需求，为社会组织发展提供物质保障。

引导型政策工具作为一种“软工具”，旨在通过社会组织环境建设的方式，提高社会组织能力，主要包括孵化基地建设与公益创投。社会组织孵化基地作为“支持型组织”，一方面为组织发展提供了正确的社会价值观与志愿服务精神，树立正确认知；另一方面，以培育的方式为社会组织提供物质基础，对组织进行赋能（Brown & Hu，2012：711－733；王世强，2012：78～83）。公益创投不同于政府购买，它由社会组织设计服务项目，经过政府审查认可后，以公益慈善资金投资的方式，搭建募款新平台，推动跨界融合，从而提高社会组织能力。

信息型政策工具是互联网技术在政府管理中的典型应用。近年来，互联网高速发展，信息传递对现代社会成员之间关系的影响越来越大，信息型政策工具随之进入政府政策工具箱（顾建光、吴明华，2007：47～51）。在政策执行的过程中，社会公众对于一个事物发展利弊信息的获取会影响其对事物发展的认知判断与行为选择。政府通过信息型政策工具，搭建社会组织信息平台，加强了信息传递对公众认知的影响，为社会组织的发展营造了良好的社会氛围。

三　研究方法与案例选择

本文采取案例内分析与多案例比较的研究策略。作为一种实证分析工具，案例分析与比较在证明现象因果关系和揭示现象形成机理方面具有明显的优势。案例内分析通过系统梳理事物发展的时间脉络，对事物发展过程中的因果关系进行深度挖掘，客观呈现其发展演化规律。多案例比较一方面提高了研究的效度，另一方面案例间影响因素逐项复制与差别复制的方式，有利于事物结果原因影响因素析出（罗伯特·殷，2004）。

与大样本数据研究不同，小样本的案例研究在案例选择上并不遵循随机性原则，而是根据研究目的需要，选取外在环境最相似、最具代表性的案例。因此，本文基于城市性质、区域位置、经济发展水平、既往经验与理论提升潜力四个方面的考量，选取四座城市作为案例研究对象。遵循学术惯例，对选取的四个案例城市进行了技术操作，这四个城市分别为S、G、C、Q。从城市性质的角度，四市全部为民政部认定的“全国社会组织建设创新示范区”，社会组织发展水平相对较高，具备相应的研究价值。从城市区域位置的角度，S市与G市为东部沿海城市，C市为中部城市，Q市为西部城市，四市的区域分布能够较好地呈现我国社会组织发展全貌。从经济发展水平的角度，四市作为经济发达城市，其经济发展水平在区域内具有代表性。从学术研究既往经验与理论提升潜力的角度，近年来学者们对四市社会组织发展现状所展开的研究较多，能够从四市社会组织政策工具选择中提炼出具有理论价值的经验与启示。

在政策工具研究的既有成果基础上，将社会组织政策工具分为四类，工具内容试图涵盖政府培育与管控社会组织的主要行为。依据既有文献研究与观察经验，在政策工具分析框架下，对四个地方政府社会组织政策工具演化进行探索性研究。结合案例内分析与多案例比较方法的特点，研究探索主要从时间与空间两条路径展开。在时间上，通过案例分析的方式，对S市与G市社会组织政策工具内容演化进行梳理，从而刻画政策工具类型与行为创新的内在关联，描述新型社会组织发展模式。在空间上，通过案例比较的方式，将S、G、C、Q四市发展社会组织政策工具行为进行对比，揭示不同类型政策工具扩散的形成机理。

在资料获取方式上，笔者主要使用了观察法与文献法。笔者长期对S、G、C、Q四市的社会组织发展行为进行跟踪性观察，对此有较深的理解与感触。同时，通过手动整理的方式，收集了2010～2016年S、G、C、Q四市的政策文本，形成了研究四市政策工具发展演变的重要参考资料。需要说明的是，由于每一个地方政府信息公开水平与内容不同，政策文本内容存在缺失，笔者通过文献资料与网站报道的方式对此进行了补充。

四 社会组织政策工具的地方实践

整理S、G、C、Q四地发展社会组织的相关政策，对案例城市社会组织政策工具选择进行如下归纳。

S市以引导型工具为核心，进行工具组合创新。S市在全国范围内率先开展社会组织孵化基地建设，建成了我国第一个最大的公益园区，以公益园区为基础，进行政策工具组合调整。强制型工具方面，通过细化分类，成立枢纽性社会组织，建立了分级登记体系；引导型工具方面，率先开展公益创投，提高了社会组织能力建设，形成了社会组织生态系统；市场型工具方面，以园区为基础，进行了公共服务购买，加强了政府与社会组织项目对接；信息型工具方面，在园区初步形成了“一库、两网、六大平台”的信息化支撑体系，其成为社会组织登记、年检、日常管理、执法、评估评优等的综合信息平台。

G市进行强制型工具内容调整，实现其他类型工具升级。在强制型工具内容上，G市自2010年开始，逐渐降低登记门槛，在全国范围率先开展直接登记制度；通过政策法规的颁布，逐渐形成了“1+4”综合监管体系，实现部门信息共享与监管联动。在市场型工具方面，G市根据社区居民需求，形成了"3+N"模式。在引导型工具方面，G市社会组织孵化数量与公益创投规模逐年递增，产生了良好社会声誉。在信息型工具方面，G市建成"一门户、两窗口、三平台"的信息网络，提高了社会组织办事效率。

C市通过区域间交流学习，加大引导型与市场型工具使用力度。2012年C市民政部门与S市开展工作交流会议。通过区域间的交流学习，C市逐渐意识到引导型与市场型工具对社会组织能力提高的重要意义。在引导型工具方面，借鉴S市引导型政策工具创新内容，在全国范围内较早开始社会组织孵化基地建设和公益创投平台搭建，提高社会组织发展能力。在市场型工具方面，C市以社区为单位，逐年提高公共服务购买财政支出，推动社区服务类快速发展。

Q市在中央政治倡导下，巩固强制型工具规范作用。Q市以中央政府政策为依据，通过借鉴学习G市强制型工具调整内容，突出政府行政职能，提高强制型工具的规范作用。在登记管理制度上，Q市以《国务院机构改革和职能转变方案》为依据，制定《Q市民政局关于开展四类社会组织直接登记工作的通知》，实施社会组织直接登记制度；在监督管理上，Q市通过执行《关于印发Q市推广随机抽查规范事中事后监管实施方案》，实行随机抽查，加强社会组织监管（见表2）。

表2 S、G、C、Q四市发展社会组织政策工具实践

工具	具体行为	案例城市			
		S	G	C	Q
强制型	登记管理制度	2014年成立枢纽性社会组织，实行分类明晰的分级登记制度	2012年除须前置审批外社会组织，率先实施直接登记	2014年实行混合登记制度	2014年实施混合登记制度
	监督管理办法	完善法律体制，但尚未形成综合监管体系	形成"1+4"综合监管体系	依据三个管理条例，缺乏具有针对性的监管办法	出台法律文件，实行随机抽查
市场型	政府购买公共服务	社区民生服务、行业性服务、社会公益服务、社会管理	"3+N"模式："3"个基本项目，包括家庭、老年以及青少年服务三项；"N"个特色自选项目，包括社区矫正与康复、外来工服务、就业服务、妇女服务等	社区文化、社区融合、青少年服务、社工培训、助老助残	殡葬服务、养老服务、就业服务、医疗卫生、文化教育、环境保护、司法援助服务

续表

工具	具体行为	案例城市			
		S	G	C	Q
引导型	孵化基地	2010年开始，建成我国第一个公益园区	2010年开始，截至2016年孵化社会组织85家	2012年开始，截至2016年孵化社会组织45家	2014年开始，截至2016年孵化社会组织40余家
	公益创投	2009年开始，投资规模较大	2014年开始，投资规模较大	2012年开始，投资规模小	2014年开始，投资规模较小
信息型	信息平台	形成“一库、两网、六大平台”的信息化支撑体系	建成“一个门户、两个窗口、三个平台”的信息平台	未建立独立的社会组织信息平台，信息发布借助民政局网络平台	建立独立的社会组织平台，但不具备社会组织相关事项审批功能

资料来源：四市2010～2016年发布社会组织政策文本，作者自制。

五　自主创新与行为趋同：社会组织政策工具的地方演变

通过系统梳理地方政府社会组织政策工具实践，发现地方政府社会组织政策工具选择在时间与空间上呈现不同的演变模式。时间上，在中央政策赋权下，地方政府主动回应社会需求，逐渐对政府主导能力强的政策工具进行自主创新，从而积极探索符合本地区的社会组织发展模式。空间上，政策扩散受到中央制度、横向交流与社会规范三种机制影响，推动政策工具创新由点到面的扩散，地方政府发展社会组织行为逐渐趋同化。

（一）自主创新：地方政府发展社会组织政策工具的时间演化

政策工具创新是指地方政府在执行中央政策制度时，会结合本地区社会组织治理的真实情况，进行政策工具调整，诉诸社会组织治理实践。政策工具创新内涵不仅是指政策工具的发明（杨代福、丁煌，2011：66～70），也包括政策工具内容优化与组合调整。在实践中，一方面，地方政府对引导型政策工具进行调整优化，加强社会组织能力建设；另一方面，在中央政府政策试点改革的推动下，地方政府对强制型政策工具进行自主创新，推动社会组织管理体制变革。

1. 孵化与推进：社会组织生态系统的搭建——以S市为例

S市政府一直有打造旗舰社会组织，满足公共服务需求的政策传统。2003

年，S 市政法委牵头，通过行政力量，直接创建成立三个专注于社区矫正的社会组织。由于工具主义色彩，地方政府的使用习惯会影响政策工具选择，从而形成地方政府发展社会组织的制度习惯与路径依赖。随着市场经济的发展与社会治理水平的提高，S 市政府逐渐采用市场或准市场的手段，通过地方政府领导下的社会创新，开展社会组织孵化基地建设与公益创投活动，对社会组织进行引导性赋权，回应快速增长的社会需求（敬乂嘉、公婷，2015：11～19）。

自 2009 年开始，S 市政府通过创新引导型工具内容，先后引进公益创投项目与筹建社会组织孵化基地。公益创投以市场首创精神重建传统慈善融资，具有高参与度、量身定制、长期非财政支持与组织建设的特点（Slyke & Newman，2010：345－368）。它由政府提供公益资金，以项目委托的方式，交由第三方组织进行评估、审核、宣传与检查，服务群体以社区老人、残疾人、青少年儿童为主，旨在推动处于起步阶段的社会组织项目发展，为社会组织发展提供“原动力”。S 市建设我国第一个社会组织孵化基地，通过出台政策，明确政府角色定位，将孵化基地运行权限委托第三方社会组织，进行社会组织群落载体建设。截止到 2016 年，S 市建立市区两级孵化基地 23 个，形成了以社会组织孵化基地为基础的“园区模式”（姬中宪，2012：61～64）。

通过对引导型政策工具的自主创新，S 市搭建起以社会组织孵化基地为平台，以公益创投为动力，将登记管理、监督规范、服务购买以及公众参与等政策工具进行捆绑的孵化推进发展模式。孵化与推进旨在为社会组织的发展营造良好的社会环境，推动社会组织能力建设，搭建良性循环的社会组织生态系统。政府降低登记门槛，简化行政审批流程，为社会组织成立创建宽松的政策环境，推动社会组织量的发展，发挥孵化作用。公益园区内社会组织通过服务社会与合作发展，提高组织间自我管理、自我服务水平，推动社会组织能力提高。

在 S 市孵化与推进模式下，社会组织生态系统构建起以社会组织为主体，以机构孵化、项目培育、组织间服务与社会服务四个环节为内容，强调组织自我服务与相互合作的公益产业链。首先，在社会组织孵化上，S 市政府通过引进第三方组织对公益园区进行管理，政府由社会组织管理者转变为孵化基地规划者。第三方组织通过外来引进与本土培养相结合的方式，孵化社会组织，凝聚组织力量。其次，在项目培育上，孵化基地内社会组织通过协商，自主创建公益组织项目合作促进会，代表基地内社会组织与政府进行项目交流。公益项目合作促进会通过举办项目推介会、参观接待等活动，搭建政府与社会组织项目对接平台。接着，在组织间服务上，孵化基地一期建设通过优先孵化与引进社会服务社、社工协会等枢纽型组织方式，解决新生社会组织公益人才缺乏等问题，并组织培训规划、提供财务咨询与托管等专业性服务。最后，在社会服务上，孵化基地内社会组织通过自主协商与合作的方式，制定行业公共服务标准，建立健全社会公共服务监督体系，对规范公共服务发展，引领公益事业方向发挥重要作用。公益产业链的有效运转提高了园区内社会组织自我管理与自我服务的水平，实现了S市社会组织生态系统的良性循环。

2. 松绑与监管：从静态入口控制到动态过程监督——以G市为例

长期以来，受传统全能型政府思维影响，我国社会组织管理施行以“双重管理”为特征的“门槛准入”管控模式，其目的为分散社会组织管理风险，降低社会组织管理成本（王名，2007：62～64）。近年来，随着国家治理现代化与政府职能转变成，“强制性制度变迁”逐渐成为推动社会组织管理体制演变的主要动力（王名、孙伟林，2011：16～19）。自2008年起，G市作为民政部社会组织改革创新观察点，为提高政府治理水平，主动对强制型政策工具进行探索。G市通过创新社会组织登记管理制度，对社会组织进行政策松绑；通过完善监管体系，规范社会组织行为，最终实现了从静态的门槛准入到动态过程监督的转变。

登记管理制度是社会组织“门槛准入”的核心。围绕“降低准入门槛、简化登记程序、减轻登记负担、提高工作效率”，G市主动对强制型工具登记管理制度进行自主创新。2010年，G市发布《G市科技类民办非企业单位直接登记试点工作方案》，率先开展市一级科技类民办非企业单位由民政部门直接登记管理的改革试点工作。2011年，G市印发《关于进一步深化社会组织登记改革助推社会组织发展的通知》，规定除国家法律规定需前置行政审批的社会组织外，行业协会、异地商会、公益慈善类、社会服务类、经济类、科技类、体育类、文化类八类社会组织可直接向登记管理机关申请登记。2012年，G市下发《关于实施“G市社会组织直接登记”社会创新观察项目的工作方案》，标志着直接登记制度的全面展开。2014年G市出台《G市社会组织管理办法》，以立法的形式巩固社会组织直接登记的改革成果。登记管理制度作为政府管控社会组织的基础，其制度创新过程呈现鲜明的分类与渐进特征，一方面降低了政策工具创新成本，另一方面便于社会公众理解与接受。

社会组织登记管理制度改革激活了社会组织，同时也为政府的社会组织协同监管带来挑战（朱晓红，2015：80～83）。在登记门槛降低后，政府监管能力的提高成为G市政府强制型工具创新的重要内容。2015年，G市通过《关于进一步加强社会组织综合监管体系建设的意见》《G市社会组织信息公示办法》《G市社会组织抽查监督办法》《G市社会组织登记管理机关行政处罚程序规定》《G市取缔非法社会组织程序规定》系列文件，形成"1+4"综合监管体系，实现了从例行书面检查到重点现场抽检的转变，推动了社会组织监督的常态化发展；通过搭建信息平台，建立民政、公安、财政等部门信息共享机制，提高社会组织监管的部门合作；通过成立发展和规范社会组织工作联席会议制度，明确部门职责，推动社会组织综合监管合力形成。

G市强制型工具的自主创新通过登记管理制度改革降低社会组织准入门槛，给予社会组织充足的政治认同，为社会组织有序发展创建宽松的政治环境；通过监督管理制度的完善对社会组织日常运营提出了更高的要求，为社会组织有序进行法制化建设迈出重要一步。G市自主创新成果表面上呈现为社会组织制度松绑与法制化监督，实质则实现了社会组织管理由静态入口控制到动态过程监督的转变。

（二）行为趋同：地方政府发展社会组织政策工具的空间扩散

在政策工具的发展过程中，一个地方政府政策工具的选择会影响到其他地方政府政策工具的选择，即政策工具的扩散（Braun & Gilardi，2006：298－322）。政策扩散理论认为工具扩散作为一个过程，最终结果是实现了地方政府行为的趋同化发展（刘伟，2014：34～38）。为解释行为趋同化，学者们对政策扩散的过程进行探索，将行为趋同的驱动力归纳为强权型扩散论（Volden，2006：294～312）、政策学习论（Holzinger et al.，2008：553－587）以及道义型扩散论（Dobbin et al.，2007：449－472）。从新制度主义角度来看，地方政府作为差异化组织，其发展社会组织的行为趋同受到了强迫、模仿与社会规范三种机制影响（Dimaggio & Powell，1983：147－160）。因此，借鉴迪玛其奥与鲍威尔的组织行为趋同理论，结合社会组织政策工具的实践，地方政府发展社会组织行为的趋同实际上受到制度强迫、横向交流与社会规范三种机制的影响。在政策工具扩散实践中，不同机制影响着不同类型政策工具的扩散，使得地方政府政策内容逐渐一致（Chien，2008：273－294），但其具体行为则呈现差异化趋同。

1. 制度强迫性趋同

我国作为单一制国家，政府组织机构具备典型的科层化与集权化的特点。上级政府能够通过行政指令，要求下级政府实施或采纳某项公共政策，实现公共政策扩散，即中央制度强迫。这种自上而下的公共政策扩散主要以“局部试点—全面推行”为扩散路径（王浦劬、赖先进，2013，：14～23）。地方试点为政策全面铺开提供了可借鉴经验与样本数据，提高了公共政策扩散的科学性与可行性。

十六大以来，中央政府逐渐意识到社会组织建设对于政府治理水平提高的重要意义，明确提出要发挥社会组织提供服务与反映诉求的作用，形成社会服务和社会管理的合力。2008 年，G 市作为“社会组织改革创新观察点”，在国家制度松绑下对强制型工具进行了自主创新。2012 年已经实现除国家法律规定须前置行政审批外的直接登记制度。2014 年，G 市以立法的形式巩固社会组织直接登记改革成果。G 市强制型工具创新为社会组织登记管理制度的顶层设计提供了重要经验。十八大后，国务院颁布《国务院机构改革和职能转变方案》，提出“行业协会商会类、科技类、公益慈善类、城乡社区服务类社会组织……直接向民政部门依法申请登记，不再需要业务主管单位审查同意”的社会组织直接登记政策。在中央政府的政策制定与政治倡导下，G 市的社会组织直接登记制度自上而下、由点到面扩散为全国各个地方政府政策执行内容（见图 1）。

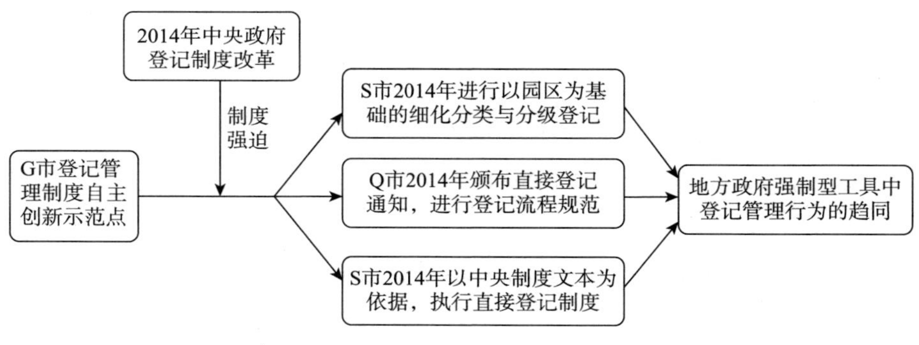

图 1　强制型工具的制度强迫性趋同

各地方政府结合本地区社会组织发展实践，制定社会组织直接管理办法，直接登记制度逐渐成为各个地方政府强制型工具的常规内容。S 市在中央制度文件出台后，从地区发展需要出发，发布《S市社会团体分类规定》，制定《S市社会组织直接登记管理若干规定》，细化社会组织分类，在原登记管理部门和业务主管单位之外，成立专门机构，即枢纽性社会组织，共同行使对社会组织的管理职能，实现分级登记，推动本地区组织结构的合理与优化，促进其健康有序发展。Q市则直接颁布《关于开展四类社会组织直接登记工作的通知》，对社会组织直接登记行为进行规范，优先发展具备完善党建的四大类社会组织。C市则按照中央政府政策文件，鼓励引导区域内四大类社会组织进行直接登记，实施直接登记和双重管理并行的混合登记制度。

直接登记制度自上而下的扩散为各地方社会组织管理体制的完善提供了契机。自2014年中央政府政策推广后，中央政府与各地方政府通过出台相关政策文件，贯彻落实中央政府机构改革和职能转变政策要求，逐步完善社会组织的法人治理，建立制度化综合监管体系，提升社会组织公共服务能力与水平，推进社会组织党建，形成登记、服务和监管的一体化发展的三层协同新型社会组织登记管理体制（张玉强，2017：26～33）。例如，中央政府连续发布《关于加强社会组织党的建设工作的意见（试行）》、《社会组织抽查暂行办法》以及《民政部关于在全国性和省级社会组织中建立新闻发言人制度的通知》等一系列政策，快速推动现代社会组织管理体系的形成。

2. 横向交流性趋同

在政策工具扩散中，一个地区会学习借鉴其他地区政策创新行为，并将其移植到本地区发展社会组织实践中，即区域间横向交流。地方政府通过借鉴模仿成功地区发展社会组织的经验，一方面增强了政策工具实用性，另一方面降低了政策工具调整风险。引导型政策工具主要由政府主导，作用于社会组织环境建设，分散了政策工具学习模仿的政治风险。当前，S市以引导型工具为核心的社会组织发展模式，使其成为全国各个地方政府领导参观调研的重要城市（见图2）。

虽然中央层面还没有出台公益创投与社会组织孵化基地建设相关文件，但是十八大以来地方政府为提高社会治理创新能力，积极学习借鉴其他区域政策经验。2011～2016年，民政部有关单位调研考察S市公益园区29次，全国其他地方政府调研考察39次，S市为全国各地社会组织孵化基地建设和公益创投提供了丰富的实践经验。中央政府会主动吸纳地方政策创新（Mei & Liu，2014：

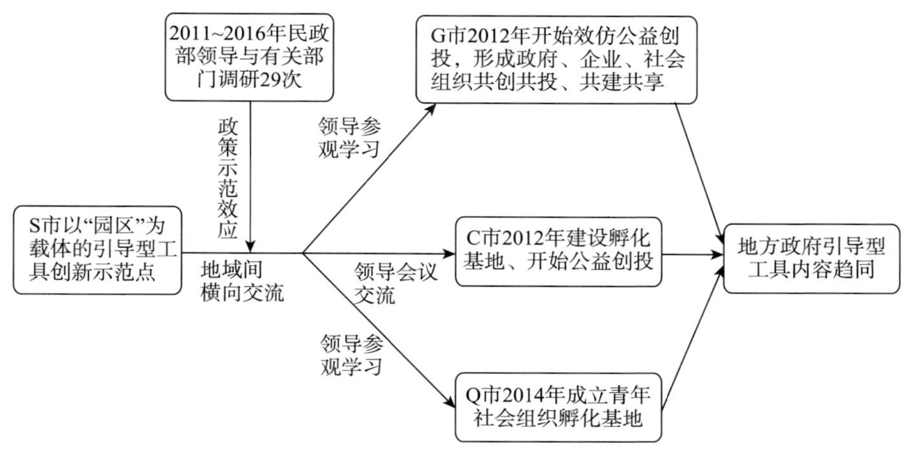

图2　引导型工具的横向交流性趋同

321－337），推动各个地方政府的横向交流学习（朱旭峰、赵慧，2016：95～106），促进公共政策的空间扩散。因此，民政部门领导对S市“园区模式”的调研发挥着政策示范效应，推动各个地方政府的学习与模仿。整体上，公益创投与孵化基地建设的横向交流呈现由华东地区向沿海城市，再逐步蔓延到中南、西南等内陆城市的基本特征（李健，2017：91～97）。2012年，G市团市委领导两次对S市公益园区进行考察，借鉴S市公益创投模式，2014年正式开展社会组织公益创投项目。截止到2016年，G市政府资助项目368个，直接服务人群超过100万人次，累计投入资助资金5200万元，实际撬动社会配套资金超3300万元，直接推动了社会组织服务能力的提高。C市是全国范围内较早向S市进行引导型政策模仿的城市。2012年，C市通过与S市民政局领导会议交流的方式，吸取引导型工具开发经验，建成第一个社会组织孵化基地，开展社会组织公益创投项目。截止到2016年，C市社会组织孵化基地共孵化社会组织45家。Q市则政策学习较晚，于2014年开始进行引导型政策工具模仿，截至2016年孵化40余家社会组织。

在横向交流机制影响下，地方政府引导型工具行为呈现差异化趋同。引导型工具的横向交流效果受到城市区域特征与政府财政影响，呈现一种由低到高的阶梯状。一方面，城市特征越相似的城市，市际横向交流的政策执行模式相似度越高（Liang，2017：1－19）。例如，G市与S市同为东部沿海城市，以政府联合外部组织方式发起，进行招投标；C市与Q市作为内陆城市，则由政府部门发起，举办公益创投大赛。另一方面，地方政府公共财政水平影响公益创投与孵化基地建设的后续发展。G 市政府专项资金投入最多，逐渐形成了政府、企业、社会组织共创共投、共建共享的公益创投模式。S 市以孵化基地为依托，进行专项财政拨款，社会组织比较活跃。C 市缺乏连续的财政支持，仅仅聚焦于孵化功能，基地建设与公益创投项目相分离，社会组织活力不足。Q 市则由于开始时间较晚，公共财政投入相对较少，孵化基地主要职能局限于登记注册咨询，社会组织缺乏建设能力。

3. 社会规范性趋同

近年来，市场经济发展瓦解了原本高度同质的社会，社会公众公共服务需求呈现多元、异质化趋势。另外，非官方公域和私域迅速扩张，社会公众越来越重视政治改革中自身权益的维护。公共服务需求异质化趋势与公众权益维护主动性推动了社会自下而上政治参与模式的发展。社会组织既承接着社会公共物品与服务的供给，又是潜在的公民养成的场所（王名、刘求实，2007：102～155），成为社会公众集体行动的载体。社会公众通过参与社会组织的社会公共活动，既维护部分群体利益，满足社会需求，同时，公众广泛参与社会活动推动了社会组织公共政策的改善（Zhang，2017：1096－1001；Zhao & Wu，2016：2229－2251）。基于公共服务需求的扩张，地方政府会主动进行市场型政策工具优化；民众受教育水平逐渐提高，对政府信息公开需求逐渐增加，基于公民信息公开权益的维护，信息型政策工具成为地方政府接下来改进的主要方向（王洪涛、魏淑艳，2015：600～612）（见图 3）。

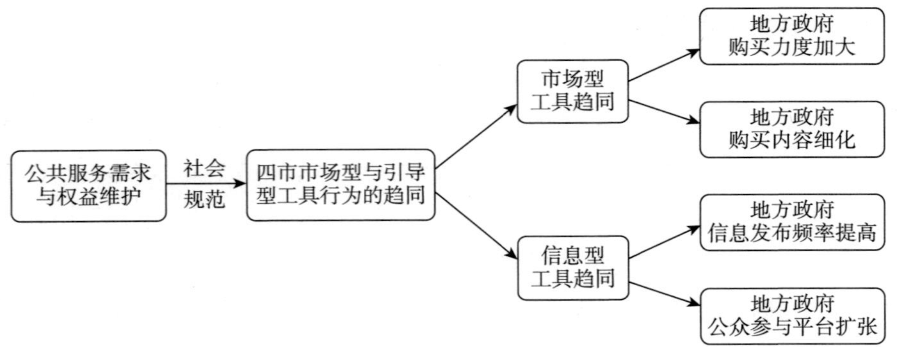

图 3　市场型与引导型工具的社会规范性趋同

社会规范机制推动了市场型政策工具购买力度加大与购买内容细化。在购买力度方面，四市政府购买公共服务财政支出逐年提高，公共服务购买行为由制度创新变为社会治理常规性行为。在购买内容方面，四市结合本地区社会需求，不断细化公共服务购买内容。S 市建立三级目录，将一级公共服务中的基本公共服务、社会管理服务、行业管理与协调性服务、技术性服务与政府履职所需的辅助性事项细化为 47 项二级与 161 项三级公共服务内容。内容上不仅涉及基本物质服务，而且更加重视社区居民精神物质方面的服务。G 市则将五项一级服务细化为 46 项二级和 140 项三级，越来越看重外来人口的公共服务内容，并在社区中试点“3 + N”模式。Q 市将三级目录内容扩展至 213 项，重点强调贴近公众生活的殡葬服务、环境保护与司法援助等。C 市则以社区服务为依托，将购买内容扩展至 12 大领域。社会公共需求扩张推动了地方政府对市场型政策工具的调整。地方政府会主动加大服务购买财政支持，基于本地区真实的需求，细化服务内容。

社会规范机制推动社会组织信息平台的完善。地方政府通过建立社会组织信息网，一方面宣传社会组织相关的政策法规，提高社会组织管理的透明度；另一方面，为公众了解社会组织，参与社会组织活动搭建平台。S 市基于发展的需要建立社会组织信息平台，形成了“一库、两网、六大平台”的信息化支撑体系，实现了社会组织的信息化办公，满足了公众政治参与需求。G 市则以社会组织信息网为基础，建成了“一个门户、两个窗口、三个平台”的社会组织登记管理信息系统，实现了政策发布与公众参与的统一。Q 市与 C 市的社会组织信息平台的信息集成与整合功能有待进步。但社会组织相关信息发布数量呈现逐年递增趋势。从长远发展来看，信息公开不仅是公民知情权的重要内容，更是政府行政管理体制改革的重要方向。公众主动维权将会继续推动地方政府重视社会组织信息平台建设，扩大公众政治参与渠道。

六　结论与发现

在国家治理现代化的时代背景下，政府逐渐清醒地意识到社会组织已经成为多中心治理结构中的重要一环，不再仅仅是政府的治理对象，而且是社会治理的重要工具。地方政府源于宏观政策执行要求与社会利益诉求，对政策工具进行调整，在时间上呈现自主创新，在空间上呈现行为趋同。

时间上，地方政府对社会组织政策工具进行自主创新与优化，逐渐形成了地方特色鲜明的社会组织发展模式。一方面，为回应社会需求，地方政府对引导型政策工具进行内容创新，形成孵化与推进模式；另一方面，在中央试点改革推动下，地方政府以强制型政策工具为核心，对社会组织管理体制进行变革，形成松绑与监管模式。从实践来看，地方政府在政策工具创新过程中面临双重挑战。一方面，基于社会需求，地方政府不得不进行社会组织治理工具创新；另一方面，基于合法性要求，地方政府工具创新必须在既有政治框架内有效运转。因此，地方政府的工具创新有赖于政府主导能力强的政策工具。政府行动能力越强，工具创新风险与成本越低，反之亦然。

十八大以来，地方政府社会组织政策工具自主创新越来越强调价值导向。在工具创新逻辑上，地方政府工具创新是单一制政权下的地方差异化发展行为，为解决我国整体社会治理问题提供了地方性解决方案，为“社会组织体制改革”的顶层设计与政策扩散提供了合理性支撑，具有重要政治价值。在工具创新过程中，地方政府为了降低创新风险与成本，对政策工具的干预程度逐渐提高，越来越重视工具创新的可行性与实用性，体现了工具创新的科学价值。在工具创新目标上，社会组织政策工具创新的政策松绑，拓展了社会组织公共活动空间，推动社会组织的繁荣发展，实现了从“社会管理”到“社会治理”的转变，具有重要民主价值。

在空间上，政策工具的扩散推动了工具创新由点到面的展开，促使地方政府社会组织发展行为趋同化。不同类型政策工具趋同化的形成机理也各不相同。顶层设计旨在对社会组织管理体制进行改革，推动地方政府对强制型工具的双重管理制度转变为直接登记制度；在区域间横向交流中，地方政府的工具模仿呈现一种由易到难、由低到高的阶梯状，引导型工具模仿实践效果呈现差异化趋同，但整体上推动了社会组织孵化基地建设与公益创投在全国范围内的开展；在社会公众需求与权益维护驱动下，地方政府会主动进行市场型与信息型工具的优化升级。

实践也表明，在社会组织政策工具扩散过程中，地方政府正经历从非理性的“跟风模仿”到有限理性的“学习借鉴”的转变。地方政府基于政策工具的“成本—收益”分析，逐渐从工具的学习与实践过程中获取经验，进行工具内容的调整以适应区域内不断变化的社会环境。事实上，地方政府通过分析区域内社会组织生长环境和发展水平的差异，结合社会组织发展的具体情景，有针对性借鉴学习的过程推动了政策工具的二次自主创新。

参考文献

〔美〕B. 盖伊·彼得斯、弗兰斯（2007）：《公共政策工具：对公共管理工具的评价》，顾建光译，北京：中国人民大学出版社。

陈为雷（2013）：《从关系研究到行动策略研究——近年来我国非营利组织研究述评》，《社会学研究》，（1）。

陈振明、和经纬（2006）：《政府工具研究的新进展》，《东南学术》，（6）。

邓宁华（2011）：《“寄居蟹的艺术”：体制内社会组织的环境适应策略——对天津市两个省级组织的个案研究》，《公共管理学报》，（3）。

范明林（2010）：《非政府组织与政府的互动关系——基于法团主义和市民社会视角的比较个案研究》，《社会学研究》，（3）。

付建军、高奇琦（2012）：《政府职能转型与社会组织培育：政治嵌入与个案经验的双重路径》，《理论与现代化》，（2）。

顾建光、吴明华（2007）：《公共政策工具论视角述论》，《科学学研究》，（1）。

顾昕、王旭（2005）：《从国家主义到法团主义——中国市场转型过程中国家与专业团体关系的演变》，《社会学研究》，（2）。

黄晓春、嵇欣（2014）：《非协同治理与策略性应对——社会组织自主性研究的一个理论框架》，《社会学研究》，（6）。

姬中宪（2012）：《园区模式：社会组织发展的一种新路径——以浦东公益服务园为例》，《江苏行政学院学报》，（1）。

敬乂嘉（2016）：《控制与赋权：中国政府的社会组织发展策略》，《学海》，（1）。

敬乂嘉、公婷（2015）：《政府领导的社会创新：以上海市政府发起的公益创投为例》，《公共管理与政策评论》，（2）。

康晓光、韩恒（2005）：《分类控制：当前中国大陆国家与社会关系研究》，《社会学研究》，（6）。

——（2007）：《行政吸纳社会——当前中国大陆国家与社会关系再研究》，*Social Sciences in China*，（2）。

李健（2017）：《公益创投政策扩散的制度逻辑与行动策略——基于我国地方政府政策文本的分析》，《南京社会科学》，（2）。

刘鹏（2011）：《从分类控制走向嵌入型监管：地方政府社会组织管理政策创新》，《中国人民大学学报》，（5）。

刘伟（2014）：《学习借鉴与跟风模仿——基于政策扩散理论的地方政府行为辨析》，

《国家行政学院学报》，(1)。

〔美〕罗伯特·殷 (2004)：《案例研究设计与方法》，重庆：重庆大学出版社。

荣敬本 (1998)：《从压力型体制向民主合作体制的转变：县乡两级政治体制改革》，北京：中央编译出版社。

孙发锋 (2012)：《选择性扶持和选择性控制：我国社会组织管理体制改革的新动向》，《上海行政学院学报》，(5)。

〔美〕萨瓦斯 (2002)：《民营化与公私部门的伙伴关系》，北京：中国人民大学出版社。

王洪涛、魏淑艳 (2015)：《地方政府信息公开制度时空演进机理及启示——基于政策扩散视角》，《东北大学学报》(社会科学版)，(6)。

王名 (2007)：《改革民间组织双重管理体制的分析和建议》，《中国行政管理》，(4)。

王名、刘求实 (2007)：《中国非政府组织发展的制度分析》，《中国非营利评论》，(1)。

王名、孙伟林 (2011)：《社会组织管理体制：内在逻辑与发展趋势》，《中国行政管理》，(7)。

王浦劬、赖先进 (2013)：《中国公共政策扩散的模式与机制分析》，《北京大学学报》(哲学社会科学版)，(6)。

王向民 (2014)：《分类治理与体制扩容：当前中国的社会组织治理》，《华东师范大学学报》(哲学社会科学版)，(5)。

王世强 (2012)：《政府培育社会组织政策工具的分类与选择》，《学习与实践》，(12)。

薛泉 (2015)：《压力型体制模式下的社会组织发展——基于温州个案的研究》，《公共管理学报》，(4)。

薛泽林、孙荣 (2017)：《分层项目制：上海市推进政府购买公共服务的经验与启示》，《上海行政学院学报》，(6)。

吴月 (2013)：《嵌入式控制：对社团行政化现象的一种阐释——基于A机构的个案研究》，《公共行政评论》，(6)。

姚迈新、郭欣 (2015)：《社会组织管理体制变革：从控制到规范——基于地方政府实践的经验观察》，《探求》，(4)。

杨代福、丁煌 (2011)：《中国政策工具创新的实践、理论与促进对策——基于十个案例的分析》，《社会主义研究》，(2)。

赵秀梅 (2008)：《基层治理中的国家－社会关系——对一个参与社区公共服务的NGO的考察》，《开放时代》，(4)。

张玉强 (2017)：《从"双重管理"到"三层协同"——中国社会组织登记管理体制的重新构建》，《天津行政学院学报》，(2)。

张钟汝等 (2009)：《国家法团主义视域下政府与非政府组织的互动关系研究》，《社会》，(4)。

张紧跟（2015）:《治理社会还是社会治理?——珠江三角洲地方政府发展社会组织的内在逻辑》,《天津行政学院学报》,(2)。

朱健刚、陈安娜（2013）:《嵌入中的专业社会工作与街区权力关系——对一个政府购买服务项目的个案分析》,《社会学研究》,(1)。

朱春奎（2011）:《政策网络与政策工具：理论基础与中国实践》,上海：复旦大学出版社。

朱亚鹏、丁淑娟（2016）:《政策属性与中国社会政策创新的扩散研究》,《社会学研究》,(5)。

朱仁显、彭丰民（2016）:《公益型社会组织孵化的厦门模式——基于对“新厦门人社会组织孵化基地”的研究》,《国家行政学院学报》,(4)。

朱旭峰、赵慧（2016）:《政府间关系视角下的社会政策扩散——以城市低保制度为例（1993—1999)》,《中国社会科学》,(8)。

朱晓红（2015）:《直接登记制度改革后社会组织发展的困境与制度重建》,《甘肃理论学刊》,(06)。

周如南等（2017）:《公益创投的本土实践与模式创新——基于广州、佛山和中山三地的比较研究》,《经济社会体制比较》,(5)。

Braun, D. & Gilardi, F. (2006), "Taking Galton's Problem'seriously Towards a Theory of Policy Diffusion", *Journal of Theoretical Politics*, 18 (3), pp: 298 – 322.

Brown, L. D. & Hu, X. (2012), "Building Local Support for Chinese Civil Society with International Resources", *Voluntas International Journal of Voluntary & Nonprofit Organizations*, 23 (3), pp: 711 – 733.

Chien, S. S. (2008), "The Isomorphism of Local Development Policy: A Case Study of the Formation and Transformation of National Development Zones in Post-Mao Jiangsu, China", *Urban Studies*, 23 (3), pp: 273 – 294.

Dimaggio, P. J. & Powell, W. W. (1983), "The Iron Cage Revisited: Institutional Isomorphism and Collective Rationality in Organizational Fields", *American Sociological Review*, (2), pp: 147 – 160.

Dobbin, F., et al. (2007), "The Global Diffusion of Public Policies: Social Construction, Coercion, Competition, or Learning?" *Annual Review of Sociology*, 33 (1), pp: 449 – 472.

Mei, C. & Liu, Z. (2014), "Experiment-based policy making or conscious policy design? The case of urban housing reform in China", *Policy Sciences*, 47 (3), pp: 321 – 337.

Holzinger, K., et al. (2008), "Environmental Policy Convergence: The Impact of International Harmonization, Transnational Communication, and Regulatory Competitio", *International Organization*, 62 (4), pp: 553 – 587.

Howlett, M. & Ramesh, M. (2003), "Studying Public Policy: Policy Cycles and Policy Subsystems", *American Political Science Association*, 91 (2), pp: 548 – 580.

Liang, M. (2017), "Site Visits, Policy Learning, and the Diffusion of Policy Innovation: Evidence from Public Bicycle Programs in China", *Journal of Chinese Political Science*, (3), pp: 1-19.

Lowi, T. J. (1964), "American Business, Public Policy, Case-Studies, and Political Theory", *World Politics*, 16 (4), pp. 499-715.

Schneider, A. & Ingram, H. (1993), "Social Construction of Target Populations: Implications for Politics and Policy", *American Political Science Review*, 87 (2), pp. 334-347.

Slyke, D. M. V. & Newman, H. K. (2010), "Venture Philanthropy and Social Entrepreneurship in Community Redevelopment", *Nonprofit Management & Leadership*, 16 (3), pp. 345-368.

Volden, C. (2006), "States as Policy Laboratories: Emulating Success in the Children's Health Insurance Program", *American Journal of Political Science*, 50 (2), pp. 294-312.

Wejnert, B. (2014), "Integrating Models of Diffusion of Innovations: A Conceptual Framework", *Annual Review of Sociology*, 28 (1), pp. 101-111.

Walker, R. M., et al. (2007), "Exploring The Diffusion Of Innovation Among High And Low Innovative Localities", *Public Management Review*, 13 (1), pp. 95-125.

Zhang, C. (2017), "Nothing about Us without Us: the Emerging Disability Movement and Advocacy in China", *Disability & Society*, 32 (7), pp. 1096-1001.

Zhao, R., et al. (2016), "Understanding Service Contracting and its Impact on NGO Development in China", *VOLUNTAS: International Journal of Voluntary and Nonprofit Organizations*, 27 (5), pp. 2229-2251.

Independent Innovation and Behavioral Convergence: Evolution of Local Governments' Policy Tools for Social Organizations

Yan Kegao   Ren Binbin

[**Abstract**] Based on the goals and actions of the policy tools, the social organization policy tools are divided into mandatory, market, guided and information types. On the basis of urban nature, regional location, economic development level, past experience and the potential of theoretical improvement, this paper paper select four cities as the research object and take the case analysis and cross case comparison, which is from the study of two paths of time and space. The study found that: in time, the local government formed two kinds of social organization development models, hatch-promotion and deregulation-supervision, taking the compulsory and guidance tools as the core. Its' independent innovation provides the rationalization foundation for the top-level design and enhances the scientificity and practicability of the tools. In space, the diffusion of tools has promoted the assimilation and development of local government behavior, and the diffusion mechanism of different types of policy tools is different. The horizontal communication mechanism makes the local government imitated from easy to difficult, from low to high, and is mainly guided by tools; The social norms mechanism promotes the optimization and upgrading of market and information tools. The local government policy tool learning should combine the specific situation of the development of the social organization in the region, follow the objective law, and promote the healthy development of the social organization in an orderly way.

[**Keywords**] Self-innovation; Behavioral-convergence; Local governments; Social organization.

（责任编辑：蓝煜昕）

中国公益金融对连片特困地区扶贫问题及对策研究

李　青*

【摘要】 本文以连片特困地区为研究样本，以公益金融扶贫为主线，从公益金融的历史沿革出发，阐述公益金融扶贫的实施主体与目的以及实施效果，把多维贫困理论引入公益金融扶贫范畴展开论述，阐明了公益金融在多维贫困治理中扮演的角色，丰富了公益金融概念的内涵。在厘清公益金融扶贫理论的基础上，归纳公益金融扶贫的运作模式，接着从理论和实践的视角剖析公益金融对连片特困地区扶贫的现状和存在的问题。研究发现：税收与补贴政策、产业扶贫与公益金融对接、投资灵活性、信贷风险、制度化建设、公益组织专业人才培育是公益金融对连片特困地区扶贫的影响因素，应对症下药，消除连片特困地区的多维贫困。研究创新之处是拓展了公益金融理论，构建了公益金融与多维贫困理论相结合的理论框架，并且提出了公益金融扶贫对策，为公益金融可持续发展提供了新思路。

【关键词】 公益金融　扶贫　多维贫困

* 李青，民政部社会福利与社会进步研究所（民政部政策研究中心）博士后，钦州学院讲师。

一　研究背景与问题的提出

在21世纪世界经济发展的进程中，经济全球化面临经济增长乏力和贫困压力大的诸多困难，国外学者在研究金融与社会创新的相互碰撞中，推陈出新，衍生了金融领域的新概念——公益金融，并且肯定了公益金融对解决贫困做出的一定贡献，公益金融正被社会各界了解和践行。公益金融到底是什么呢？为什么用公益金融来解决社会贫困问题是本文研究的焦点？

公益金融的含义有不同的解释。张强、陆奇斌（2016）把公益金融解释为使用金融手段，以金融的有效资源分配方式来解决社会问题，促进资本在公益领域的流动，使资本更好地为公益事业服务。刘国宏、余凌曲（2017：1～20）指出公益金融是利用金融手段、金融模式、金融市场等，超越无偿捐赠，提高公益效率，让资本释放出美好力量，为社会带来福祉。公益金融的一端为金融回报，另一端为社会回报（尤其是解决贫困问题），维持两端平衡是社会价值与财务价值双重目标的新型财富观①，它在金融领域中以新思维、新产品、新业态、新模式，促进资本流动与社会进步。简而言之，公益金融强调公益责任，通过金融模式提高资本在公益领域的效率，驱使公益发生新变化。综上所述，学者们侧重从金融的属性来解释公益金融的概念，但是公益金融也涵盖公益属性，金融与公益不是矛盾体，而是统一体。因为公益与金融是包容关系，体现在公益金融把金融资本与金融工具引入扶贫工作，使用创新方法来解决社会贫困问题。笔者认为公益金融是指以金融工具为手段，把公益投资—资本市场—效益连接起来，发挥金融杠杆作用，引导金融资本支持公益扶贫，使公益与市场相互促进，实现经济回报与增进社会福祉的新型投资方式，推动公益创新。这种公益创新是符合我国特色经济发展要求的。

我们党和政府高度重视金融改革和脱贫扶贫工作。2015年习近平总书记在中央扶贫开发工作会议上把精准脱贫作为治国理政的重点目标。“十三五”时期我国经济社会发展的主要目标是我国现行标准下农村贫困人口实现脱贫，解决区域性整体贫困，而连片特困地区是解决区域性整体贫困的难题。全国有11

① 葛江霞（2015：31），NainaBatra认为公益金融的两端目标分别为金融回报与社会回报，偏向社会回报为慈善捐赠，偏向财务回报为金融投资。

个集中连片特殊困难地区，加上已明确实施特殊扶持政策的西藏、四省藏区、新疆南疆三地州，共14个片区，680个县。[①]

连片特困地区是弱势群体的集聚地，形成规模较大的贫困群体，是贫困多发地与高危区，其原因错综复杂，有自然灾害和水土流失的生态贫困、经济贫困、教育贫困、能力贫困等原因，因此国家每年以财政拨款的形式保障大部分人群的生活水平，但是单靠政府财力投入满足不了扶贫开发需要，社会普遍认为金融扶贫是脱贫的一剂药方。金融扶贫是宏观格局的扶贫，包涵了公益金融扶贫的子集。贫困缺失的维度是指因可行能力不足、经济参与能力以及社会机会欠缺导致贫困问题，健康、教育、环境同样导致贫困问题（阿尔基尔，2010）。公益金融把区域性精准帮扶与开发相结合，充分发挥政府、市场与社会的力量，既要解决连片特困地区因能力陷入的经济贫困，又要解决连片特困地区健康、教育、生态环境等人类发展面临的福祉问题。

公益金融实施的主体和目的。公益金融实施主体划分为政府、非营利组织与营利组织（金融机构）。政府逐步放松公益金融的门槛，政府不再是公益事业供给的单一部门而是供给主体多元发展，同时政府由直接提供公益服务转向与非营利组织、营利组织（主要是指金融机构）合作、协作与委托，而不直接干预公益金融的运行。公益金融参与主体具有目的趋同的特点。公益金融参与主体有乐善好施、消除贫困的共同目的，但是扶贫济困不是慷慨解囊，而是在多维贫困中锁定贫困根源，精准施治与脱贫，所以参与主体追求利益与目的具有一致性，归纳为相向而行—利益耦合关系。同时公益金融参与主体的利益又不尽相同，表现为参与主体恪守公益宗旨开展公益金融活动，有互惠互利的经济利益目的，所以参与主体持有的扶贫脱贫的目的相同，但期待经济回报又有差异，归纳为相向而行—利益分配关系。

公益金融扶贫的实施效果突出表现为以下两个方面。一方面，公益金融的资本作为扶贫后盾，促进区域性扶贫的可持续性。公益金融撬动资本进入连片贫困地区扶贫领域，降低贫困地区融资成本，把资本转化为贫困地区经济社会发展的资源，增强自我发展摆脱贫困的能力，扭转了当地经济落后的不利局面，产业、生态、教育、就医条件也得到不同程度的改善。另一方面，

---

① 《扶贫办关于公布全国连片特困地区分县名单的说明》，http://www.gov.cn/gzdt/2012-06/14/content_2161045.htm。

公益金融摒弃贫困群体“等靠要”的懒惰思想，公益金融项目培育贫困群体的自我发展能力，使贫困人口在教育、健康、收入、风险抵御等能力上得到提升，构成公益金融项目的启动—能力扶贫—自我积累能力—生产劳动—创造价值的公益扶贫链，长效治理“扶贫—脱贫—返贫”的贫困问题。公益金融的实施效果充分表明公益金融是解开贫困枷锁的一把钥匙，使得连片特困地区正在摆脱贫困。为此，本文着重研究从多维贫困理论引入公益金融对连片特困地区的扶贫，探究金融资本与多维贫困治理的有效衔接，补齐我国脱贫攻坚短板。

二 贫困理论引入公益金融的研究综述

（一）多维贫困理论

20 世纪中后期，诺贝尔经济学奖获得者阿马蒂亚·森提出了不再限于以经济资源的多寡对贫困下定义的观点，然后抛出了能力贫困的概念。能力贫困是多维贫困理论的基础，贫困意味着人的基本能力被剥夺，这不仅包括收入和物质，还包括居住、教育、医疗等多个维度（森，2001）。从本质上来说，贫困是一个多维度的概念，它不仅是人均收入低与消费支出不足的两个维度，而且无力支付教育费用导致教育平等权被剥夺（Bourguignon & Chakravarty，2003：25 -49）以及健康恶化导致健康治疗权利被剥夺（Bourguignon & Fields，1997：155 -175）、家庭资产低于平均水平导致生存举步维艰（Dotter & Klasen，2014）都被囊括于贫困维度之内，贫困人口自我能力提高一个级别，贫困人口就又满足了一个维度的需求（高帅，2016），所以贫困人口通过外因与提高自我实现的能力，获得基本生活保障是多维贫困理论的主要内容（Crespo & Gurovitz，2002：2 -12）。贫困被认为是一个复杂的社会现象，以收入或者消费作为一个维度不能充分反映贫困的真实状况（孙咏梅，2016：138 ~143），而多维贫困可以综合反映贫困的真实状况。

Sabina Alkire 和 James Foster（2011：476 -487）从瞄准个体的识别贫困研究中提出从经济剥夺和社会剥夺的维度来判断个体在每一个维度的贫困程度。2007 年牛津大学贫困与人类发展中心的阿尔基尔（Alkire）和福斯特（Foster）根据阿马蒂亚·森的基本能力理论，开发了按照地区、维度的分解方法（简称

A－F 模型）来测算多维贫困指数（Multidimensional Poverty Index，MPI），评价多维贫困状况。①

联合国开发计划署发布的《2010 年人类发展报告》根据健康长寿、知识的获取以及生活水平维度组成的综合指数，先测量人类发展指数中每个维度的不平等，再使用四分位法由高到低四类划分人类发展水平。在世界 169 个国家的排名中，中国位于第 89 名，是中等人类发展水平，而其他发展中国家，非洲富有的发展中国家——南非、亚洲人口第二大国——印度都位于中国后面（见表 1）。

空间分布对贫困深度有直接影响（Frame et al.，2017），Rippin，N.（2016：230－255）的研究结果表明：地理位置加上经济与社会发展水平的差距，导致一个国家不同区域存在贫富差距，只有选择某一特定的区域来研究多维贫困，才能制定出地域性的贫困措施，扩展多维贫困理论。所以本文选择连片特困地区为研究样本，遵循多维贫困的原则，针对公益金融扶贫的问题，找出脱贫攻坚对策。

（二）从多维贫困视角界定公益金融扶贫

1. 金融扶贫的研究反思

苏畅、苏细福（2016：23～27）认为金融扶贫是金融机构以市场机制为基础，从事政策性与经营性的贷款业务，对农户进行扶持，属于开发式扶贫。这一定义点明了金融扶贫对接贫困户的需求，但是侧重于金融机构的单一扶贫主体。郭利华、毛宁、吴本健（2017：26～32）认为金融扶贫是金融机构为贫困人口提供金融服务，贫困户有了这笔充裕的资金可以投入生产或者经营活动，逐步地摆脱贫困。黄琦（2018：51～56）选取金融宽度、金融深度作为衡量农村金融发展的指标，论述涉农贷款服务与农村资本市场对贫困群体的作用。国内学者的研究表明金融与扶贫互为存在，相互依赖。连片特困地区的脱贫不能单纯依赖农业银行、商业银行或者政策性银行创新金融产品和服务，还要有专属公益性质的金融产品，吸纳更多的金融资本扶贫（黄承伟等，2016）。

---

① 社科文献（2017）：《多维贫困视角下的民族地区精准扶贫》，https://www.ssap.com.cn/c/2017－06－27/1056837.shtml。

表 1　2010 年联合国人类发展报告：多维贫困指数

单位：%

人类发展指数（HDI——Human Development Index）			多维贫困人口				至少在以下一个方面存在严重剥夺的人口			低于收入贫困线人口	
			多维贫困指数	发生率	剥夺强度	多维贫困人口比例	教育	健康	生活标准	经购买力平价调整的每天1.25美元贫困线	国家贫困线
HDI	排名	国家	2000～2008年	2000～2008年	2000～2008年	2000～2008年	2000～2008年	2000～2008年	2000～2008年	2000～2008年	2000～2008年
中等人类发展水平	89	中国	0.056	12.5	44.9	6.3	10.9	11.3	12.4	15.9	2.8
	119	印度	0.296	55.4	53.5	16.1	37.5	56.5	58.5	41.6	28.6
	110	南非	0.014	3.1	46.7	3.9	3.2	8.1	10.8	26.2	22
低人类发展水平	129	孟加拉国	0.291	57.8	50.4	21.2	31.4	53.1	76.3	49.6	40.0

资料来源：联合国开发计划署，《2010 年人类发展报告》。

从传统金融与公益金融的区别来理解公益金融扶贫与传统金融扶贫的差异。传统金融是追求经济利润，附带社会责任，公益金融是经济和社会价值相统一。连片特困地区的多维度贫苦除了收入不足，还包括没有能力获得教育、健康、居住保障的基本服务，扶贫有公益责任与义务的两个特性。通常人们会把属于公益的认为是公益，而不会把整个模式认为是公益，其实公益金融具备公益和商业的两种因子（金锦萍，2017：9），慈善与商业并非水火不容，关键是良好运作，有效地解决社会问题。[①] 公益金融是金融的一个分支，属于金融范畴，也属于公益范畴，公益金融扶贫的关键是在妥当地平衡公益性和经济回报两者关系的基础上，探寻连片特困地区运用金融资本与商业运作模式，实现自给自足的脱贫方法。为此，研究视野不能仅限于金融或者公益视角，而是从金融、公益扶贫相融合的研究视角丰富公益金融扶贫的内涵。

2. 多维贫困引入公益金融扶贫

虽然学者们认同金融扶贫的重要性，认可社会组织参与扶贫起到积极作用，但聚焦于从经济贫困的单一维度来理解公益金融，缺乏系统地阐述公益金融扶贫的基本理论与方法。连片特困地区脱贫路子是用公益金融撬动金融资本投入连片特困地区，建立完备的市场机制，起到降低多维贫困的作用（刘林，2016：106～112）。

据中央农办统计，目前建档立卡贫困户中致贫原因占比由高到低排序依次为因病致贫占42.2%，因缺资金致贫占35.4%，因缺技术致贫占22.3%，因缺劳动力致贫占16.8%，因学致贫占9.0%。贫困户存在多个致贫因素[②]：留守劳动力，单身寡居、独居老人是劳动力致贫的原因；因学致贫需基础教育扶贫与能力扶贫并重；因缺技术致贫需技术教育与能力扶贫并重；因病致贫需健康医疗扶贫；因缺资金致贫需公益金融扶贫与不同类别扶贫并重。事实上，从资金来源、资金交易到资金管理都离不开金融环节。Goldstein A.（2012）从贫困与公益金融的关系角度论述了当地贫困人口借助外来资本援助，参与扶贫开发，增强自我发展能力，改变自己和本地区的困境。公益金融把信贷资金转化为贫

① 徐永光（2015）：《商业与公益并非泾渭分明、水火不容》，http://www.icixun.com/2015/1104/5212.html。

② 韩俊（2016）：《关于打赢脱贫攻坚战的若干问题的分析思考》，http://www.cirs.tsinghua.edu.cn/zjsdnew/20160903/1881.html。

困地区生产实践与创造财富，同时公益性的金融服务又转化为公益投资收益，被称为贫困转化的金融工具（Roy，2010：109－112）。公益金融是从收入减贫、能力减贫（教育、健康、居住保障）、生态减贫的多维度识别连片特困地区的贫困现状，使用公益金融工具，引入社会资金，拓宽特困地区扶贫建设的筹资渠道，促使公益金融进入良性扶贫的公益轨道，实现投资回报和社会效应两者的结合。

（三）公益金融在多维贫困治理中扮演的角色

从三个维度来理解公益金融在多维贫困治理中扮演的重要角色。一是公益金融突出多维贫困的能力扶贫功能，扮演强化能力扶贫的角色。俗话说“烂泥扶不上墙”，光有资本输入，依靠救济过日子无法达到真正意义上的脱贫。公益金融通过公益金融工具，使公益金融项目得到可持续的资源积累，贫困地区与贫困群体获取这一重要的金融资源，持续性地进行整体改造与自我发展，保障当地的脱贫权利（环保、健康、环境等）以及提升贫困群体的基本能力（技能与知识），把被动扶贫变为主动脱贫。二是公益金融的角色定位是在多维贫困治理中政府扶贫的有益补充。公益金融是除财政扶贫之外，社会力量加入或者执行扶贫开发行动，提供专业化的公益服务主体。三是公益金融扮演扶贫资金供给角色，资本是公益慈善活动的血液，一旦血液供给出了问题，扶贫资金出现缺口，扶贫事业将会停滞或者缓慢，资本供给关乎扶贫事业发展。资本在扶贫领域不断循环流动，流通过程中产生保值增值，提高了公益资产收益率，保障了扶贫资金稳定性。

（四）连片特困地区的公益金融扶贫模式

公益金融扶贫模式以多维贫困的能力扶贫为基础，利用金融工具，盘活公益资产，为扶贫开发提供经济支持，以期实现扶贫目标。公益金融扶贫的主要模式：公益信托、公益性小额贷款和公益债券。它们的出发点是以公益为主旨，最终目的是把资金投向贫困地区的扶贫项目，只是由于金融产品有各自的运作流程，所以每种公益金融扶贫运作模式有所不同，以下分别介绍常见的公益金融扶贫模式。

其一，公益信托扶贫模式。

1601年英国《慈善用益法》（*Statute of Charitable Uses*）开始将信托技术运用于慈善事业立法中，并逐渐形成了公益信托（Charitable Trust）。公益信托是以扶危助困为宗旨，把信托财产投资收益用于公益目的，兼具公益与金融的双重功能（刘佳，2016：129～150）。2001 年我国实施的《中华人民共和国信托法》有专门一章是用法律规范公益信托，但由于各种原因并未引起很大的反响，公益组织收入仍然依靠社会捐赠或者政府补助。2004 年国务院颁布的《基金会管理条例》第 29 条规定，公募基金会每年用于从事章程规定的公益事业支出，不得低于上一年总收入的 70%；非公募基金会每年用于从事章程规定的公益事业支出，不得低于上一年基金余额的 8%，基金会陆续参与公益信托。公益投资出现转折是 2016 年 9 月 1 日我国实施的《中华人民共和国慈善法》（以下简称《慈善法》），本法第五章对慈善信托作了专门规定，其中第 44 条指出慈善信托属于公益信托，是指委托人基于慈善目的，依法将其财产委托给受托人，由受托人按照委托人意愿以受托人名义进行管理和处分，开展慈善活动的行为。公益信托与慈善信托都是公益性质的信托，公益性质的信托决定了投资活动产生的收益用于非营利领域的项目。公益信托是广义的公益类信托，慈善信托是狭义的公益类信托，这两种信托的扶贫运作过程基本上一致。本文所指的公益信托是泛化的概念，包括了慈善信托。公益信托扶贫运作模式如图 1 所示。

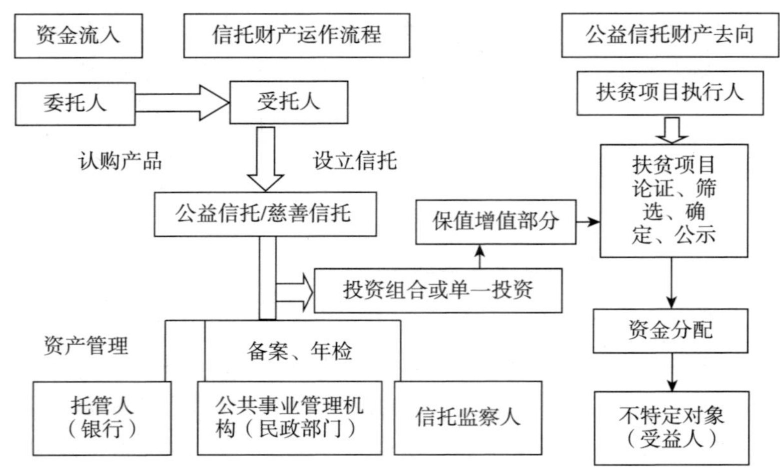

图 1　公益信托/慈善信托扶贫运作模式

公益信托的资金来源于委托人，委托人可以是公益组织、公益人士、信托企业、政府，委托人与受托人达成协议，由信托公司作为受托人对公益财产进行专业化管理与运作。受托人根据公益财产的使用权限，设立公益信托，运用不同金融资产进行投资组合或者选择单一的金融产品投资，使资产在运作过程中产生收益。公益信托除了支付给受托人管理费用和其他正常费用开支，其余收益投入扶贫项目，由扶贫项目执行人对扶贫项目进行论证、筛选、确定资助项目，从专项的信托资金划拨到资助项目，贫困地区为受惠地区，贫困人口为受益对象。

其二，公益性小额贷款扶贫模式。

小额贷款起初是应传统农业对资金的需求而产生的。对于小额贷款的需方而言，贫困家庭因流动资金周转不足而犯愁，小额贷款帮助他们筹措到农耕种植所需的资金，及时购买到农耕生产的必需品。对于金融机构而言，信贷管理决定了金融机构发放小额贷款的资金回笼，为金融机构获取安全投资回报。如今，公益性小额贷款是为弱势群体和弱势贫困地区提供金融服务，但是不同的机构筹资渠道不同，NGO或社会组织主要通过捐赠或者机构来筹资，而正规金融机构则依赖存款筹资（范璟，2010）。非营利组织与其他机构的小额贷款最大的区别是有明确筹资目标，这个目标就是实现非营利组织的社会使命。公益组织的小额贷款扶贫模式流程如下：经民政部门注册登记的公益组织向扶贫群体提供小额贷款服务，作为资金供给端，公益组织根据公益性小额贷款申请人递交的申请材料，对申请人进行资格审核，然后向申请人发放小额贷款，定期地了解贫困人口脱贫能力，必要时提供其他服务，资金需求者不仅得到资金帮扶，还得到其他公益服务，尽早脱贫。

其三，公益债券扶贫模式。

贫困人口分布在欠发达地区，由于贫困地区特殊的社会经济特征，消除贫困任务艰巨。政府调动社会力量参与扶贫开发，允许发行扶贫债券，把债券用于贫困地区的公益项目。公益的本质是扶贫济困，扶贫债券的根本目的是解决贫困问题，所以扶贫债券也称为公益债券。

公益债券扶贫的运作模式，如图2所示。债券发行方推出公益债券时，公益债券已指明募集资金的用途是投向贫困地区的公益项目，不允许更改，并且要设置扶贫专项账户。债券发行方可以自行发行债券，也可以找债券承销商作为代理发行人发行债券。投资方按约定的债券条件，购入扶贫债券，成为债权人，而融资方把筹集的扶贫资金用于提高贫困地区或贫困人口的可行能力项目，并且定期披露专项扶贫的财务状况及扶贫成果。公益债券到期，融资方履行到期还本付息的责任，债券持有方获得投资本金加利息。

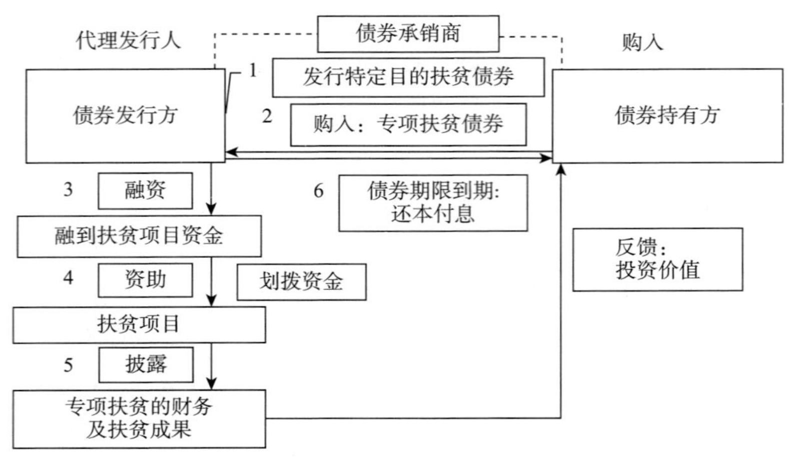

图 2　公益债券扶贫的运作模式

三　公益金融对连片特困地区扶贫现状

（一）公益金融对连片特困地区的医疗扶贫

连片特困地区因病致贫、因病返贫是阻碍脱贫的顽症，究其原因是连片特困地区的经济基础薄弱、地方财政收入困难，政府资金无法及时跟进，而解决财政自给率低与医疗公共服务需求之间的矛盾需要公益金融补充资金。公益金融是医疗公共服务资金流入的渠道，能更好地在医疗公共服务发挥作用，改善连片特困地区群众就医环境。2014 年，经湖南省人民政府授权，湖南省卫计委与湖南信托联合推出“湘信 · 善达农村医疗援助公益信托计划”，期限为五年，计划捐赠 500 万元，定向专门用于武陵山片区、罗霄山脉等贫困地区农村医疗卫生建设。[①] 这个开放式公益信托计划职责分明，双方共同制定管理规则，委托方、受托方、援助方以协议规范资金管理、公益工程验收与评估，在此框架下有效地约束了关系利益人，保障了公益信托的公益功能不变质。

（二）公益金融对连片特困地区的农业产业扶贫

产业扶贫资金供求矛盾日益突出，归根结底就是产业扶贫资金不够多，而公益金融把资金引到扶贫领域，在一定程度上缓解了资金供求矛盾。农业银行、

① 《N + 1 精准微扶贫农村医疗援助计划》，http://zt.rednet.cn/c/zt/45462/。

农业发展银行、农村信用社对连片特困地区的农业扶贫相对较早；随着金融业的逐步开放，邮政储蓄银行、村镇银行作为后发之力，不断推出为农业的公益金融产品，大多数都集中在农业产业扶贫的领域。以往对某个贫困山区的扶贫，分散了扶贫资金，难以实现成片的扶贫效果，为此公益金融把产业扶贫资金用活，夯实产业基础，扶持区域农业优势产业集群，使其达到集群经济规模。产业扶贫过去通常是扶贫农发办、合作社、金融办等相关部门牵头，将社会资本引向产业扶贫开发，2017 年由中国信托业协会组织发起的首单支持银监会定点扶贫工作的慈善信托是产业扶贫的公益创新范例。

（三）公益金融对连片特困地区的其他产业扶贫

连片特困地区自然禀赋不一，产业基础存在差异，根据当地的自然资源和先天优势，发展特色产业，以致公益金融对原来单一的农业产业扶贫转向精准产业扶贫，培育脱贫的支柱产业，大面积减少连片贫困地区的贫困户，脱贫效果显而易见。国家开发投资公司与财政部、中国烟草等联合发起贫困地区产业发展基金，以武陵山区、乌蒙山区、滇桂黔石漠化区等集中连片特困地区为扶持对象，发展区域产业扶持项目。国家开发投资公司作为公益金融的投资方有资本与能力，而这些恰恰是连片特困地区产业赖以发展的经济条件。

（四）公益金融对连片特困地区的教育扶贫

十八大以来，党和国家领导人多次强调“治贫先治愚”“扶贫必扶智”“发展贫困地区教育阻止贫困现象代际传递”。这些话语反映了贫困的根源在于愚昧，而愚昧的根源在于知识储备不足，说到底，“贫”“愚”“智”的根源在于教育。2012 年之后国家财政性教育经费占 GDP 比例连续五年保持在 4% 以上①，2016 年全国教育经费总投入为 38866 亿元，比上年增长 7.57%。② 从数据上看，国家财政性教育经费投入保持平稳增长态势，增长幅度不大，然而这些财政性教育经费投资不仅包括连片特困地区，还包括大中城市、近年来刚脱贫的贫困县，为此重点解决连片特困地区教育问题刻不容缓，而公益金融是拓宽教育经费来源渠道，保障连片特困地区群众平等接受教育，促进基本公共教育服务均

① 胡浩（2016）：《我国国家财政性教育经费占 GDP 比例连续 4 年超 4%》，http://www.gov.cn/shuju/2016-11/10/content_5131034.htm。

② 《2016 年全国教育经费总投入 38866 亿元，同比增长 7.57%》，http://www.gov.cn/shuju/2017-05/05/content_5191032.htm。

等化的重要方式。教育扶贫出现以下两种情况。一是政府助推。新疆助学公益信托不仅是首单由深圳市政府与新疆维吾尔自治区政府共同合作而设立的，而且是由发达城市对落后地区的对口教育支援，把初始信托资金1亿元交由平安信托进行信托运作，从2002年起，截止到2015年，每年累计回报收益达9189.7万元，收益部分捐给新疆维吾尔自治区教育厅，用于资助贫困学子①，是先富带后富的公益典范。二是民间助推。金融机构、基金会选择独自或者合作的方式推出公益金融培训，培训内容有金融防范、惠农金融政策、网上支付工具、基本的金融法律等，使得参与培训贫困户受益，越来越多的贫困户开始接纳公益金融，社会各界也对公益金融有包容性的认识。

（五）公益金融对连片特困地区的生态扶贫

连片贫困地区脆弱生态环境与经济贫困同时并存，并且脆弱生态环境是导致贫困代际传递的致命原因，但是公益金融介入连片特困地区生态保护的个案不多，但不乏典型案例。例如：万向信托推出的“中国自然保护公益信托计划”与“善水基金1号事务管理类集合财产信托”（简称“善水基金1号”）、国元信托推出的“沙堰希望小学改水工程”（简称“改水工程”），其中“改水工程”公益信托资助安徽省六安市金寨县的沙堰希望小学，而金寨县属于我国连片贫困地区的大别山区，其贫困也是恶劣的自然环境所致，用公益信托投入资金来治理改造恶劣的自然环境。

（六）公益金融对连片特困地区的救灾重建扶贫

2008年“5·12”汶川地震，四川省受灾范围广，灾后重建的当务之急是为学生提供校舍，恢复上学秩序。“中信开行爱心信托”定向用于重灾区的绵阳市平武县建设小学援建，帮助秦巴山区学生尽早恢复上课，并且受益范围扩大到四川的其余县，捐建100所“宋庆龄爱心图书馆”，使每个学生得到上学机会与均等的教育条件，所以被称作灾害类公益信托。2013年我国又发生了雅安芦山地震，由于之前有过灾害类公益信托的经验，这次地震后，信托企业不再是各自独战，而是由信托行业以行业的名义发起设立筹资类公益信托。这次公益信托可以说是一个联盟，信托行业汇集业内的各方资源，提升了救灾的规模效益。

---

① 《平安信托首创“公益+金融”模式》，http://www.yicai.com/news/5387693.html?_da0.039837147734003375。

（七）公益金融对连片特困地区的易地搬迁扶贫

极端天气、自然灾害频繁和不可抗力等因素造成贫困，居民需要易地搬移，但是扶贫搬迁耗资动辄上亿元，安置点房屋建设及附属设施的建设周期长，债券无疑成为地方政府、银行、企业首选的扶贫金融工具。债券发行的方式不一，企业发行的扶贫债券通常选用非公开发行的方式，债券类别为企业债/公司债的期限通常较长，有不少扶贫债券超过 5 年以上，视项目进程而分期发行。四川省泸州市叙永县、古蔺县位于国家连片贫困区的乌蒙山区，易地扶贫搬迁人口 214.83 万人，涉及搬迁户 70.22 万户①，由管辖两个县的泸州市企业以非公开的方式发行项目收益债券，筹集资金 5 亿元，利率 4.3%，债券期限为 10 年，计划分为四期发行，总额度 20 亿元（李龙俊，2016：1）。国家连片特困区的秦巴山区四川广元市苍溪县、武陵山区湖北宜昌市五峰土家族自治县也采用同样的扶贫债券解决易地扶贫搬迁的问题。扶贫债券用于安置房建设及配套设施建设，优化群众居住环境。

四　公益金融对连片特困地区扶贫问题

2016 年我国全年接收款物捐赠共计 1392.94 亿元，平摊到每个人身上，约为 100 元②，然而公益金融尚未有确切的统计数据，其数量和总量仍然无法超过传统公益的数量，但是不少单笔公益金融的投资额过百万元、受益人群也广。公益金融作为公益新生事物，在饱受争议过程中发展起来，褒义评价比以前多，但也存在漏洞与不完善之处，主要表现在以下几个方面。

（一）税收政策对公益金融扶贫的支持力度问题

《中华人民共和国企业所得税法实施条例》收益和营运结余主要用于符合该法人设立目的的事业，扣除所得税；《关于非营利组织免税资格认定管理有关问题的通知》规定非营利组织的财产及其孳息不用于分配是免税的必备条件。《中华人民共和国企业所得税法》规定企业发生的公益性捐赠支出，在年度利

① 《我省首创、全国首支易地扶贫搬迁项目收益债券成功发行》，http://www.sc.gov.cn/10462/10464/10465/10574/2016/9/21/10396628.shtml。

② 罗争光（2017）：《中国慈善联合会：我国 2016 年捐赠总额 1392 亿元　相当于每人捐赠 100 元》，http://www.xinhuanet.com/politics/2017-11/02/c_1121897594.htm。

润总额12%以内的部分，准予在计算应纳税所得额时扣除。由现行税法可看出，非营利组织的公益金融得到支持的力度比企业得到支持的力度大，企业作为公益慈善事业的捐赠人可以在规定的范围内免税，而作为公益金融参与主体，公益投资收益缴纳所得税，公益金融投资的收益部分不能免税。事实上，企业，特别是金融机构是公益金融的重要主体，从公益金融产品的公益类信托来看，企业参与公益类信托的个数是最多的，多支公益信托涉及培训、健康、助学等扶贫项目，这支社会力量对扶贫贡献作用举足轻重。税收优惠政策既要扶持非营利组织，又要充分考虑到其他社会力量的作用，将公益金融的扶贫类别与税收类别挂钩，应当实施分门别类的税收优惠政策，调动社会各界的积极性。

（二）补贴政策对公益金融扶贫的支持力度问题

公益金融的补贴只限于某种类型，比如：公益债券与公益性小额贷款。不同公益金融产品的补贴内容各有不同，关键是提高扶贫补贴的效率。目前公益金融补贴效率不高的原因是没有经过系统化的阶段性的能力扶贫考核就发放补贴，造成激励性不足；没有按照扶贫类别设置可补贴倍数，造成救灾、生态、安全居住等扶贫开发不均衡发展；公益金融对弱势群体扶助存在不可避免的意外风险，缺少有效的补偿办法。

（三）产业扶贫与公益金融对接的问题

公益金融对产业扶贫的投入不够，连片特困地区产业投资周期长、成本高、见效慢，加上公益组织参与产业扶贫的各项政策相当滞后，公益组织一旦参与产业扶贫就需要承担较高的风险。公益组织大多数时候会选择小规模产业扶贫，而大规模产业扶贫由企业来运作。事实上，公益组织从事产业扶贫，通常自始至终秉持公益性原则，而企业从事大规模产业扶贫，尤其是特色小镇的扶贫建设项目，有待政府出台监管措施来规范企业的公益投资活动。

（四）公益金融扶贫存在信贷风险问题

在公益金融发展不成熟阶段，信用评级规范是非专业的公益投资者收集信息与认知的必备渠道。政府并未出台公益金融的信贷风险管理措施，公益金融投资者没有可供参考的公益金融信贷评级指南，阻碍了公益金融的扶贫与发展。

公益组织意识到公益金融有投资风险，一些公益组织只看到公益金融有投资风险的一面，排斥公益金融风险，而忽视了公益金融带来的回报，选择了放弃投资机会。然而，公益组织在公益金融中的成功案例说明公益组织可以趋利避害，关键是要有一套行之有效的风险管理制度。一些慈善组织出台的风险管理只注重事前风险防范，主要通过理事会、监事会、投资咨询委员会表决公益金融投资决策，以此降低风险，却忽略了公益金融扶贫项目进展过程中财务风险控制以及到期无法收回投资资金时，减少损失的措施。比如，公益性小额贷款因鼓励连片特困地区群众具备自力更生的能力，所以门槛相对不高，存在一定的风险；中小型基金会的小额贷款由于缺乏规范的风险管理，发生坏账率略高，而大型基金会由于有一套资金管控规则，所以坏账率相对较低。

（五）公益金融扶贫的投资灵活性问题

公益组织章程有一个固定的投资比例，未设置一个浮动的比例范围，相当呆板，可操作性差。随着公益组织规模扩大，公益组织投资不再局限于原先的公益投资比例，即由原来小规模的公益项目投资转向中等规模的公益项目投资或者原先中等规模的公益项目投资转向大规模的公益项目投资，造成公益组织无法在原先的比例内适当调高比例基数，所以公益组织的投资灵活性差。

（六）公益金融扶贫制度不健全

公益金融监管机构相当分散，民政部门管理慈善组织；银监会管理信托公司，进行金融资产管理、资本监督；民政部门与财政部门审查财务状况及资金去向。分割管理容易造成监管漏洞，不法分子有机可乘。比如，公益信托只规定在公益事业管理机构登记，没有明确指明是民政部门，但是慈善信托属于公益信托，只有慈善信托明确要求在民政部门备案；基金会也要求在民政部门备案，目前尚未要求基金会运作的公益性小额贷款必须备案。社会大众对公益金融扶贫项目的合规性以及风险情况不甚了解，登录有关部门的网站查询备案与信用状况成为社会大众了解公益金融扶贫项目概况的途径，不过当前公益金融备案系统没有建立，仅能在某个部门查询到某一项公益金融的备案信息，有些信息甚至不够完整。

公益金融缺乏规范的制度规定，有关规定过于笼统。大多数公益金融制定的相关文件，根据公益金融的种类来划分，相当分散。公益信托有法律依据以及相关配套政策，相对完整且具体，而其他金融产品的规定笼统。例如在信息披露的透明度方面，目前除了公益信托之外，大多数公益金融扶贫项目对当年发生的公益资产事务处理情况与财产状况报告的要求不严；在公益金融项目终止时，对公益金融资产清算报告的要求也不严。不是每一种类型都有架构设计来划清双方职责，所以公益金融扶贫存在透明度管理不严的问题。

随着公益金融的发展，目前我国没有一部针对公益金融的专门立法或管理条例，没有把公益金融参与方、公益金融市场以及公益金融业务建立机制纳入法治化轨道及制度化轨道。由于公益金融没有法律体系与制度体系来维护相关者的合法权益，一旦公益金融发生经济纠纷，只能使用其他法律条文来解释，责任认定存在盲点，所以公益金融的法律制度有待日臻完善。

（七）公益组织专业人才的培育问题

不同类型的公益组织在公益金融投资中存在以下突出问题：实力相对较弱的基金会由于经济能力有限以及不了解公益金融运作业务，无从下手，也不敢冒风险，公益金融资金没有发挥应有的增值作用；实力中等的基金会没有制定公益金融投资的组织章程，不敢对公益金融项目进行投资增值；实力相对较强的基金会尽管有参与公益金融扶贫，但是大多数基金会只限于单个公益金融产品，而没有对公益金融资产进行多样化的公益投资。公益组织之所以存在这些问题，根源有内部和外部两方面。内部因素是公益组织内部人员对公益金融了解甚少或几乎不了解，一部分公益组织缺乏对员工在这方面的职业素养培训，而是选择契约的关系，把公益金融的具体运作交由金融机构，很少过问金融机构的公益金融运作进展；外部因素是政府为公益组织负责人提供的学习资源不够，公益组织负责人的学习意识不强。

五　公益金融对连片特困地区扶贫对策

公益金融目前需要政府“有形的手”与公益市场“无形的手”共同推动，只有“政策+市场”双轮驱动，才能完善公益金融市场体系。

（一）税收政策

公益金融处于初级阶段，减税不是最终目标，而是为了激发社会各界参与到扶贫工作中，在短期内促进连片特困地区的经济增长。

建议一：出资方与受托方是金融机构或者企业，出具民政部门登记的公益金融信息，依据出资方与受托方当年经营公益金融产品总份数与资金总额，根据企业所得税标准（25%），划分出资方与受托方的减税等级，出资方减税幅度控制在10%以内，受托方减税幅度控制在5%以内。

建议二：公益金融用于受灾重建后的校园、校舍、图书馆，资助受灾地区的贫困学子，教育费附加费在规定的抵免限额内抵免。按公益金融产品的时间长短，抵免时间始于公益金融产品发行，抵免时间终止于公益金融产品结束。假若公益信托是永续型，抵免时间超过5年，抵免减半；假若公益债券为分期，每一期结束为一时段，超过三个期，抵免减半。基金会成立的小额贷款项目（例如：中和农信）在受灾后的两年内贷款给有子女上学的受灾贫困户可以享受教育费附加费减免。

建议三：若受益地区是所在的乡村，融资方与投资方的城市维护建设税可以免征；如若受益地区是所在的县城和镇，城市维护建设税可以税额抵扣，税额抵扣额度在投资额的一半以内，视开工到竣工的时间长短，抵扣期限为工程的前期和中期。

减税方案目前是减法，名义税率下降，但是从长远来看，公益金融从初期阶段稳步走向成长阶段。而我国贫困人口2020年全面脱贫，为了阻断贫困恶性循环，延迟到2020年全面脱贫的第三年，公益金融的税基逐步上调，扣除或抵免政策同步取消。

（二）补贴政策

公益金融扶贫厘清补贴对象、补贴数量、补贴范围、补贴环节，对外公示补贴情况，防止钻漏洞、冒领补贴，要达到精准扶贫。

第一，激励性补贴。激励性补贴遵循“先达标、后补贴”的原则。针对公益金融方式的生态扶贫、医疗卫生基础设施扶贫、灾后重建公共基础设施扶贫，把整个扶贫建设时间按1/2划分，每个阶段，视前期阶段的审核效果，拨付专项补助经费。扶贫先扶智，发掘人的潜能，连片贫困地区教育扶贫可以试行激励性补贴。偏远山区的贫困户居住分散，文化水平不高，可把这些贫困户聚集在一起，以班级为单位举办公益金融培训。培训课堂要用简单的语言表述金融知识，做到通俗易懂。依每个人掌握的技能不同，划分能力培训的类别以及制定不同类别的短期、中期与长期的培训成效考核指标，根据考核结果按比例划拨资助金额。如果实际效果超过预期效果，经过审查，后期资助资金给予相应的绩效奖励。

第二，公益金融补贴指标。对于补偿经费倍数计算包括几个方面：生态补偿倍数考虑生态育林产值、水资源修复投入与产量比率；医疗卫生补偿倍数考虑医疗卫生机构投入与产出比率；灾后重建公共基础设施补偿倍数考虑成本支出与产出成果。省政府组织有关的负责部门，根据自身的财政收支状况，参考以上指标，编制补偿费用倍数。

第三，损失补偿办法。公益组织给连片贫困地区的残疾人、留守妇女、建档立卡贫困户一笔小额贷款，用于贫困户能力扶贫，若由于不可抗力、大病治疗、意外事故、子女考上大学原因导致贫困户资金周转困难，公益组织的资金无法回笼，可以申请补助费，补助费在当年公益组织计提坏账准备总额的浮动范围5%以内。

公益金融注重补贴效率，随着公益金融市场规模的扩大，并且脱贫任务已完成，公益金融扶贫的补贴政策逐步退出。

（三）产业政策

公益金融开发连片特困地区的特色小镇需要政府引导市场主体，健全特色小镇的投资机制，防止特色小镇产业变相过度追求商业化与偏离公益投资的脱贫初衷。公益金融对特色小镇扶贫的工程需要在当地民政部门备案，同时政府在生态用地、财税、融资方面给予政策性支持，并且起草市场退出清单内容。在生态用地方面，保障特色小镇的生态环境，注重集约型用地、合理规划用地需求，杜绝激进的房地产开发。在公益扶贫方面，一旦发现改变公益扶贫性质，政府可以停止这项公益投资，并进行审查与纠正。对于违令不纠正的参与方，政府按照退出清单，令其退出特色小镇产业扶贫建设。

（四）信贷风险措施

信贷评级政策。经中国人民银行、国家发改委的有关部门批准，授予信用评级资质的知名企业，例如上海新世纪资信评估投资服务有限公司是被民政部授予4A级基金会的中国金融教育发展基金会，与中国人民银行是主要股东。专业性评级机构有专业的评级专家团队、相对科学的评级方案，以便投资者进行债券投资决策，降低违约风险的发生概率。一般债券评级的主要内容是债券项目级别、主体信用等级以及评估未来的价值，但是公益性债券有公益的印记，所以不能单纯只看上述信用评价指标。这意味着债券除了关注偿还债券能力指标、安全性指标，还需要添加公益评价指标，公益评价指标包括公益政策指标、公益能力指标、公益承诺指标。我国信用评级处于初期发展阶段，公益债券评级结果不仅需要在评级企业的网站上公布，并且需要在有关部门登记备案，录入数据信息库，以便追究恶意造假、不尽责的相关负责人。

审定公益性小额贷款资格办法。中国银行保险监督管理委员会应当列出公益性小额贷款机构的资格名单，政府做好小额贷款的引导工作，帮助当地群众区分商业性小额贷款与公益性小额款。

公益组织风险管理。风险管理是一项专业化管理，仅靠公益组织章程规定的会议表决仍无法完全解决风险问题，需要有专门的预防与化解风险管理的措施，包括发现风险、分析风险和评估风险。

（五）投资变更政策

生态环境保护、易地搬迁、救灾重建的公益信托与公益债券投资比例数额比较大，公益组织章程需要明确这两类公益金融产品的投资比例，并在基准比例的基础上，设立一个浮动比例范围，既可预防金融收益风险的不确定性，又使投资具有灵活性。随着公益组织的实力与日俱增，原先的投资比例已不能满足公益组织发展需要，公益组织修改章程的投资比例需要符合《慈善法》规定的慈善组织的重大投资方案应当经决策机构组成人员三分之二以上同意，并且经民政部门委托的第三方部门提交三年内的财务报表、公益投资项目清单等资料，经审查通过后，资产状况、权益状况、偿债能力的三个指标达到合格级别，方可实施。

（六）推进制度化建设

行政管理制度。政府应当行使行政权力，拟定出台公益金融的管理办法和管理条例，健全备案制度，明确委托人、受托人、受益人等主体担任的角色以及权利和义务，做到有制可依、有规可循，维护公益金融秩序；政府部门依照权限，审核参与主体的公益金融资金使用、分配与清算，对公益金融业务和活动进行监督，对事态严重的公益金融案例成立专项调查组。

政府部门合作。公益金融的治理不能单靠一个行政部门，而是行政部门与执法机构通力合作整治非法社会组织。执法队伍打击以扶贫名义进行非法集资或者借扶贫名义扭曲公益本性的违法行为。为了长期有效地治理公益金融乱象，执行法律、法规职能的权利能力和行为能力的行政机关联合制定规范性文件，明确行为效力和责任制度。

信息公示制度。公益金融产品参照公益信托的主要内容，公示内容包括公益目的、资金管理与运用、风险控制措施、到期收益分配、受益地区。

法制化。行政权是执行权，执行立法任务，所以公益金融需要法治化，但是立法是一个过程，当前做好公益金融的前期准备，逐步推进公益金融法制建设。

（七）培育公益组织专业人才

培育分为对外培训与对内培训。在对外培训上，民政部门对公益组织负责人进行公益培训，强化公益组织的公益责任、法律责任、财务管理责任，提高遵纪守法的自觉性。在对内培训上，公益组织对内部员工进行职业培训，让员工懂得公益金融的基本运作概况，具有资产管理与扶贫开发能力、防范金融系统风险和非系统风险能力，才能把握投资机遇，规避风险；提高员工的职业素质。

六 结论

回顾国内外研究现状，厘清公益金融概念，把多维贫困理论引入公益金融含义，使公益金融与扶贫合二为一，构建公益金融扶贫的理论框架，论述公益金融开启互惠型的扶贫模式，阐述公益金融对连片特困地区扶贫运作的现状，剖析当前存在的突出问题，以激励、开放与制度为核心内容，从税收政策、补贴政策、产业政策、信贷评级政策、投资变更政策、制度化建设、培育公益组织专业人才七个方面探讨公益金融对连片贫困地区的精准扶贫措施，保障我国公益金融有序运作，促进连片贫困地区的公益金融持续、健康发展。

参考文献

〔印〕阿玛蒂亚·森（2001）：《贫困与饥荒——论权利与剥夺》，王宇、王文玉译，北京：商务印书馆。

陈烨煌等（2016）：《中国贫困村测度与空间分布特征分析》，《地理研究》，12，第2298～2308页。

范璟（2010）：《杜晓山解读：中国公益小贷机构三大困局》，《21世纪经济报道》。

葛江霞（2015）：《公益金融是新机遇下的“公益＋”》，《社会与公益》，10，第31页。

高帅（2016）：《贫困识别、演进与精准扶贫研究》，北京：经济科学出版社。

郭利华等（2017）：《多维贫困视角下金融扶贫的国际经验比较：机理、政策、实践》，《华南师范大学学报》（社会科学版），4，第26～32页。

黄承伟等（2016）：《连片贫困地区区域发展与扶贫攻坚县、村级实施规划的编制方法》，北京：经济日报出版社。

黄琦（2018）：《基于空间视角的中国农村多维贫困及金融反贫困效应研究》，《金融理论与实践》，3，第51～56页。

金锦萍（2017）：《金锦萍：企业公民是通晓公益的商业体》，《公益时报》，第9页。

刘国宏、余凌曲（2017）：《公益、金融与善经济》，北京：中国经济出版社。

刘林（2016）：《边境连片特困区多维贫困测算与空间分布——以新疆南疆三地州为例》，《统计与信息论坛》，1，第106～112页。

刘佳（2016）：《经济法视野下的公益信托及其运行机理》，《经济法学评论》，2，第129～150页。

李龙俊（2016）：《全国首个易地扶贫搬迁项目收益债在川发行》，《四川日报》，第1页。

苏畅、苏细福（2016）：《金融精准扶贫难点及对策研究》，《政策研究》，4，第23～27页。

孙咏梅（2016）：《中国农民工多维物质贫困测度及精准扶贫策略研究》，《学习与探索》，7，第138～143页。

〔英〕萨比娜·阿尔基尔（2010）：《贫困的缺失维度》，刘民权、韩华为译，中国：科学出版社。

张强、陆奇斌（2016）：《中国公益金融创新案例集》，北京：中国社会科学出版社。

Alkire, S. & Foster, J. (2011), "Counting and Multidimensional Poverty Measurement", *Journal of Public Economics*, Vol. 95, Issue 7 – 8, pp. 476 – 487.

Bourguignon F. & Chakravarty S. R. (2003), "The Measurement of Multidimensional Poverty", *The Journal of Economic Inequality*, Vol. 1, Issue 1, pp. 25 – 49.

Bourguignon F. & Fields G. (1997), "Discontinuous Losses from Poverty, Generalized p_a Measures, and Optimal Transfers to the Poor", Journal of Public Economics, Vol. 63, Issue 2, pp. 155 – 175.

Crespo & Gurovitz (2002), "A Pobreza Como Um Fenômeno Multidimensional", *Rae Eletrônica*, Vol. 1, No. 2, pp. 2 – 12.

Dotter C. & Klasen S. (2014), "The Multidimensional Poverty Index: Achievements, Conceptual and Empirical Issues", *UNDP Human Development Report Office Occasional Paper.*

Frame, E., et al. (2017), "Measuring Multidimensional Poverty among Youth in South Africa at the Sub-National Level", *Saldru Working Paper.*

Goldstein A. (2012), *Poverty in Common: The Politics of Community Action during the American Century*, Durham: Duke University Press.

Rippin, N. (2016), "Multidimensional Poverty in Germany: A Capability Approach", *Forum for Social Economics*, Vol. 45, pp. 230 – 255.

Roy A. (2010), "Poverty Capital: Microfinance and the Making of Development", *Environment and Planning D Society & Space*, Vol. 45, Issue 1, pp. 109 – 112.

Sabina A., James F. (2011), "Counting and Multidimensional Poverey Measarement", *Tournot of Puonz Economics*, Vol 5. Zssues 7 – 8, pp. 476 – 487.

Social Finance and Poverty Alleviation in Linked Poverty Areas: China's Problems and Countermeasures

Li Qing

[**Abstract**] The poverty alleviation of the concentrated contiguous destitute areas as the sample of the research, social finance in poverty-relief as scheme, beginning from the historical evolution of social finance, implementation subject, purpose and effect are analyzed in this paper. The paper introduces the theory of multidimensional poverty into social finance in poverty-relief and illustrates that social finance in poverty alleviation plays role in multidimensional poverty to enrich conception of social finance. On the basis of the theory of social finance in poverty alleviation, the operating models of social finance in poverty alleviation are explained and the present situations and problems of social finance in poverty alleviation are analyzed by theory and practice. This paper finds that tax and revenue policy, poverty alleviation in industry, investment flexibility, risk of finance credit, institutions, and cultivation of professional talents in non-profit organization are impact factors of social finance in concentrated contiguous destitute areas. So according to these factors, some measures are used to eliminate multidimensional poverty. The innovation of this paper is to broaden theory of social finance for establishment a theoretical framework between social finance and multidimensional poverty and propose solution of social finance in poverty alleviation for a thought of sustainable development of social finance.

[**Keywords**] Social Finance; Poverty Alleviation; Multidimensional Poverty

（责任编辑：张潮）

基于使命和宗旨视角的科技社团能力要素模型构建*

吴　迪　邓国胜**

【摘要】 科技社团需要一定的能力来保证其使命和宗旨的实现，构建能力要素模型可以为组织的能力建设和能力评估提供理论依据和测量标准。通过词频统计、文本分析和深度访谈，可以发现全国性科技社团使命和宗旨的特点。以此为基础，引入反映能力的非营利组织有效性评价模型，构建科技社团能力要素模型，从领导能力、适应能力、管理能力和技术能力四个方面确定科技社团的能力构成，全面反映科技社团所应具备的能力，为进行科技社团能力评估奠定基础。

【关键词】 科技社团　能力评价　能力建设

科技社团①是科技工作者的联合体，在引领科技进步和促进经济发展的过程中发挥重要作用。科技社团为实现使命和宗旨，需要具备一定的能力以保证

* 本文受中国科协学会服务中心项目“科技社团能力建设及其评价研究”（041505211）资助。

** 吴迪，清华大学公共管理学院博士后，研究方向：非营利组织、公益组织筹款；邓国胜，清华大学公共管理学院教授，研究方向：非营利组织、社会组织与社会创新、绩效评估与能力建设。

① 本文中所提到的科技社团是指中国科协领导下的学会（协会），学会（协会）是这些组织的名称，科茂社团是这些组织的本质属性，本文中所提到的学会和科技社团指的是相同的概念。

组织活动的有效开展，此即为科技社团的能力。明确科技社团的能力，是实现科技社团组织评估，完善和促进组织发展的基础。本文研究的核心问题是科技社团为实现其使命和宗旨应该具备哪些能力。通过对中国科协所属 197 家全国性科技社团使命和宗旨的词频统计与文本分析，结合对 29 家科技社团管理者的深度访谈，从根本上明确了科技社团的使命和宗旨。以此为基础，通过引入非营利组织有效性评价模型，分析了科技社团为实现使命和宗旨所应具备的能力，形成了科技社团能力要素模型，该模型能够为科技社团进行能力建设和能力评估提供依据和标准。

一　相关文献回顾

科技社团的功能是理论界研究的热点之一。杨文志认为，科技社团的基本功能包括聚合功能、服务功能、中介功能、参与功能和维权功能（杨文志，2006：18）；李建军和王鸿生认为，科技社团通过发挥决策咨询、学术交流、科技评价、会员服务、人才培养、规范导向等多方面的功能，对促进知识流动，推动国家创新体系建设和完善发挥重要作用（李建军、王鸿生，2008：35 ~ 37）；王名和李长文认为科技社团与其他社会团体相比所具备的不同功能主要包括汇聚人才、科学研究与科普、学术规范与奖评、产学研结合四个方面（王名、李长文，2012：149 ~ 169）。Akpan 通过对美国科学教师协会（STA）的研究提出，科技社团在促进科学创新教育、为会员提供专业服务等方面具有重要作用（Akpan，2010：67 – 79）。潘建红认为，科技社团是国家治理的参与者、企业发展的支持者、社会职能的履行者、公民参与的推动者，因此，需要通过加强自身能力建设为政府治理转型提供智力支持及职能转移口径；为企业发展提供技术及知识支持，扶持市场力量，促进经济增长方式转变；为社会公众提供有效的公众服务和诉求反馈渠道（潘建红、石珂，2015：87 ~ 96）。可见，科技社团的主要功能是提供服务，而服务的内容又与被服务对象的特点相关。之前的研究者主要从科技社团的实际运行方面入手，缺乏对使命和宗旨的分析，而使命和宗旨正是明确科技社团所应具有功能的基础。

对于科技社团应该具备哪些能力，以及如何对这些能力进行评价，国内外学者均进行了研究和探索。有的研究从组织的视角出发进行分析，如 Christensen 使用文献计量学的方法，搜集在企业管理、公共行政和非营利组织管理研究领域探讨组织能力和能力建设的相关文献，提炼了影响组织能力的四个维度，即基础设施、人力资源、财政资源与管理系统、外部环境的政治与市场特征（Christensen & Gazley，2008：265－279）。有的研究从非营利组织的视角进行分析，如 Minzner 等人以美国国内最大的组织能力建设项目为研究对象，使用随机分配评估的方法研究非营利组织的能力建设影响。结果表明，能力建设增强了非营利组织在组织发展、项目发展、收入提升、领导力和共同体参与提升五个方面的能力（Minzner et al.，2014：547－569）。国内学者的研究更为聚焦，直接以科技社团作为研究对象。杨红梅使用因素分析法和内涵解析法构建了科技社团核心竞争力评价模型和评价指标体系，设计了包含要素层指标（核心要素）、表现层指标（关键业务）和影响层指标（综合影响力）的三大类指标（杨红梅，2012：654～659；2013：93～100）。张良在构建科技学会“动态螺旋模型”的基础之上，将科技社团的能力归纳为核心能力、重要能力和延展能力，并以此为基础建立了评估指标体系。目前，针对科技社团能力评价的研究思路基本为“模型构建—指标选择—实证检验”，构建理论模型形成分析基础，根据已有的指标体系和实地调研获取的资料进行整理和对照，将理论和指标形成联系（张良、刘蓉，2015：5～12；张良等，2017：5～13）。

由上可见，组织能力和组织能力评价一直受到国内外学者的关注，但是国外学者的研究大多以非营利组织为主体，没有聚焦到科技社团；国内学者的研究聚焦到了科技社团层面，但对于能力的研究视角更为宏观和抽象，并非关注使命的达成。目前学者们构建的指标体系还处于探索阶段，属于对模型的验证和指标的选择过程，对实证检验方面虽然有所涉及，但是没有进行大规模的评价。虽然也有文献谈到科技社团的使命和宗旨，但都没有将其作为科技社团能力评价的基础。

本研究通过词频统计、文本分析和深度访谈，以分析全国性科技社团的使命和宗旨作为社团能力研究的基础。引入非营利组织有效性评价模型[①]，从而构建科技社团能力要素模型，用以分析中国科技社团所应具备的能力。

① 该模型由 TCC（The Conversation Company），一个致力于提升非营利组织能力的机构开发。

二 科技社团的使命和宗旨分析

科技社团实现使命和宗旨，需要具备一定的能力，以保证相关活动的有效开展，此即科技社团的能力。科技社团属于非营利组织，组织的能力包括高持久性、可靠性和责任能力。高持久性体现在组织具有长时间、常规化、持续地支持特定活动的机制；可靠性体现在组织能够用同样的方式做同样的事情并且不断地反复；责任能力则体现在组织的行为受一个指导决策和行动规划框架的制约，这个框架同时具有批判功能，能够为参与者解释自身行为提供理性依据（斯科特，戴维斯，2011：29）。可见，组织的存在是为了实现一定的使命，组织应该具有稳定的结构和重复处理相似事务的能力。因此，本研究从明确使命和宗旨出发，并以此为基础，探索科技社团需要具备的能力。

（一）基于章程文本的使命和宗旨分析

为了明确科技社团使命和宗旨的具体内容，本文采取了词频统计和文本分析方法，以中国科协下属的 197 家（共有 211 家，部分社团章程未获得）全国性科技社团的章程为基础，使用软件对章程中的宗旨进行词频统计，获得在各学会宗旨中出现频率超过 100 次以上的高频词。获得高频词后，提取高频词出现的语句并进行文本分析，提炼核心内容，总结科技社团的使命和宗旨。

经统计，出现频率超过 100 次的高频词包括：科学技术、促进、工作、工作者、科技、技术、发展、社会、人才、团结、建设、创新、尊重、科学、宪法、法规、贯彻、方针、政策、社会主义。其中，“科学技术”和“科技”都有较高的出现频率，这体现了科技社团的基本特点。“工作者”“人才”“团结”等词的出现表明科技社团是人的集合，重要的服务对象之一就是科技工作者。“创新”体现了科技社团存在的意义和价值，是对科技社团的要求。“宪法”和“法规”的出现表明，科技社团的存在符合法律的要求，具有合法性。“贯彻”“方针”“政策”等词语反映了科技社团与政府之间的关系，科技社团积极响应和落实相关的方针和政策。表 1 显示了以“科学技术”为关键词，对文本进行提取和分析后得到的科技社团与“科学技术”一词相关的使命和宗旨。

表1　高频词“科学技术”与使命和宗旨对应关系的文本内容

高频词	使命和宗旨
科学技术	促进学科科学技术的发展
	促进科学技术的普及和推广
	促进科学技术与经济建设的结合
	促进科学技术人才的成长和提高
	团结科学技术工作者

资料来源：作者自制。

按照这样的思路对高频词出现的文本进行分析，发现科技社团的使命和宗旨集中于以下六个方面：促进学科发展，科学技术的普及与推广，科技人才培养和举荐，服务经济发展，团结和组织科技工作者，决策咨询与政策倡导。结合对部分科技社团负责人的半结构化访谈，可以更加全面地分析科技社团的使命和宗旨。

（二）基于访谈的科技社团使命和宗旨分析

在不考虑地方分支机构的情况下，科技社团的主要组织架构包括会员代表大会、理事会、常务理事会和秘书处（办公室），部分科技社团还设有监事会。不同的科技社团在实际的运行当中可能会存在调整，但是大部分是按照以下的规则，即：会员代表大会是科技社团的最高权力机构；理事会是会员代表大会闭幕期间的领导机构；常务理事会在理事会休会期间行使理事会职责；秘书处（办公室）实行秘书长负责制，是办事机构，负责科技社团的日常运行。为了进一步明确科技社团所应具备的能力，笔者实地走访了全国、省、市三级29家科技社团，对29位科技社团的常务理事长或执行副秘书长进行了半结构化访谈，每次访谈时间不低于1小时30分钟。鉴于访谈的伦理要求和与被访问对象的约定，本文不出现真实名称，均使用字母代替。

科技社团的使命和宗旨聚集到了几个关键的方面。第一是组织和团结科技工作者。“实际上我们觉得学会的使命要作为本质属性，应该是集合你这一个领域的人，也不能说带领，你团结这些人或者凝聚这些人来提高你自己学科在国家的地位。”[①] 第二是促进学科的发展。“通过组织和团结科技工作者，繁荣这

① 2017年6月7日，北京，Z学会常务副秘书长访谈。

个学科的发展。”[①] 第三是进行科学普及，发挥组织的社会作用。“在本学科之外推动本学科在社会各个层面发挥作用，发挥它最大的价值，通过凝聚会员，以科普的形式传播学科相关知识。”[②] 第四是为政府决策服务。“学会需要成为科技工作者和政府之间的纽带，为政府的科学决策服务。”[③] 第五是人才的培育和举荐。被访的科技社团均通过不同的形式为本学科的人才提供相应的奖励和奖项，如为相关专业的大学生设立“优秀论文”奖，通过举办一些比赛选拔优秀的人才等，其中部分奖项在社会和业界具有较大的影响力和认可度。[④] 第六是为一些企业提供咨询和技术指导。科技社团主要是科技工作者的集合，通过为科技企业提供咨询服务，解决企业面临的困难，也成为部分科技社团发挥作用的重要领域。如部分科技社团组建专家团队前往企业进行技术指导，帮它们解决在技术上遇到的难题。[⑤]

通过对科技社团负责人的访谈，发现科技社团的使命和宗旨与通过文本分析得到的结果基本保持一致。科技社团本质上是为科技工作者、社会大众、政府和企业提供服务的组织，因此，其使命和宗旨与这些服务对象密不可分。

（三）科技社团与服务对象的互动关系

作为服务型的组织，科技社团需要切实履行“四个服务”，即为科技工作者服务、为创新驱动发展服务、为提高全民科学素质服务、为党和政府科学决策服务。根据前文相关分析也可以发现，科技社团主要是通过提供服务的方式来保证使命和宗旨的实现。科技社团涉及的服务对象包括政府、科技工作者、社会公众和企业，针对不同的服务对象需要提供不同的服务内容，科技社团与不同服务对象之间的关系如图 1 所示。

科技社团与政府之间的互动包括：科技社团为政府的决策提供咨询，政府将部分职能转移给科技社团。科技社团聚集了科技领域的人才，具有丰富的知识和技能，可以从专业的角度为政府的科学决策提供支持；同时，科技社团也可以承接政府在科技领域的部分服务职能，如进行科技评价等。科技社团为科

① 2017 年 5 月 10 日，北京，Y 学会常务副秘书长访谈。
② 2017 年 7 月 11 日，广州，Q 学会副理事长访谈。
③ 2017 年 7 月 12 日，广州，T 学会副秘书长访谈。
④ 2017 年 7 月 13 日，广州 Y 学会副秘书长访谈。
⑤ 2017 年 6 月 8 日，北京，Z 学会副秘书长访谈。

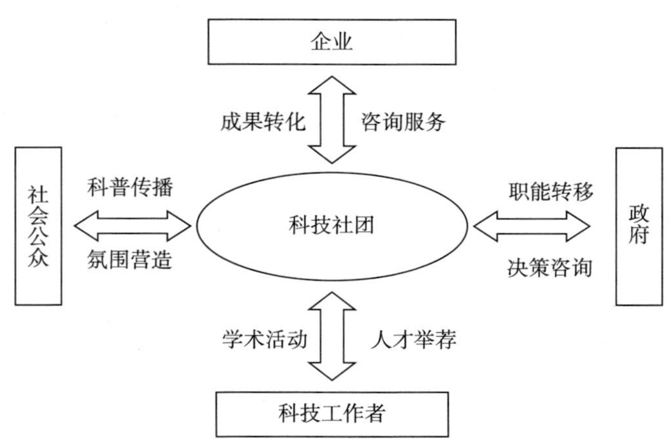

图 1　科技社团与服务对象互动关系

资料来源：作者自制。

技工作者的服务体现在：为会员提供服务，为本学科相关的科技工作者服务。科技社团的学术活动面向的是整个学科的科技工作者，因此会员和非会员之间的差异并不明显。然而，作为会员性组织，大多数科技社团已经意识到服务会员的重要性，都在积极探索如何更好地为会员提供服务以提升会员的满意度和凝聚力。人才举荐是科技社团利用自身的专业性和影响力，推举或者评选出本学科的优秀人才。企业是市场主体，更具有活力，是实现创新成果转化的主要载体。科技社团为企业的服务体现在：科技社团可以通过提供专家资源，为企业解决在实践中遇到的技术问题。这个作用在工科的科技社团当中尤为明显。科技社团为社会公众的服务体现在：通过提供科普服务提升公民科学素养。科技社团可以通过科普活动提高社会公众对科技活动的认识和兴趣，在全社会营造科技氛围。

三　科技社团能力要素模型的构建

在明确使命和宗旨的基础之上，需要进一步确定科技社团为了实现这些使命和宗旨所应具备的能力。组织的能力可以分为一般能力和核心能力。一般能力是指保证组织生存和正常运转的基本能力，需要稳定的组织结构和运行机制；核心能力则是组织实现使命和宗旨，保证任务完成和持续发展的能力，体现组织存在的意义和价值。"APC"评估理论①提出：组织能力可以分为有形能力和无形能力（邓国胜，2007：108～109）。其中有形能力可以用有形的指标衡量，包括人员构成、办公场所、资金筹集等基本的资源；无形能力需要用无形的指标来衡量，包括科技社团在行业中的领导力，对科技工作者的凝聚力，为会员、社会公众、党和政府的服务能力等。无形的指标又可以称为软指标，但软指标并不意味着无法测量，相对于硬指标，软指标对组织能力的贡献程度更大，更需要通过定量指标来明确。可见，衡量一个组织能力的维度是多种多样的，全面体现组织的能力，需要选择一个合适的模型。本文引入非营利组织有效性评价模型对科技社团的能力进行综合评价。中国的科技社团属于非营利组织，但由于成立的历史背景、发展历程以及社会对其服务需求的变化，其能力也具有一定的特殊性，因此，利用非营利组织有效性评价模型对科技社团能力进行分析时，需要结合科技社团的使命和宗旨，如此才能够形成适合评价中国科技社团的能力要素模型。

（一）非营利组织有效性评价模型

非营利组织有效性评价模型是TCC（The Conversation Company）设计开发的，该模型包含非营利组织所需要具备的四个核心能力，即领导能力、适应能力、管理能力和技术能力（Connolly et al.，2003：22），如图2所示。领导能力指组织的领导者在实现组织的使命和宗旨时所需要的各种能力，如激励能力、决策制定能力、创新能力、项目优先选择能力、指导能力等。适应能力指非营利组织的监督、评估及其在面对内部和外部环境变化时做出反馈的能力。管理能力指非营利组织确保组织所拥有的有限的资源能够得到充分合理利用的能力。技术能力指非营利组织所具有的设施和组织成员保证项目完成、实现服务递送的能力。

在该模型当中，除了核心能力，还有其他影响核心能力的关键因素：外部环境、非营利组织的资源、组织文化等，同时，组织生命周期和组织的财务健康状况虽然没有体现在图2中，但是作为内部因素的重要组成部分，对于组织的核心能力也会产生影响。外部环境中影响非营利组织能力的因素包括私营部门的变化、服务对象需求的变化、相关政策的变化、可利用资金的变化、高素质专业人才的变化、非货币性资源的可及性、非营利部门整体的变化情况等。

---

① "APC"指的是民间组织问责（Accountability）、绩效（Performance）和组织能力（Capacity）。

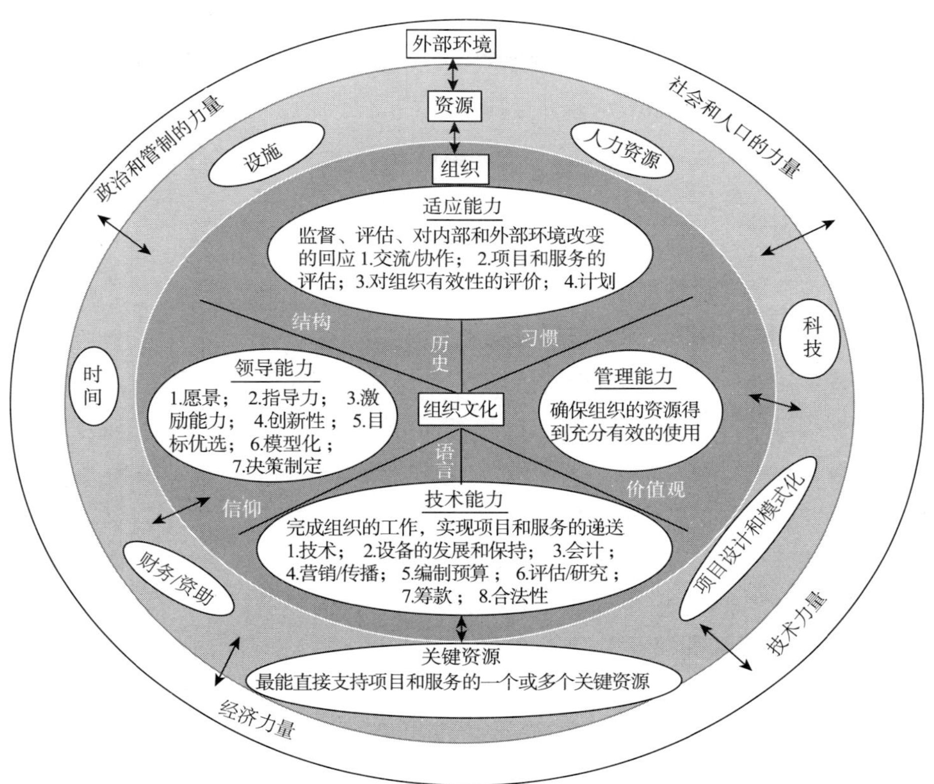

图 2　非营利组织有效性评价模型

资料来源：Connolly et al.，2003。

非营利组织的资源包括关键的组织资源和支持性的组织资源两个部分。前者指的是能够直接支持和影响组织进行项目和服务递送的重要资源，缺乏这些资源组织将难以运行，如服务供给者的知识、技能、经验等；后者是指每个组织所特有的用于支持关键资源进行服务的支持性资源，如技术、项目支持材料、人力资源等。

组织文化、组织生命周期和财务健康状况属于组织内部的影响因素。每个组织都具有独特的发展历程、组织结构、不同的价值观和追求，这些与组织文化相关的内容对于定义、评估和提高组织能力都具有重要作用。组织生命周期指的是组织发起、成长、成熟直到消亡的一个过程，在不同的发展阶段，组织的核心能力有所不同，尤其是进入消亡的进程时，组织需要重新设定目标，提升和转变核心能力，以适应环境的变化。良好的财务水平是非营利组织核心能力的重要支持，资源的获取、有限资金的合理使用都体现了非营利组织的能力。

综上所述，非营利组织的核心能力可以概括为四个方面：领导能力、技术能力、管理能力和适应能力。然而这四种能力不是一成不变的“静态”，而是受到外部环境、资源、组织文化、组织生命周期和组织财务状况等因素的影响。非营利组织有效性评价模型为分析科技社团的能力提供了一个思路和方向，由于科技社团具有一定的特性，因此还需要根据科技社团的使命和宗旨发展出适合描述科技社团能力的模型。

（二）科技社团能力要素模型的构成

在深度访谈中，被访问对象提到了诸多科技社团应该具备的能力，包括学术权威性和凝聚力、完善的治理结构和管理机制、执行层的业务工作能力、分支机构管理能力、科普能力、经营创收能力、新媒体和信息技术使用能力等。诚然，这些能力都是科技社团所应该具备的，但还不够系统和全面。本研究借鉴非营利组织有效性评价模型，从领导能力、适应能力、管理能力和技术能力四个方面分析科技社团的能力，同时结合科技社团的使命和宗旨，形成评价科技社团能力的模型。

1. 领导能力

领导能力指领导者在实现组织的使命和宗旨时所需要的各种能力，科技社团的领导能力可以从三个方面展现。一是科技社团本身是否定位清晰。其使命、愿景、发展的战略、目标等都具有明确的表述，且组织成员均知晓并达成了一定的共识，这些是保证组织发展方向、促进组织战略制定和实施的关键内容。二是科技社团理事会理事的构成情况。科技社团是科技工作者的集合，所以，理事会成员在行业内应该具有一定的权威性和号召力，理事应该在社团的发展中发挥积极的作用，作为领导层积极参与社团治理活动，并利用自身的影响力为社团的发展提供必要的支持。三是科技社团的执行层领导者的领导能力。经过调研发现，秘书处（办公室）是科技社团的执行机构，组织的日常运行和管理由秘书长负责，秘书长对理事会负责，职责是实现战略计划，领导执行团队完成工作任务，保证组织的良性运转。除常务理事外，理事会成员一般不直接参与科技社团的日常管理工作，因此，秘书长的领导能力对于科技社团的日常运行更为重要。

2. 适应能力

适应能力指组织在面对内部和外部变化时，进行监控、评估和对变化做出反馈的能力。科技社团需要通过评估内部和外部情况制定发展战略规划，通过项目设计和实施保证战略实现。科技社团制定战略规划，并以此战略为核心进行项目设计，各项目之间应该具有一定的关联度和有效性，形成“合力”以保证战略规划的实现。根据前文分析，科技社团要为政府、企业、社会公众和科技工作者提供服务，服务的内容往往以项目的形式实施，主要集中在学术交流、科普传播、科技评价、决策咨询、整合创新资源、促进创新成果转化等方面。

适应能力还体现在科技社团在服务对象需求变化时能做出及时反馈。科技社团要具有项目评估和新项目开发的能力，通过评估现有项目和服务对象需求之间的差距，对项目进行调整或者开发新项目以满足需求。科技社团需要有项目监测机制，在运作过程中要保证所实施项目的质量，提高服务对象的满意度，保持和服务对象之间良好的关系，增进对服务对象需求的了解。科技社团需要充分掌握行业发展的情况，通过项目的执行获得行业相关数据，形成为科学决策提供基础的数据库。除了服务对象，科技社团还需要与其学科具有相关性和交叉性的科技社团保持良好的关系，借鉴发展经验，在必要的情况下结成联盟，提高本社团的能力和影响力。

3. 管理能力

管理能力指组织通过合理利用有限资源，达到效益最大化的能力。科技社团的管理能力体现在以下几个方面。第一，人力资源管理能力。执行机构是保证科技社团有效运行的基础，执行机构招聘到合适的人员、提高人员的职业素养、促进其职业发展、能够将优秀的人员留在组织当中等，均反映了科技社团的人力资源管理能力。第二，财务管理能力。科学合理的财务计划、健全的财务管理体系、多元化的资金支持、可持续性的收入来源等都反映了科技社团的财务管理能力。第三，组织管理能力。完善的组织结构，合理、可行的规章制度，规范化的业务流程设计都体现了科技社团的组织管理能力。

4. 技术能力

技术能力是指为了实现使命和宗旨，组织所拥有的硬件、软件设施，以及组织成员所具备的执行项目、保证服务递送的技术水平。从科技社团的角度而言，其包括两个方面，一是基础保障，包括办公场所、办公设备、工作环境等；二是科技社团当中的理事会成员、秘书长、工作人员等为了实现组织的使命和宗旨，完成相关项目时所体现的能力，如工作参与的积极性、与服务对象的沟通能力、在活动进行时的策划能力、组织能力等。

综上所述，从领导能力、适应能力、管理能力和技术能力四个方面可以对科技社团的能力进行概括，以这四方面能力为基础，可以形成科技社团能力要素模型，见图3。

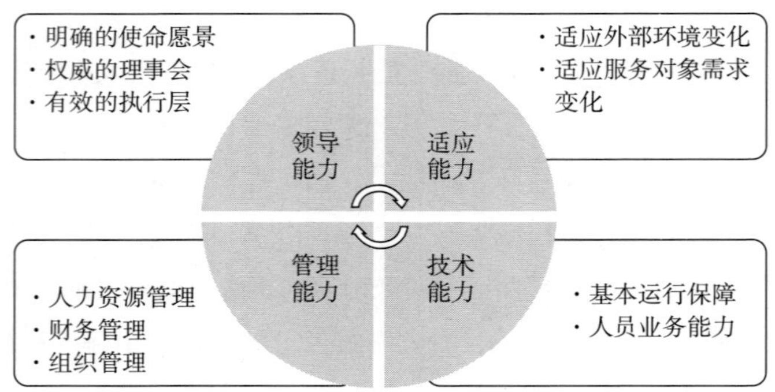

图3 科技社团能力要素模型

资料来源：作者自制。

这四个方面覆盖了科技社团人、财、物等多种资源，涉及科技社团组织的内部治理结构、与服务对象的互动关系，体现了组织内部管理者、执行层所应具备的能力，较为全面地展现了科技社团所应具备的能力。综上，可以把科技社团能力要素设计为以下指标体系，见表2。

表2 科技社团能力要素构成

能力维度	具体内容	观测方式
领导能力	明确的使命愿景	组织的自我定位
	权威的理事会	理事会的构成、理事对社团的重视程度
	有效的执行层	执行层项目执行效果
适应能力	适应外部环境变化	对于政策、其他组织的变化做出的反馈
	适应服务对象需求变化	评估服务对象的需求，根据服务对象需求的变化做出调整
管理能力	人力资源管理	人员的招聘、职业发展、人才保留
	财务管理	财务计划、财务管理体系、资金支持、可持续收入来源
	组织管理	组织结构、规章制度、业务流程设计

续表

能力维度	具体内容	观测方式
技术能力	基本运行保障	组织的硬件设施
	人员业务能力	项目完成能力、策划能力、组织能力

资料来源：作者自制。

四　结论与展望

认识和评价科技社团的能力，对于科技社团本身的能力建设和能力发展，以及科技社团的主管单位对其进行能力评估等都具有重要的意义和作用。科技社团所具有的能力都是为了实现其使命和宗旨，因此明确使命和宗旨是分析能力的基础。科技社团的使命和宗旨可以总结概括为促进本学科的发展，促进科学技术的普及与推广，实现本学科人才的培养和举荐，服务经济社会发展，团结和组织科技工作者，决策咨询与政策倡导等。这些使命和宗旨的实现需要一定的能力支持。为了确定具体的能力维度，本文借鉴非营利组织有效性评价模型，从领导能力、管理能力、适应能力和技术能力四个维度构建了科技社团的能力模型。其中涉及人、财、物等组织运作的基本保障，包含科技社团内部项目执行、外部环境变化适应等内容，考虑了理事会、执行层等人员等多个维度的能力。

该模型存在一定的局限性。目前，这个模型尚属理论架构，仅仅描述了科技社团所应具备的能力，而且没有将这些能力和使命之间的对应关系进行详细的表述。这是因为，使命和能力是两个复杂的系统，相同的使命可能对应不同的能力，不同的能力也可能对应相同的使命，因此如果进行一一对应难度较大，而作为评估的基础，这样一一对应的现实意义也很有限。明确能力的目的是能够评价能力，因此，模型的有效性和在现实中的使用价值更为重要，这是本文没有涉及的部分。进一步的研究将以该模型作为理论基础，设计评价指标体系，通过对科技社团的实际评价，验证该模型在实践中的有效性。

参考文献

邓国胜（2007）：《民间组织评估体系——理论、方法与指标体系》，北京：北京大学出版社。

李建军、王鸿生（2008）：《科技社团评价的总体思路和关键指标》，《学会》，第6期，第35~37页。

潘建红、石珂（2015）：《国家治理中科技社团的角色缺位与行动策略——以湖北省为例》，《北京科技大学学报》（社会科学版），第3期，第87~96。

王名、李长文（2012）：《中国NGO能力建设：现状、问题及对策》，《中国非营利评论》，第10期，第149~169页。

〔美〕W. 理查德·斯科特、杰拉尔德·F. 戴维斯（2011）：《组织理论：理性、自然与开放系统的视角》，高俊山译，北京：中国人民大学出版社。

杨红梅（2012）：《科技社团核心竞争力的认识模型及其实现初探》，《科学学研究》，第5期，第654~659页。

——（2013）：《科技社团核心竞争力评价模型与指标构建》，《自然辩证法通讯》，第6期，第93~100页。

杨文志（2006）：《现代科技社团概论》，北京：科学普及出版社。

张良、刘蓉（2015）：《治理能力现代化视角下科技学会能力模型构建研究》，《学会》，第11期，第5~12页。

张良等（2017）：《科技学会能力评估指标体系构建研究》，《学会》，第5期，第5~13页。

Minzner, A., et al. (2014), "The Impact of Capacity-Building Programs on Nonprofits: A Random Assignment Evaluation", *Nonprofit and Voluntary Sector Quarterly*, 43 (3), pp. 547 – 569.

Akpan, B. B. (2010), "Innovations in Science and Technology Education through Science Teacher Associations", *Science Education International*, 21 (2), pp. 67 – 79.

Connolly, P., et al. (2003), *Building the Capacity of Capacity Builders: A Study of Management Support and Field-Building Organizations in the Nonprofit Sector*, The Conservation Company.

Christensen, R. K. & Gazley, B. (2008), "Capacity for Public Administration: Analysis of Meaning and Measurement", *Public Administration and Development*, 28 (4), pp. 265 – 279.

Model Construction of the Science and Technology Community Capability Based on the Perspective of the Mission and Purpose

Wu Di　Deng Guosheng

[**Abstract**] The science and technology associations need certain capacities to ensure the completion of their missions and purposes. Building capacity model can provide theoretical basis and measurement standard for organizational capacity building and capability assessment. This paper employs both quantitative and qualitative data analysis methods including word frequency analysis, text analysis and in-depth interviews to clarify the missions and characteristics of the science and technology associations. This paper thus can introduce the assessment model that reflects the effectiveness of general nonprofit organizations in the light of this study. This paper suggests that the capacity model for science and technology associations should consists of four key elements: leadership, adaptive capacity, management capacity, and professional capacity. It is expected that this comprehensive model can provide the theoretical and practical foundation for the capacity assessment of science and technology associations.

[**Keywords**] Science and Technology Associations; Capacity Assessment; Capacity Building

（责任编辑：朱晓红）

徽州商人生活方式的考察视角，以及“可想象的治理”记述*

——作为构建“量子城市治理”理论的案例研究

谷村光浩　程雅琴 著**　程雅琴 译

一　引言

国际移民组织（IOM）在《世界移民动向2015》（*Global Migration Trends 2015*）中指出，近年来，全球生活于出生国之外的国家或地区的人口数量已达2.44亿人，如果再加上7.4亿各国国内流动人口①，则流动人口的总数接近10

* 编者按：评审人对谷村副教授和程雅琴女士的这篇文章存在争议。文章读起来的确十分晦涩，在量子理论概念的适用方面存在瑕疵或不清之处，且提出新的“看问题视角”还不足以构成城市治理理论，甚至缺少与通常意义上“城市治理理论”的对话。但编者赞赏作者跨学科思考的想象力与勇气，借鉴量子理论中的“测不准原理”来反思观察者视角、借用粒子的“多重世界解释”（作者称“平行世界”）来描述流动的人的存在状态也很有启发，此外关于中国社会变迁解读视角部分的综述也很精彩。为是编者按，供读者参考。本论文的日文版可从以下网址下载：http://wwwbiz. meijo-u. ac. jp/SEBM/file/profile_economics/tanimura_m. html。

** 〔日〕谷村光浩（Mitsuhiro Tanimura），东京大学研究生院工学系研究科工学博士，名城大学经济学院经济系、研究生院经济学研究系副教授，中国国际民间组织合作促进会（北京）国际顾问、早稻田大学法学学术院兼职讲师。程雅琴，北京第二外国语学院日本语言文学硕士。

① 2011年，中国国内的流动人口高达2.3亿人，农民工的城市市民化问题成为城市化健康发展中的一个重要政策课题（UN-Habitat et al.，2012：ix）。此外，根据《中国流动人口发展报告2016》，中国的流动人口已达2.47亿人（人民网日文版，2016）。

亿人——其接近全球人口的1/7（IOM 2015：5）。此外，关于人口的跨国流动，世界银行报告指出，2016年，来自移民的汇款约为5750亿美元，其中流向发展中国家的汇款更是高达4290亿美元——与近年来海外直接投资（FDI）与政府开发援助（ODA）受到世界经济危机的影响逐年减少相反，移民汇款今后还将稳步增长（World Bank Group 2017：2）。

国际社会长期以来提倡的“令所有人受益的全球化、城市化”这一构想，正可谓日益成为亟待破解的重点课题（UNCHS，2001，v；Tanimura，2005：53）。然而，要寻找涵盖上述庞大“流动性”人口在内的解决方案，首先需要突破作为讨论基础的“治理”理论的旧有框架本身，寻找异于以往的更具弹性和力度的理论模型（谷村，2009：51～52；谷村，2012：49）。基于这一问题意识，笔者放弃了在旧有的治理理论“延长线上”——尤其是对“定居者”来说“合情合理”的——寻找“最合理”的新线索，而是选择摒弃既有的熟悉框架，转而“从物理学的类推来思考‘可想象的治理’的记述，从而构建与“平行‘居住’”相对应的“‘量子城市治理’理论”（谷村，2009）。[①] 对于借鉴了量子力学理论而暂时拟定的“量子城市治理”等名词的定义，在前不久出版的“从移动人口研究类推可想象的‘量子城市治理’记述” （谷村，2012；2014）[②] 中，笔者做了进一步的补充。以下是相关的词语及其定义的说明（见表1）。

① 本研究的出发点正如谷村光浩在前著《从移动人口研究类推可想象的“量子城市治理”记述》（谷村，2012：49）中所述：在此课题的研究中，最核心的在于如何对待人们的“平行‘居住’”问题。对此，基于在联合国大学（UNU）校长室工作期间的研究（Tanimura，2005：66－67；Tanimura，2006：276），特别是在论文“Beyond UN-Habitats Classic Framework in Urban Development Strategies”（超越联合国人居署城市发展战略经典框架的提案）（Tanimura，2006）中，通过对具体案例的考察，受量子力学“多重世界解释”的启发，作为可行性对策笔者提出了“量子城市治理”这一全新的治理理论。随着本研究的进一步深入，屡屡会提及“哥本哈根解释”“多重世界解释”等与量子力学有关的名词解释和定义，关于这方面的名词解释请参考《中国非营利评论》第8卷所收录的谷村光浩（2011）一文。

② 在该文中，笔者探讨了现代国际社会中基于牛顿式世界观所描述的“流散”“跨国主义”“全球化与女性的国境跨越”后，作为对“牛顿范式”的挑战性思考，进一步考察了“作为‘思考方式’的流散”“差异与流动的哲学”“量子的‘我’”等“不同寻常”的视角（谷村，2012：50；2014：26）。

表1　“‘可想象的治理’的记述”中所提出的关键词（暂定）

【平行“居住”】

“平行‘居住’”是指，“为确保充分的解决方案，个人同时‘居住’在由复数个领土/非领土排列成的空间，各‘居住’状态呈现量子力学似的多重叠加（纠缠）状态”（谷村，2009：63；谷村，2012：49、67）

【量子城市治理】

“量子城市治理”是指，“以‘近似’的方式来解读的被视作‘定居’社会的牛顿经典力学范式的深化发展，它借鉴量子力学的多重世界解释，是以多重‘居住’/多自我来解释多个‘居住’状态/多个自我的类似量子力学似的叠加、纠缠状态的城市治理理论提案”（谷村，2012：66）

【牛顿式城市治理】

源起于经典力学的类推的这一治理方式，它包括以下“固态”和“液态”两种模式，其世界观一开始就设定存在“不动不变的‘国民国家’的框架”，认为整个社会是一部由国际机构、市民社会组织、企业公民等“行为主体”所构成的精巧的机器，“定居”的基本法则支配着这个世界。牛顿式治理模式的前提是需要将社会以“近似”的方式来看待（谷村2009：62；谷村，2012：49～50）

- “固体形态（固态）的治理”指的是，“基于现代民族国家的概念，由‘固着在’领土内的定居者组成的传统的共同体，它包括地方政府和国家政府等构成要素。致力于加强或巩固基于这一逻辑的国际组织和全球性企业也同样认同这一观点。在此，移居者被视为谋求唯一‘最佳’解决方案而努力成为新的定居者的人”（Tanimura，2006：295；谷村，2009：51～52；谷村，2012：50）

- “液体形态（液态）的治理”指的是，“侧重于流动者的角度的动态观点，它突破了固体形态（固态）治理的静态框架，正如那些从作为唯一最佳解决方案的定居地往返穿梭于全球空间的人们，以及那些为寻求定居地而移民的人们所交织形成的跨国主义一样，地区共同体在多个社会彼此交织的网络状关系中形成”（Tanimura，2006：295；谷村，2009：52；谷村，2012：50）

注：“/”指“and/or”，即“以及/或者”之意。

在本论文中，为继续完善“量子城市治理”理论，笔者将通过对在“明清中国”这一迥异于近代国民国家的“想象的共同体”中开展商业活动的实力派商人代表——徽州商人①的“平行‘居住’”生活方式解读视角的考察，进一步打磨“‘可想象的治理’的记述”。本文的案例研究以该领域前辈学者的研究为线索推进，同时，该文也是与担任前文谷村光浩（Tanimura，2009）《从物理学类推得出的“可想象治理”记述》（谷村，2011）中文译文的校对工作并且熟知徽州历史文化的程雅琴女士共同完成。

此外，关于“量子城市治理”这一新造的名词，它并非一个已经完成的概念，正如迄今为止笔者反复阐述的，当前，对其的研究尚处于这样一种阶段，即笔者特意避开既有的城市理论、治理理论、城市与地区政策，而是以人们的“居住”状态和身份为切入口，先尽可能地尝试将能够描绘的视角一一罗列检视的阶段。这是因为，笔者认为，在今后再次深入探讨城市与农村，以及城市治理以何种视角被描述，甚至是思考“令所有人受益的全球化、城市化”时，它将成为讨论的重要基础。因此，需要提前补充说明的是，为了做好这一准备，在本论文中，笔者将暂缓综述既有的城市治理理论，以及对其的比较考察。

在行文上，本文将首先考察“解读中国社会变动的视角”。即非以外部的标尺而是“从内部考察”迄今为止关于“中国”的相关研究，探索宋代以降确

① 关于明代徽州，即现在的安徽省黄山市山麓，涌现出诸多商人的背景，东京外国语大学的臼井佐知子（2005）在其大作《徽州商人的研究》中综述如下：（1）徽州地形上耕地较少；（2）盛产笔墨纸砚等特产；（3）邻近经济发达的长江三角洲，交通便利；（4）徽商们世代掌握了盐的专卖方法等（臼井，2005：75、77）。当然，能够成为巨贾的徽商毕竟只是少数，“更多的是走街串巷的货担商人，而且积累了巨富的商人中有不少也是这样的小摊小贩出身”（臼井，2005：81）。据清代的王世贞记载，“大抵徽俗，人十三在邑（乡村），十七在天下（全国）；其所蓄聚则十一在内（家乡），十九在外（外地）”（赵华富，2004：120）。

立的"理气论的世界观"这一全新的世界解释理论体系，以中国自身的语言来说明明清"地方自治"及其实施主体的构成，然后考察前辈先学们的思考"属于何种'看问题的视角'"。其次，针对徽州商人的研究，包括概览往返于多个生活据点的徽商的生活方式；族谱（整个家族的谱系）的编纂；外来人口占绝大多数的城市中的"市政"建设；以及徽商们背后的"女性们"的研究，进而重新探讨这些研究"属于何种'看问题的视角'"。通过以上考察，进一步打造完成本论文的主要课题"可想象的治理记述"。尤其，关于"量子城市治理"理论，除了对其定义做进一步的补充外，还将论及"量子力学性质的状态解释"。最后，简要提示本研究的下一步工作及其课题。

二　从解读中国社会变动的视角出发

（一）"从内部考察""中国"

首先，重要的是需要了解，迄今为止，"中国"这一对象是如何被研究的。"冷战"时期在美国从事中国近现代史研究的韦尔斯利大学的 Paul A. Cohen 在其专著《知识帝国主义》（原著1984/佐藤译1988）中写道，正如译者在后记中所简述的，"大多数的学者在分析近代中国时已经有了一个默认的既定思想框架和价值判断"（柯文，1988：289）。其"看问题的视角"无不具有浓厚的"西方中心主义色彩"（柯文，1988：31），"其要探究的事物事先已经明确"（柯文，1988：32），在此语境前提下探讨中国社会发生的重大变化，有时甚至是"细微的变化"（柯文，1988：33），同时，他还批判了"冲击—反应""近代化""帝国主义"这三种研究模型（柯文，1988：29～30）。

"冲击—反应"模型，将所有事物看作针对"西方挑战"所作出的"中国式反应"……若西方未能在其中扮演清晰明确的角色，则该事件就不重要，或者相反，仅仅当某个事件能够反映出中国对西方的反应时才被判定为重要的事件（柯文，1988：29）。（着重号为原著作者标注）

"近代化"模型指……，依据西方的有限经验来定义中国的何种变化为重要的变化，并用这一外部标尺来衡量中国的历史进程……这种模式甚至伴随有一个前提，即只有西方近代史才是正确的历史进程……对照这一正确的历史进程而出现的特异（或者是脱逸）性质的中国事件才值得进行深入的研究（柯文，1988：30）。

"帝国主义"模型指……，中国的历史进程循着一条"自然的"或"正常的"发展道路前进，而西方帝国主义……阻碍了其进程……。然而……也可以认为中国当时正处于发展停滞状态，需要来自外部的冲击。也即……，中国困惑于究竟应该如何对待西方（柯文，1988：30）。

如此，Paul A. Cohen 指出，应当停止以西方这一外在标尺来解读中国近现代史，重要的是将地域的、地方的以及民众的生活——商人、下层乡绅，甚至是无产者等所发挥的指导性作用——纳入视野，尽可能地以该社会自身的"语言"与"视角"进行自内而外的考察，也即寻找多样性、多元化的动态解读"适合中国自身"的模型（柯文，1988：34、236、250、266、271）。最后，他指出，实际上，即使是一些自认为从内部视角开展研究的中国学者，"在某种意义上亦未能跳脱外部视角这一窠臼"（柯文，1988：280），问题恰恰"产生于历史学家在自我发问时下意识中已经内含的默许前提之内"（柯文，1988：280）。

近来，尽管全球化的进程已经被充分论述，但是，加利福尼亚大学洛杉矶分校（UCLA）的名誉教授 J. Friedmann 在《中国城市变迁》（原著 2005/谷村译 2008）一书中强调了上文论及的这一"内部视角"研究的重要性。这位城市、地区发展研究的泰斗告诫人们，无论如何，对于"中国"，"不能仅仅停留在国民国家这一框架内来考察，它毕竟也是世界文明古国之一"（弗里德曼，2008：6），并且提出不应动辄使用"全球化这一便利视角来解释，而应当将重点放在作为内生性发展的一个形态——自内产生的渐进过程——的城市化"上面（弗里德曼，2008：17），并论述如下（弗里德曼，2008：16～17）。

一旦将全球化引入分析框架，则动辄会忽略问题的国内视角，无视历史行进，以及内生性等视角，而特别容易重视来自外部的作用力。另外，也往往容易忽视社会、文化和政治的变数而过于重视经济因素。况且，对于中国这一研究对象来说，要明确区分究竟何为"内部"、何为"外部"亦非易事。……譬如刚要将华裔流散人口解读为"大中华圈"不可缺少的一部分，但在全球化这一语境中，它却突然摇身一变成为“开放的中国”的代表，华裔流散反倒成了一种跨越国境的中国的内生进程。

也就是说，中国并非“无字碑”（弗里德曼，2008：31）一块，尽管并非易事，但“归根结底，……需要用其自身的语言来理解，从内部来考察……，不能用与其历史毫无关联的标准来衡量，而只能用其独自的标准来评价”（弗里德曼，2008：32）。应当说，J. Friedmann 的这一论述与前文 Paul A. Cohen 的见地不约而同。

（二）理气论的世界观——变迁的社会以及解释世界的新理论

东京大学名誉教授沟口雄三等在《中国思想史》（2007）中描述中国的通史时，摈弃了常见于欧美和日本学者之中，甚至一些中国学者也未能幸免的“西方中心主义视角”，极力使用内在的“中国之眼”——同时也兼顾中国与世界的相对关系——来理解中国所发生的巨大变化以及产生这种变化的“作用力”（沟口等，2007：243～244）。该书的卷首，对于“中国这一自我定义的世界”的发展轨迹，跳脱了通常意义上王朝史的划分，着眼于其大变动时期做了如下的历史分期（沟口等，2007：i－ii）。

［1］截止到秦汉帝国：长达两千年的中央集权王朝体制的诞生。

［2］唐宋变革期：至唐为止的门阀、贵族社会在宋代以降转变为凭借实力取胜的科举官僚体制。

［3］明末清初时期：朱子学的大众化以及阳明学的兴起——开启以士绅为主体的地方社会秩序。

［4］清末民国时期：“地方建立自己的军队”——辛亥革命瓦解王朝体制。

沟口自评此种划分方式“在其他著作中恐怕难得一见”（沟口等，2007：243），笔者借用这一时代划分，在此先梳理一下与后述的徽商生活方式密切相关的中国思想史的历史进程及其缔造者和社会是如何被解读的。

首先，池田知久（2007：4）在《中国思想史》中探讨“天人感应与自然”的关系时，提出：与其说它阐述的是“天创造了人与国家这一学说”，不如说它“创造了人与其经营的社会才是‘天’这一观念”。其甚至分析西汉时期儒家董仲舒提出的“天人感应说”（池田，2007：13）的真实含义是，天所发挥的作用，不过是助力天子强化权力，其意图是“作为存在于这个世界之外的另一个董仲舒的副本，将天子的统治引向自己所倡导的儒教（春秋公羊传）的方向”（池田，2007：17）。

宋代以降，“天命”观发生了变化，新的思想学说“理气论（朱子学）世界观”应运而生（见表2）。对此，撰写“唐宋变革”这一章的小岛毅（2007：140）强调：这一理论的导出并非思想自身的演变结果。他解释道，当时的社会正值“很大程度上恰好也是经济上的富裕阶层”（小岛，2007：86）的士大夫，开始作为“地方社会的领导者和地方精英（Local Elite）重建社会秩序”（小岛，2007：134）这一转换时期，“应该说当地方知识分子自身开始成为教化的主体时，朱子学诞生了”（小岛，2007：140）。而且，如果遵照其学说所认为的人提升修养的目的在于“将气质之性回归到天命之性（理本身），回归原本的正确秩序”（小岛，2007：129），那么即使是贵为天子的君主，也需在内心面对来自内在世界的质疑（小岛，2007：113）。

此外，沟口雄三（2007：237）在论述“清代的礼教（大众儒教）”后指出，旧有的思想史常常将“作为学术史的儒教史”表述为“宋代的宋学，明代的阳明学，清代的考证学”，但要真正理解“作为社会思想史的儒教史”，则必须抓住其“宋代以官僚为中心注重道德修养，至明代以大众为主体提倡道德普及，再到清代民间（乡里空间：地方社会秩序形成的场所）大众儒教的组织性渗透”这一变化才能领悟其精要。

表2　“气”“理”：理气论的世界观

——摘自《岩波哲学、思想词典》

气：中国哲学的存在论，是构成宇宙观的最基本范畴。气是充盈于天地宇宙之间的微小物质，它形成万物，赋予万物生命与活力。物质=能量。而且，它像气体般连续不断，像原子般不可分割。另外，虽然气是物质，但由于精神作用也被归咎于气的作用（神），因此它又有别于笛卡尔的二元论意义上与精神严格对应的“物质”。物质和精神都属于二元论的概念。

此外，气不仅仅形成物体，物体与物体之间的空间也充盈着气，宇宙中不存在像真空那样的虚无空间（张横渠的太虚即气说）

……北宋的张横渠，……提出了“太虚即气说”，用以纠正佛教的现实世界虚无论。南宋的朱熹继承了横渠的气论并进一步区分了形而上和形而下，以“气”来指代形而下的现实社会，以“理”来指代超越其上的形而上的存在……

理：中国哲学、思想史的最基本概念之一。指事物的规律、条理、道理……

【宋代以降的理】“理”被提升至儒家思想的中心概念这一至高位置，成为宇宙的普遍原理，宇宙万物存在的根据乃至其规律，这是伴随着宋学（以朱熹为代表的道学等在宋代提倡的儒学）兴起之后的事情。……朱熹以“理”“气”两个概念说明宇宙全部的存在和现象，从而成为构建宏大理气论体系的集大成者

理气论世界观形成的背景是作为主宰者意志的“天命”观发生了变化，出现了希望理解宇宙和自然界整体法则的需求。同时，相对于标榜虚、无的佛教和老庄思想，道学认为应当致力于在实、有的世界内部追求道德性和伦理性当为法则。……朱熹则认为，“理”，……不仅仅是客观世界的自然法则，也代表了人的应有秩序的伦理性当为法则的观念。如此朱熹构建了一个囊括道德、政治和自然相互贯通的宏大世界观

资料来源：广松涉等编 1998，298 ~ 299［三浦国雄］，966［土田健次郎］，1664［伊东贵之］。

（三）“地方公共事务由地方承担”——中国的“地方自治”及其旗手

从“作为转换期的明末清初”到“剧烈动荡的清末民国初期”，“地方公共论调”被尊重和扩大，社会秩序得以形成。对于“地方自治”，沟口雄三（2007）基于对“乡里空间”这一中国实际状态的概念重新解读后提出，不应拘泥于“皇帝统治一定是反人民的专制统治”“体制、反体制或者官民二元对立”等“定论”（沟口，2007：195），应当进行“学习放弃”。并对于“民间”

（主导）的“地方自治”这一表达方式，借鉴中国自己的语言，提出应使用“乡治”（地方公共事务由地方自己承担“意义上的地方自治”）（沟口，2007：205）这一更为准确的表达，其要点如下（沟口，2007：164）。

> 在中国，“自治”并不意味着脱离了官僚体制——“官治”制度而确立的“民治”，它只不过是由地方官和乡绅以及民间共同实施地方公共事务（修路，疏浚运河，开设医院、孤儿院、养老院等），这种公共行为到了现代被追溯为民间的“地方自治”，但实则与欧洲的地方自治有着历史语境的迥异。……即使是图方便而使用的“民间”这一词语也并非指独立于官府的民众领域，而指的是官、绅、民三者共同处理地方公共事物的地域空间，这一用词本身即有歧义。……之所以使用“乡里空间”这一词语，就是为了防止产生民间这一词语的不完整之意。同样，“自治”这一用词也有瑕疵，这个词语自身已经包含了非“官治”的“民治”这一限定含义，因此并不符合中国的实际情况。（着重号为原著所加）

此外，沟口认为，倘若一定要将这种“地方公共事务由地方自己承担”的结构视为“自治”，则“中国的自治也应当区别于欧洲‘追求权利的自治’”，并将其特点巧妙地概括为自始至终不过是“为了公益的自治”，或“作为道德行为的自治”而已（沟口，2007：210）。

终于，1911 年（宣统三年）辛亥革命爆发，各省宣布独立。这位中国思想史、社会史研究的泰斗强调，这一事件发生的基础正是“乡里空间从明末一个县的范围扩大到清末一个省的范围”（沟口，2007：202）。[①] 其对清末“省的成熟”描述如下（沟口，2007：214）。

> 省是贯穿于乡、镇、县、府的位于同一平面上以同心圆或放射线状纵横交错的网络流，它是一省的乡里空间的政治社会空间。在这一空间里有

① 关于辛亥革命，沟口雄三（2007：216）提出，“乡里空间的网络范围仅止于一省之内导致难以产生促成王朝迭代的崭新的国家构想”。另外，对于向省级范围的扩展，柯文（Paul A. Cohen）（1988）引用 Lary 和 Diana（1980，242 – 243）关于军阀的研究指出，“人们常常认为军阀政治多发生在一省之内——或是认为以省为单位发生是最为典型的现象，对此 Lary 发出了警告。……军阀的势力时而广至好几个省，有时却又仅限于某一省内的部分地区”。

> 行会组织网络，有善会、善堂（实施义举的组织）网络……，各种网络联合体纵横贯穿于省内。正是这些网络组织团练（自卫组织）成为军队的基础力量。

确切地说，小岛毅（2007）以理气论宇宙观下作为“乡里空间”核心性存在的“人格上的德行者”为思考的线索——同时也提及支撑这些领导者的宗族（父系家族集体）和科举制度——说明他们的自我认同意识（小岛，2007：135～136）。

> 这些人格上的有德行者既可以是地方官，也可以是当地的名士。原本，一旦入仕就会成为地方官，但当他们服丧或隐退回归故里时便成为名士。也就是说，这两者之间并无实质性的差异。如果认为前者是官僚所以代表国家，后者是资本家所以代表社会，并进而试图寻找他们之间的对立矛盾的话，那么这不过是试图将西方现代的“国家与社会”的二元对立观点强行照搬到中国社会而已。中国社会原本并无此种对立的观念。假如“国家与社会”是前提性存在，则地方精英就扮演着连接二者的桥梁和纽带角色，或是承担着两者之间的旗手的之责。而对于当事人来说，这些不过是作为士大夫理所应当肩负的责任而已，因为在他们的心中原本就怀有天下国家的理念。

另外，意味深长的是，士大夫们在“乡里空间”构建和渗透礼教秩序时，会自觉地将“淫祠”（过多的额外的祠庙）与其他的祠庙区分开来，即他们会自觉地“从记录者的角度评价是否值得祭祀”，也就是说，在中国思想史、社会史的“场景”中，还应该关注其“作为观察者的……（当地）知识分子”这一身份（小岛，2007：137～139）。

（四）属于何种“看问题的视角”

首先，在上文中，笔者回顾了“解读中国社会变化的视角”的富于启迪的论述。假如按照前文所述的“必须以其独自的标准来评价”，或许笔者应该在前面加上“尽管如此然而斗胆”这样的前置词。下文将对照引言中所提出的“牛顿式城市治理”以及“量子城市治理”的理论，考察以上各研究分别属于何种“看问题的视角”。

出人意料的是，对于以“西方这一外部的标尺”来描述的“中国历史”，柯文（Paul A. Cohen）（1988：41）以物理学类比道：“在物理学领域，经过过去一个世纪的研究发展，尽管牛顿法则本身并未被否定，但牛顿法则只适用于一定范围这一点已经被世人所周知”，并进一步指出，“这并非意味着如此被勾勒的中国史有问题，问题在于并未明确它适用的范围”。在此，借用科普作家竹内薰（2001：12）简明易懂的解说词，即正所谓“世界，确切来说，是以量子力学的方式呈现的……。然而，有时它也可以是以一种可近似计算的方式来呈现。此时，我们就把这种近似计算称作牛顿力学或者经典力学”。而且，牛顿力学的观测者与被观测对象之间的关系是“‘从一个固定的观众席观看一个固定的舞台’的简单构造”关系（竹内，2004：98）。

如此，则尽管“基于中国自身的/‘自内而外’的/内在的中国之眼……”的解读视角是极具深刻意义的知识挑战，但只要停留于牛顿范式——即使是采用量子力学和古典力学的“拼凑”的哥本哈根解释——就难免想要“近似地”去描述作为“观察”对象的社会构造及主流思潮。最终，先学们的这些视角，在某种意义上，仍然是“事先已经决定好了所要探究的事物”，发现“被认为是重要的变化”，或是突出的“主角”。而一旦当“观察者”认定其为不重要的“居住状态”或是“个体的存在方式”时，便将其当作无关紧要的“细枝末节”而弃之不理。

尽管先学们从一开始就提出解读“中国”社会的变动应基于“该社会自身的语言和看问题的视角”，但极端言之，该“语言”或“看问题的视角”，难道不是对于那些被“观察”为社会“主角”——且其自身也是如此看待自己的——的人们来说比较方便的说法或视角吗？譬如，在观察尊奉“理气论的世界观”的“社会主角”时，虽然并非只是“选择性地”挑选出“个别的存在方式”，而是将其描述为恰似哥本哈根解释的“量子力学般的叠加、纠缠状态”，但是，一旦出现不符合这一世界观的个体时，就将其当作非“典型案例”而加以忽略。即便是被视为社会“主流人物”的人们，当他们兼具与主流思想相冲突的价值观——譬如来自西方的佛教等——时，不也是每日处于“量子力学式共存的复数状态/存在方式”的“斗争”状态吗？（谷村，2012：67）

并且，关于“该社会自身”，沟口雄三（2007）指出，“民间（主导）的地方自治”这一看上去非常正确的用词存在一些问题，而另一个需要学习放弃的观念是“地方”这一概念。“乡里空间”（当地的社会秩序形成的场所）像一个“同心圆”般向外扩展，其范围大致等同于“县/省范围”——实际上，即使被指出两者之间存在不一致——基本上，它还是令人想起“像一个个嵌入式的盒子一样自古以来人们就喜闻乐见的模式”（弗里德曼，2008：211）。尽管它事先设定了一个“不动不变的‘国民国家’的框架”，……的牛顿范式前提，但若它是与“固态治理”相通的“看问题的视角”，即使能够“近似性地”合理自然地描述“地方”甚至“社会”，又岂能详尽描述人们为了得到“充分的解决方案”而“奋斗”的所有“场/存在方式”呢？（谷村，2012：67）

另外，《中国思想史》所描绘的努力创造新的“主流思想”的人们的“斗争”，表现出不同于前文所述的牛顿式“‘在一个固定的观众席上观看一个固定的舞台’这一简单的构造”，它更像是“量子力学式的状态”。在“天人合一说”中，董仲舒与自己的另一个“分身”一起，同时“观察”作为确定“状态/方式”的“‘天子统治的’世界”，以及在“天/世界之外”的“‘虚拟’世界”这两个“平行世界”。而在“融合了道德、政治与自然”的“理气论的世界观”中，“士大夫/本地知识分子”则取代了旧有的“天”，同时扮演着两个“平行的世界”，即代表着“本来/正统”“地位”的“道德、伦理性”世界，以及那个产生了“祠庙”中祭奉的“德高望重”的诸神的观察者自身所处的“本地社会/乡里空间”的世界。其原理正如哥本哈根解释所阐明的，在假定存在“‘居住’状态/身份的塌缩”的基础上，摈弃观察者认为应该被“观察”的“状态/存在方式”之外的其他，仅对需要面对的“世界/社会/空间”采取类似多重世界解释的说法以表达其纠缠状态。

三　徽州商人的“平行‘居住’”再考

接下来，笔者将先概览前人对徽州商人“平行‘居住’”实际生活状态的研究，之后再参照序言中提出的治理理论框架（见表1）进行考察。

（一）“往返”于多个据点的“徽州”“商人”

关于徽州商人的生活状态，出生于徽州府绩溪县，作为近代中国文化艺术和教育领域领军人物的胡适（1891～1962年）在《胡适口述自传》（胡适，

2005：14）中作了叙述。现从世界史小册《徽州商人与明清中国》（中岛，2009：85）中引用如下。

> 徽商的子弟通常在十一二三岁时便到城市里去学生意。最初多半是（在自家长辈或亲戚的店铺里当三年）没有薪金的学徒，其后则稍有报酬。至二十一二岁时，他们可以（享有带薪婚假三个月）还乡结婚。婚假期满，他们又（只身）返回原来店铺，继续经商，汇款给故乡的家人。自此以后，他们每三年便有三个月的（带薪假期），返乡探亲。所以徽州人有句土语，叫“一世夫妻三年半”（即使一生相伴，夫妻在一起生活的时间不过三年半而已）。

王振忠（1996：63）在《明清徽商与淮扬社会的变迁》中考察了徽商的多个生活据点与它作为应对科举的“应试对策”之间的紧密关系。

> 徽商取得“商籍”后，就能在侨寓地（暂时居住之地）参加科举考试。但他在原居地应仍有固定户籍（民籍），从理论上应当也有资格应试……
>
> 一些徽商就利用科举考试户籍限制方面的漏洞，“商、民互考”“不于商则于民”，在祖籍地与侨寓地之间奔波，重复应试，寻找最佳的机会。

关于徽商的“自我认同”，描绘19世纪的“汉口”的W. Rowe（1984：250、342）（威廉姆，2005：306、416）指出，即使是那些自称为寓居者的人们，依附于出生地的狭隘的乡土观念——“出生地身份”（Native Identity）——日渐淡薄，而有意识地培养“汉口人”意识——“居住地身份”（Locational Identity），从而造成了某些人群“地方身份的多元化”（Multiplication of Local Identities）。另外，研究宋代商业经济史的大家斯波义信（2002：143）在其大作《中国都市史》中，对于徽商尽管处于往返于“本籍”和“流寓（客寓）地”之间的居住状态——即使历几代寓居后决定在流寓地永住，仍然保有对本籍的强烈归属意识——之中，仍然认为自己“在社会属性上是徽州人，但在法律属性上属于‘入籍的汉口人’”这一点，他指出，正如“根据不同场合拿出不同名片”的行为，徽商具有“多重、多元身份”。

斯波义信（2002：172）指出，关键是要深刻理解徽商挑战科举的目的并不单纯只是入仕，而在于即使中途“停留于生员未能高中，但凭借识文断字和算数技能也能跻身商界”，不断根据现实情况做出“此种或彼种”的选择的这一“走出去战略”。徽州（新安）商人在新安画派的形成中发挥了重要的作用，对于经商和儒学的定位，研究明清美术史的张长虹（2010：5、33）在前人“贾为厚利，儒为高名”，“徽商在经济伦理上以（认可商人价值）王阳明为代表的新儒学为本，在政治上以程朱理学（宋学）为本”这些既有研究结论的基础上，进一步指出徽商还“重视家族子弟的商业教育，重视（风雅）文化知识的积累”。

曹天生等（2010：116）认为，徽商所推进的“商业价值观教育”，归根结底，是因为随着他们的“影响越来越大，徽商作为一个阶层的自我意识开始觉醒”，这是排除威胁自身的生存危机，提升自身社会地位的一种“斗争”。在其“多重视角下的明清徽商研究”中，展开了以下富有意味的论述（曹天生等，2010：118）。

> 我们还不能说徽商已经建立起与传统价值观截然不同的新的价值观体系。他们只是对儒家传统价值观进行改造、变通和融合，确立了一种双重的价值取向。正如美籍华人学者余英时先生所说，他们“虽已走近传统的边缘，但毕竟未曾突破传统”。尽管如此，但是不能不承认，徽州人的这种价值观毕竟与传统有别。换言之，这种新的价值观虽然最终并没有跳出传统的框框，但是它毕竟在传统的框框内将商人的地位提高到了一个新的高度……新的商业价值观的宣传和接受，减轻了徽州人从商的心理压力……

如此，“徽州”出身的“商人”这一“自我”逐渐确立形成，对此，普林斯顿大学名誉教授余英时（2009：23）评论道：16世纪“‘士’与‘商’的界限开始模糊，当时的‘商才’往往都具有‘士魂’……出现了士商互动（士与商合流）的全新局面”。

（二）被“编造”的族谱

臼井佐知子（2005）从徽商高度重视和利用宗族关系，以及“宗族组织扩大化”角度探讨了明清“徽商的经营方式”。对于徽商“赴外地经商”时（臼井，2005：408），将扩大和强化了的地缘和血缘关系网络作为获取商业活动中极为重要的资金和信息的手段现象，其指出，首先，“在当时的中国流动社会中，地缘并不仅仅指在同一片土地上生活，而且意味着与自己，或者与自己的祖先的出生地相同的同乡关系；血缘也不仅仅指在一起共同生活，还意味着彼此之间拥有同一个祖先”（臼井，2005：98）。基于此，臼井佐知子提出，正因为地缘和血缘关系“超越了特定的空间或时间的缘分，……通过确认彼此拥有共同的祖先从而发挥着重要的作用”（臼井，2005：99）。因此，徽商对重修和编纂族谱这一有利于加强凝聚力的工作抱以极大的热情（臼井，2005：406）。

在对徽州人口最多，族谱也最容易查找的汪氏族谱的考察中，臼井佐知子发现，在汪氏祖先起源的记述中存在明显的矛盾之处，而后来的编纂者对此并不加以修正。针对这一点，臼井佐知子提出了“究竟为何”的疑问。经过探究，她认为，恐怕“编写族谱的目的并非（正确记述事实或）寻根，而是为了确认（加强本族团结的）‘现在’的我们的共同身份和构建宗族网络”（臼井，2005：146）。并且，通过对《新安名族志》等的研究，臼井佐知子认为，“随着宗族的组织化发展，在族谱的编写过程中，他们不仅创作了自己的祖先来自中原的历史，还将某些实际上并非同宗的人也编入了族谱”（臼井，2005：335）。[①]

另外，在上述的研究中，针对徽商“在外地致富回到故乡”这一“作为客商的移动”（臼井，2005：143）中，部分成功者出于“现实职业的选择”“放弃经商”，改为在移居地“定居”（臼井，2005：144）这一行为，臼井佐知子认为，“假如一定要用一个词来比喻汪氏的移动，它可谓像‘液体’般的流动。……这一‘液体’具有其独特的密度和色彩，它既混杂了其他又形成自己独有的世界”（臼井，2005：146）。

关于族谱编纂中的做作问题，中国古代史和家族、宗族研究的泰斗牧野巽（1985）在其著作集的第六卷《中国社会史诸问题》中写道，“如此表述恐有矫揉造作之嫌……笔者感到惶恐，……提到宗族，我们总是想当然地认为它是由家族或村落等自然而然形成的，或是不成文的事物。于是往往容易忽略夹杂于其中的人的意志和人为因素”（牧野，1985：284）。（着重号为原著所加）

譬如，对于族谱合成体的“通谱”，牧野先生认为它是“将并无血缘关系的谱系编为同族，即联结成‘通谱’（牧野，1985：275）”，并描述如下（牧

① 另外，明清政府也力促强化宗族关系，其目的在于“维持（基层社会的）秩序和统治的灵活性”（臼井，2005：409）。

野，1985：185）。

> 通谱经过宗族的共同讨论而形成，它既有将并不属于该宗族的一两个人列入族谱的情况，也有将两个宗族合并的情况。合并前的两个宗族有的原本的确具有亲缘关系，但之前关系比较疏远，但更多是为了与名族结成同族而编撰通谱。有时甚至也有名族反过来说服有实力者加入自己族谱的情况。

该书将其与广东省常见的“合族祠”（作为同姓宗族间联络纽带的祠堂）进行对比，指出，编撰“通谱”时尚需“费尽心思地编造同族关系，而与此相比，建造合族祠时甚至连编造（同姓之人被视为最终都具有血亲关系的）谱系关系这一手续都省略了”（牧野，1985：275）。

> 在更广大范围内的“同族结合”应该是为了满足人们提升居住生活的“坚实稳定感”这一需要的产物，牧野巽（1985）进一步指出，“中国的村落……绝非孤立的、封闭性的存在”（牧野，1985：278），“在中国，同族紧密结合的地方，……假如有若干有权有势的宗族，则其必定是跨村存在着，当其发展壮大到一定程度，则会扩张达到几十个村庄的范围”（牧野，1985：277）。牧野将这样跨越多个村庄而存在的宗族集团称为“跨村落团体”（牧野，1985：277）。（加重号为原著所加）

韩国高丽大学的朴元熇（2009）在《明清徽州宗族史研究》中专门考察了明代万历年间徽州歙县方氏一族联宗的过程。该研究详细介绍了方氏一族在“真应庙”祠产的纠纷中，为了对抗近邻的吴氏和潘氏而扩大和加强方氏宗族的过程：“歙县的方氏十派认同彼此皆为方储后裔，联合起来应对乡村社会激烈的社会变化”（朴元熇，2009：47）。于是，“真应庙”作为方氏的宗族祠堂被祭祀，之后发展成为方氏一族的“统宗祠”。

（三）在“外来人口”占多数的汉口提供“市政”服务功能的行会组织

斯波义信（2002）在《中国都市史》中指出，从唐代到清代，尽管汉口的总人口增长了8倍，但是汉口的都市行政结构和机构数量，以及官员的数量却在近千年中几乎没有任何变化，“因此在县城的管辖下出现（由地方精英阶层主导的）类官办组织就毫不为奇了”（斯波，2002：116）。进而，他进一步考察了随着经济的发展，在人口“流动常态化”的“明末以降的大部分中国都市中，外来人口占据总人口的绝对多数”（斯波，2002：135）的背景下，事实上承担着公共服务功能的“旗手”们。

在“都市的解剖图”中，斯波义信以19世纪“百万人口大都市”的“商品大集散地”汉口为例，在不为人知的“历史的另一面”这一章，“粗略观察可知，汉口市民中大概一成为土著居民，另外的九成都是外来人口……客寓者人数众多”（斯波，2002：162），“对于头脑中已经有‘市民意识’、‘市政’或是‘市民公社’等抽象概念的人来说，可能会武断地断定在一个以外地人口为主的都市中不可能存在这些组织，但实际上却是完全相反”（斯波，2002：170），并揭开了实际承担“市政执行”功能的组织的谜底（斯波，2002：173）。

> 整个19世纪领导汉口市（行政级别为镇）的，不是官府，也不是乡绅（在职或退休的官员，进士、举人、生员等取得学位的人），更不是望族，而是行会团体。此处的行会是又被称为行、大行、帮的行业组织，或是被称为会馆的名为同乡实为同业与同乡组织，它以书院（私塾）的形式出现，有的又是以庙、殿、庵等名字存在的宗教场所。其中就有徽商为纪念朱熹而设立的紫阳书院，也不乏宁波和绍兴商人缅怀王阳明而发起的阳明书院……

斯波义信（2002）认为，通常被认为是利己的、封闭性的行会组织实际上也发挥着“‘公共的’功能”①，并列举了紫阳书院的资产管理记录（1806年，

① 1940年代，在北京进行行会调查的仁井田陞（1951）发表于东京大学东洋文化研究所的研究成果报告书《中国社会与行会》指出，行会形成的直接原因在于“与外界的关系……中维护成员的利益尤其是经济利益这一点”，强调“即使是成员内采取的个别自由行动，目的也在于维护成员整体的利益”（仁井田陞，1951：69）。并指出，“仅在组织内部……遵守友爱守信仁义的道德标准，而当对外……则不必遵守这些道德标准，可以观察到其对内道德……与对外道德并不一致”（仁井田陞，1951：15）。尤其是对于“行会的联合体”在“干预都市行政”（仁井田陞，1951：22）方面有如下描述（仁井田陞，1951：51）。说中国的商业行会或行会联合体参与市政，这只是美其名曰的说法，不如说是因为官府的懒政而导致他们不得不承担起道路桥梁修建、消防夜警和贫困救助等工作，换言之，是官府有意为之……。如此，与其说中国的商业行会乃至行会联合体与官府存在二元政府的对立关系，……莫不如说他们只不过是“填补官府行政空白”的补充而已。

嘉庆十一年）中所记载的修建道路、栈桥，举办慈善、福利活动，组建消防队和商团（用于自卫的军队）等具体例子（斯波，2002：175～179）。他进一步力证在1870年代，以药业、造纸和票号等“一半也是公共的行业组织联合体”为母体的“八大行”终于正式承担起“汉口全市的福利和治安”服务（斯波，2002：180～181）。这位大家追溯了“老总”这一最高领导职务的形成过程并指出，“或许应该说它是由士（绅士）和商相互融合的人物所担纲的更为准确”（斯波，2002：180）。

正如前文所述，提出“士商互动”这一观点的余英时（2009）指出，以徽商为代表的明清商人将“商业经营视为严肃而神圣的事业”，他们的胸怀并不逊于以实现天下长治久安为己任的“士”的抱负，自觉扛起了“社会责任”（余英时，2009：26）。另外，地方政府也经常“呼吁商人为社会福祉大笔捐赠”（余英时，2009：27），文人们也开始提倡“富裕”是“行仁义”的物质基础。

W. Rowe（1989）（威廉姆，2008）在19世纪的《汉口》一书中，将富商们致力于公益活动的行为，解读为“是使自己获得正当的社会地位的手段之一”（威廉姆，2008：73）。当时，要在汉口继续经商，就需要接受地方政府或当地权势的捐赠要求，但是，他也指出，商人们之所以积极参与治水和治安等事业，是因为这也是他们以资金实力将管理权限扩展到周边农村的政治权威扩大的手段之一（威廉姆，2008：221）。

除了汉口外，重庆和苏州等地也存在类似的都市运营机制，对此，J. Friedmann（2008）指出，“这在今天看来是意义非常深远的”（弗里德曼，2008，19），但同时他又仿照Gertrude Stein的文风写道，“在短期居住人口和外来人口为主的都市中，不存在全体居民集体共同设立的象征性核心组织，‘在那里，不存在自发（Self）性质的东西’”（弗里德曼，2008：200），从而指出对此有待再考。同时他也指陈，“这其实也正是当事者谁都无须负说明责任的非正式手法”（弗里德曼，2008：201）。

另外，厦门大学历史研究所王日根所长（2007）在其专著《中国会馆史》中，尤其是在描述会馆与流动人口的关系中写道，在官府眼中会馆的责任就是“管理流寓者”。明清时期，“有的地区流寓人数甚至超过了土著。如果说土著适合于用家族、用保甲里甲厢坊来管理的话，那么，对于流寓，就不是上述各种组织所能收效的，这里存在着行业的多重性、人员的流动性、文化的复杂性、规模的庞大性，会馆的社会管理功能便在上述各种组织的管理之外，显示出自己的优越性来”（王日根，2007：25~26）。

（四）“女性们”在哪里

关于徽商的生活状态，如前文所述，他们经常往返于多个地点之间，“一世夫妻三年半”是常态。在朱熹的世界观中，妻子（第一夫人）的“归处”始终是夫家，最重要的是侍奉公婆，养育子女，并且时刻谨记遵守妇德，守望丈夫归来（美亚，1995：82，98）。而且，即使年轻时丧夫——有时甚至是未过门的丈夫——也必须从一而终，遵守妇德这一“同等桎梏”，老死夫家（美亚，1995：123~127）。

明代，特别是徽州府歙县产生了相当多的节妇烈女。根据方志（地方志）统计，从1368年到1609年，歙县烈妇（为了守节殉夫的女性）人数为191人，并有特殊的绝食自亡的风气（衣若兰，2011：78~79）。

在《中国婚姻小史》中，古风（2010）介绍了明太祖时期开始有女性守节的诏令。“民间寡妇，三十以前夫亡守志，五十以后不改节者，旌表（设立石碑或牌坊，表扬节妇）门闾，除免本家差役”（古风，2010：169），这种思想来源于朱熹和吕祖谦收录的宋代思想名著《近思录》中程伊川（程颐）“饿死事极小，失节事极大”的名言（古风，2010：138）。

另外，常年背井离乡在外经商的徽商也有俗称“养瘦马”这一在外纳妾的风气（王振忠，1996，156）。并且，新安商人在娶妾、宿娼方面，往往不惜挥金如土（王振忠，1996：136）。上海师范大学唐力行等（2007）对于徽商在故乡娶妻，在经商的外地纳妾的生活方式做了如下考察（唐力行等，2007：136~137）。

> 由于徽州人的宗族观念十分强烈，所以徽商往往离土不离根，他们虽然长期在外经商，却把家留在了徽州，由妇女独守家园。不少徽商在经商地纳妾，造成徽州特有的一种婚姻现象：两头大（两头都是大太太）。所谓两头大，是指徽商在家娶的妻，与在经商地纳的妾，也许一辈子也不见面，所以经商地的妾的实际地位与家乡的妻一样高，都为“大”，而无“大”“小”之别。

最后，巴黎第七大学教授民族学的美亚（Charles Meger）在《中国女性历史》（原著1986/日译1995）中提出，“数世纪以来，中国女性被封闭在以儒家思想为本的家庭中，作为低一级的存在被仅需服从的制度所束缚”（美亚，1995：368），而“支撑她们内心微弱反抗心理的精神支柱”（美亚，1995：55），则是早就渗透于她们“归处”的佛教，并做了如下阐述（美亚，1995：368－369）。

> 女性从佛教信仰中找到从被忽视中解脱的道路，或许她们也试图从中找寻自己所渴求的东西的答案，而这并未被视为危险行为。人们认为信仰适合女性，男权社会对此毫不关心，完全认可女性的佛教精神信仰。当然，佛教会在每个信徒的心里播下重视个体的精神种子，而这通常会被儒教的社会道德视为造成混乱的根源。但是，表面看来，这种佛教的精神在家族结构中被弱化，被窒息，甚至被视为无所助益于弱者。

对于佛教被“弱化”的这一事实，臼井佐知子（2005：409）解释道，明清时期，随着宗族关系的强化，个人的宗教信仰的性质发生了变化，“人们对寺院的修缮，不再是个体的佛教信仰自身，而是基于子孙应该继承祖先的善行的考虑，而且修缮行为往往采取举族共同参与的形式进行”。

（五）以何种视角被描述

在本章中，笔者梳理了徽商“平行‘居住’”的文献研究。在下文中，笔者将参照论文开篇所介绍的“牛顿式城市治理”，以及“量子城市治理”的理论框架，探究这些文献研究所描述的“视角”，换言之，要重新考察前辈们在论及这一问题时“看问题的视角”，同时提出笔者构建的理论框架的要点。

首先，关于徽州（新安）商人这一称呼，一方面，对于徽商来说，在“流动的”社会中，这一称呼适合于他们彰显已经“觉醒”了的自我的存在；另一方面，对于研究者来说，这一称呼也方便他们明确提出“观察”对象的“重要性”，是以“出生地”＋“职业”的组合来表达“个体的存在方式”的手法。同理，“新安画家”这一饶有意味的身份命名也是如此。以在“故乡”和“外地/侨寓地”之间“往返/往来”居住为特征的徽州商人，也可以用“徽州人”“汉口人”这样以“出生地名＋人”“居住地名＋人”的形式来“区别”使用。

关于这一表现形式，罗威廉（William Rowe）（1984：250、342）将其称为“出生地/居住地身份”，指出这是“土著之身份多元化”，另外，斯波义信（2002：143）将其比喻为“根据不同的场合拿出不同的名片”，强调这是“多重、多元的身份”。此外，根据臼井佐知子（2005：143、144、146）的解读，徽商的“移动/‘职业’选择”战略，归根结底是一种“‘液态’的流动”。

这种“‘液态’的流动”，“是基于流动者角度的动态观察视角”，这一点，正与“牛顿式城市治理”的“液态”相吻合。只是，暂定的补充说明“超越了固态的静止框架”，与其说指的是“不动不变的‘国民国家’这一框架”，倒不如说有必要解读为仍然是“中国自古以来司空见惯的像嵌套的盒子似的模式”（弗里德曼，2008：211）。而且，需要留意的是如下这样一种机制：在“网络状的关系中形成”的，除了“地域共同体”，还有“宗族”这一父系家族组织高度参与的“跨越村落的团体/同乡、同业组织/行会联合体”，甚至作为社会重要“齿轮”运转的“士商”，也不再是泾渭分明的不同“主体”，而是处于“互动”（余英时，2009：23）的关系之中，并在“理气论的世界观”指引下，寻找有利于彼此的“双重价值观”（曹天生等，2010：118），从而巧妙地提升他们的存在感。甚至在“流动者”身上，还出现了“社会责任/公益活动/市政执行”等出人意料的关键词。“会馆”作为他们开展活动的场所，不仅对流动者自身意义重大，即使是对于“固态”存在的“官府”来说，它也是“管理外来人口/流寓者”的有用手段（王日根，2007：25~26）。

当然，徽商身后的“女性们”，则被束缚于特定“价值观”的“妇德”的“桎梏”中而成为静止的存在。作为徽商的“妻子/寡妇/贞女/烈妇”或是“妾”的“我”，待在各自应该待在的“归处”平静度日，这被视为“天经地义”，其中也不乏一些“归处”变成了“牌坊”从而度过“崇高的人生”的女性。总之，这样的“‘居住’状态/个体的存在方式”，将它定义为“固态”自然顺理成章，即使换作“液态”的“观察者”的视角，也会觉得她们是顺从的存在。然而，也可以“观察”到，“女性社会”为了摆脱“礼教家庭”的束缚转而寻求“佛教”这一对自己来说充分的“答案”的现象（美亚，1995：55、368~369）。只是，这仍然只不过是“近似地”描述而已。

另外，牧野巽（1985）和臼井佐知子（2005）在关于“族谱编撰/通谱”的考证中，在考察“个体存在方式”时提出，需要留意其中“人为地、有意识地”“创作/做作”这一“虚构”特质，这一点倒是笔者在“从物理学类推”中所始料未及的。

如上所述，从“量子力学”出现之前的“视角”来看，原则上它们属于“液态”，或是基于“固态”视角“观察”的“古典性”范式，但假如对其重新审视，则可能直觉上会认为更进一步以“量子力学性质的叠加、纠缠状态”来解读更为妥当。正如前文已经提及，无论是作为引领社会的“旗手”的“士商”的“互动”，还是同时兼具两种“相互矛盾的价值观”而坚韧生存的“女性们”，还有“两头大”（两边都是大太太）（唐力行等，2007，136～137）这一“平行”的“居住状态”，以及新锐物理学者 Danah Zohar 在《量子自身》（1990）（左哈尔，1991：208）中作为超越“特定的空间、时间”的“场/个体的存在方式”所提示的“我也是我——你（与你的统一体）”①，都可谓是类似的极佳案例。

假如以量子力学的范式来考察，则它们都像哥本哈根解释一样，是在事先假定“居住状态/自我（个体的存在方式）的塌缩”的基础上，根据需要适当“做作”，从而“人为地”挑选出应当“觉醒的”，或是需要被“观察”到的“状态/存在方式”而舍弃其他——这恰好与“区别使用”这一词的语义相通。在这样的挑选过程中，某几个被挑选出的有意义的“状态/方式”，被描述为“互动”或“多重/多元”等仿佛多重世界解释一般的纠缠状态。然而，不应忽略的是，在“观察者”所注目的范围之外，“以量子力学性质共存的复数状态/个体存在方式的整体”中，每天都有许多其他的“斗争”在上演（谷村，2012：67）。

四　打磨“可想象的治理的记述”

为了进一步深化“量子城市治理”理论，本文先纵览了对“平行‘居住’”的“徽州商人的生活方式”的先行文献研究，包括作为其研究前提的“从中国社会变动的解读视角出发”，并考察了这些研究属于“何种‘看问题的视角’”。

基于前文的考察，在本文的最后一个章节中，笔者将打磨“可想象的治理

① 关于〔英〕丹娜·左哈尔（Danah Zohar）的《量子自身》（*The Quantum Self*）的要点已经在谷村光浩（2012：63～64）“4－3. 量子的‘我’”中加以总结。

的记述”这一本论文的主要课题。另外，正如在表1中所注释的，此处的“/”指“and/or”，即“以及/或者”之意。

首先，笔者将对“一．引言”中所提出的“牛顿式城市治理”的有关概念做如下补充，补充部分以斜体表示。

【牛顿式城市治理】

源起于经典力学的类推的这一治理方式，包括以下“固态”和“液态”两种思考模式，其世界观是一开始就设定存在“不动不变的‘国民国家’的框架”，认为整个社会是一部由国际机构、市民社会组织、企业公民等“行为主体”构成的精巧的机器，“定居”的基本法则支配着这个世界。牛顿经典力学范式的前提是需要将整个社会以“近似”方式来看待。

并且，在现代社会中，在这一“机械论式世界观”的基础上进一步巧妙地引入了“道德、伦理当为法则”，从而形成一些特定的价值观模式并影响深远。

- “固态的治理”指的是，由固着在某一领土内的定居者组成的传统的共同体，它基于地方政府和国家政府——*类似“嵌套式的盒子”的模型*——这一现代民族国家的构成要素，并得到致力于加强或巩固基于这一逻辑的国际组织和跨国公司的认同。在此，移居者被看作谋求唯一最佳解决方案而流入的新的定居者。
- “液态的治理”指的是，如同从作为唯一最佳解决方案的定居地往返穿梭于全球空间的人们，以及那些为寻求定居地而移民的人们相互交织形成的*跨地域/跨国性的构造*一样，它突破了固态治理的静态框架，是由地域共同体通过家族、*政治/经济活动、伦理/价值观与世界观等之间的各种关联性*，在与多元社会的网络状关系中交织形成的侧重于流动者的角度的动态观点。*有时，“行为主体”的融入状况会被关注，出现小政府、社会责任、公益事业这类关键词的描述，甚至有实力的流动者团体实际上可能还承担着“市政”功能。在局部范围内，有时还巧妙地创造出“静止不动的”主体，并且能够观察到其支撑流动者生活的这一机制的形成和强化进程。*

在下文中，笔者将对“量子城市治理”理论的若干定义进行补充，补充部分以斜体表示。

【量子城市治理】

“量子城市治理”是指，将基于“机械论式的世界观”所定义的“定居”型社会，*包括渗透于其中的伦理观/价值观和世界观等诸形态*，以“近似于”的方式来解读、运营的牛顿经典力学范式做进一步深化发展，对具有复数个“居住”状态/身份的——*不仅仅指“实体”存在，亦包括了“立场”*——量子力学性质的多重叠加，纠缠的状态，借鉴多重世界解释，提出以多重“居住”/多重身份来解释的城市治理理论。

关于“量子城市治理”理论的“核心部分的‘量子力学性质状态’解释”，笔者亦将补充数笔。具体来说，笔者将对谷村光浩在前著从移动人口研究类推可想象的‘量子城市治理’记述（谷村，2012）中首次提出的，基于被视为量子力学和古典力学之间的拼凑的哥本哈根解释所推导出的解读方法的“‘居住’状态/身份的随机解释”（谷村，2012：66），以及，对照这一解释，从多重世界解释角度类推得出的论述“多重‘居住’/多重身份解释”①（谷村，2012：66～67）这两个解释进行升级更新。更新部分在下文中以斜体字体表示。

- “‘居住’状态/身份的随机解释”

在“‘居住’状态/身份（个体的存在方式）的随机解释”中，量子力学性质共存的复数状态/存在方式被视为“实在（潜在的事物）”。*这其中既包含了基于事实的“潜在的事物”——薛定谔方程式中可用逻辑解释的部分，也包含了毫无根据的“编造”成分——与薛定谔方程式毫不相干的事物。*

然而，在观测的时候，观测者——当观测对象为自己时观测者即为本人——“随机”选定某一种“‘居住’状态/身份”，而舍弃除了

① 此处仅以“居住”和“身份”作为探讨对象，但正如谷村光浩（2012：66）已经阐明的，笔者推测“还有必要对超出这些之外的其他事项也加以考察，总之，这一崭新的视角，终究只不过是仍需进一步研究的初步提案而已”。

这一状态/身份以外的其他。也就是说，观测者事先已经假定了存在"'居住'状态/身份的塌缩"。无论观测对象被描述为何种叠加或纠缠的状态，实际上，它们只不过是一个个被分别捡拾起来处于"既定范式"的延长线上（或是能够被观察到）的典型的"一个个状态/身份"的"拼凑"而已——对于观测者来说"无意义"的状态/身份，实际上极有可能被当作虚无的或仅限于某种情况出现的细枝末节的现象而加以处理。*甚而至于，某些时候，出现了将这些被观测到的典型的状态/身份"人为地"叠加在一起，并模拟多重世界的解释口吻描述观测对象的情况。*

另外，有时那些所谓的"最正确"的状态/身份并非是"*实体*"性质的存在，而只不过是*基于某种伦理观、价值观或世界观的"适当"的"立场"*。

- "多重'居住'/多重身份解释"

在"多重'居住'/多重身份（个体存在方式）解释"中，将以量子力学性质共存的复数个状态/身份的"*整体*"作为多重世界解释所阐述的——超越了古典论性质的实在——"实在"。*这个"整体"也包含了无事实依据而"编造"出来的方便于其自圆其说的"虚构"。*

在观测的时候，观测者将成为何种"居住"状态/身份的观测者，与其和各状态/身份的相互依存程度密不可分。*即使当观测对象为观测者本身，根据其与"周边事物的相互作用"，观测者或许会特别关注某一状态/身份*。但在观测时，观测者完全不会考虑"居住状态/身份的塌缩"的干扰，而认为所有其他的状态/身份都是彼此共存的。

不预设自己想要观测的立场，不希望成为任何一种例外，由此出发，假如梳理一下上文所述，则当"某个人在A处的'居住'状态与在B处的'居住'状态相叠加、纠缠"的情况下，在观测时，在某一个分支上，观测者会看到其在A处"居住"。而在另一个分支上，同一个观测者，则会看到其在B处"居住"。

另外，当"某个人同时具有X这一特征与Y这一特征并相互叠加、纠缠"，在观测时，在某一个分支上，观测者会看到其具有X这一特征。而在另一个分支上，同一个观测者，却会看到其具有Y的特征。

总之，由于各个观测者都认为自己是唯一的存在，因此，他们会认为自己观测到的“居住”状态/身份是一种偶然现象。然而，假如放眼“现实”这一“整体”，则可以看到实际上各种可能的状态/身份是同时并存的。

另外，推而论之，即使有人主张的某种“居住”状态/身份并非作为一种“实体”，而是作为基于某种伦理观、价值观或世界观的“适当”的“立场”，则其他的状态/身份也仍然一直与之共存。

最后，笔者认为，在本文的案例研究中，关于“量子城市治理”理论所提出的关键词的定义依然不过是“初步的提案”。正如在引言中已经表明的，笔者时刻谨记思考“如何让全球化/城市化令所有人受益”这一初衷，今后也将借鉴前辈们在城市/地区发展等各领域的治理研究，进一步深化思考，不断对“量子城市治理理论”做出修正。

在撰写本文时，笔者从前辈们关于中国思想史、都市史以及徽州商人的研究中获益良多。在此再次对各位方家致谢。同时，虽为僭越之举，但假如笔者所采取的这一既非“自外而内”亦非“自内而外”的视角——两者皆停留于对“主流”思想的说明，以及对与之相关的要素解读——而是参照“量子力学性质的叠加、纠缠”状态，重新思考人们“斗争”的“场/个体的存在状态”的这一“初步提案”能够成为该领域思考的一个新契机，则实为笔者之幸。

参考文献

曹天生等（2010）：《重向新安问碧流》，北京：经济科学出版社。

池田知久（2007）：《秦汉帝国之天下一统》，沟口雄三等《中国思想史》，东京：东京大学出版会，第 1 ~ 84 页。

〔英〕丹娜·左哈尔（1991）：《量子自身》，中岛健译，东京：青土社。

古风（2010）：《中国婚姻小史》，北京：东方出版社。

广松涉等编（1998）：《岩波哲学　思想事典》，东京：岩波书店。

沟口雄三（2007）：《转型期的明末清初与剧变的清末民国初期》，沟口雄三等著《中国思想史》，东京：东京大学出版会，第 141 ~ 241 页。

沟口雄三等（2007）：《中国思想史》，东京：东京大学出版会。

谷村光浩（2009），《从物理学类推得出的“可想象治理”记述》，《名城论丛》，Vol. 9 No. 4，名古屋：名城大学经济·经营学会，第51～66页。

——（2011）：《从物理学类推得出的“可想象治理”记述》，李勇译、程雅琴校，王名主编《中国非营利评论》，Vol. 8，北京：社会科学文献出版社，第92～115页。

——（2012）：《从移动人口研究类推可想象的“量子城市治理”记述》，《名城论丛》，Vol. 12，No. 4，名古屋：名城大学经济·经营学会，第49～70页。

——（2014）：《从移动人口研究类推可想象的“量子城市治理”记述》，程雅琴译、李涛校，王名主编《中国非营利评论》，Vol. 13，No. 1，北京：社会科学文献出版社，第24～53页。

胡适（2005）：《胡适口述自传》，唐德刚译注，桂林：广西师范大学出版社。

臼井佐知子（2005）：《徽州商人的研究》，东京：汲古书院。

〔美〕柯文（1988）：《知识帝国主义》，佐藤慎一译，东京：平凡社。

牧野巽（1985）：《中国社会史诸问题》，东京：御茶水书房。

美亚，C.（1995）：《中国女性历史》，辻由美译，东京：白水社。

朴元熇（2009）：《明清徽州宗族史研究》，北京：中国社会科学出版社。

仁井田陞（1951）：《中国社会与行会》，东京：岩波书店。

人民网日文版（2016）：《数说中国流动人口》，2016/10/20，j. people. com. cn。

斯波义信（2002）：《中国都市史》，东京：东京大学出版会。

唐力行等（2007）：《苏州与徽州》，北京，：商务印书馆。

〔美〕威廉姆，R.（2005）：《汉口：一个中国城市的商业和社会（1796—1889）》，江溶、鲁西奇译，北京：中国人民大学出版社。

——（2008）：《汉口：一个中国城市的冲突和社区（1796—1895）》，鲁西奇、罗杜芳译，北京：中国人民大学出版社。

王日根（2007）：《中国会馆史》，上海：东方出版中心。

王振忠（1996）：《明清徽商与淮扬社会变迁》，北京：读书·生活·新知三联书店。

小岛毅（2007）：《唐宋变革》，沟口雄三等《中国思想史》，东京：东京大学出版会，第85～140页。

〔美〕约翰·弗里德曼（2008）：《中国城市变迁》，谷村光浩译，东京：鹿岛出版会。

衣若兰（2011）：《史学与性别：“明史·列女传”与明代女性史之建构》，太原：山西教育出版社。

〔美〕余英时（2009）：《近世中国的儒教伦理与商人精神》，陶德民译，陶德民等编《东亚公益思想变迁》，东京：日本经济评论社，第15～30页。

中岛乐章（2009）：《徽州商人与明清中国》，东京：山川出版社。

竹内薰（2001）：《从零开始学习量子力学》，东京：讲谈社。

——（2004）：《改变世界的现代物理学》，东京：筑摩书房。

张长虹（2010）：《品鉴与经营——明末清初徽商艺术赞助研究》，北京：北京大学出版社。

赵华富（2004）：《徽州宗族研究》，合肥：安徽大学出版社。

IOM（International Organization for Migration）（2015），*Global Migration Trends 2015*，Berlin，Global Migration Data Analysis Centre.

Lary & Diana（1980），"Warlord Studies，" *Modern China*，6.4.

Rowe，W.（1984），*Hankow：Commerce and Society in a Chinese City，1796 - 1889*，Stanford，Stanford University Press.

——（1989），*Hankow：Conflict and Community in a Chinese City，1796 - 1895*，Stanford，Stanford University Press.

Tanimura，M.（2005），"Development and Urban Futures"，*The Journal of Social Science*，No. 54，Tokyo，International Christian University，pp. 49 - 72.

——（2006），"Beyond UN-Habiatats Classic Framework in Urban Development Strategies"，*The Journal of Social Science*，No. 57，Tokyo，International Christian University，pp. 275 - 304.

——（2009），"Descriptions of 'Conceivable Governance' by Analogy with Physics"，*The Meijo Review*，Vol. 10 No. 2，Nagoya，The Society of Economics and Business Management，Meijo University，pp. 27 - 46.

UNCHS（United Nations Centre for Human Settlements）（2001），*Cites in a Globalizing World*，London，Earthscan Publications Ltd.

UN-Habitat，et al.（2012），*The State of Chinas Cities 2012/2013*，Beijing：Beijing Foreign Languages Press.

World Bank Group（2017），*Migration and Remittances：Recent Developments and Outlook*，pubdocs. worldbank. org.

（责任编辑：蓝煜昕　李勇）

在民间公益领域培养跨国思维

——从日本国际协力机构自然学校技术援助项目论起*

李妍焱**

【摘要】 民间公益领域的跨国性交流实践活动，有可能促进民间公益领域的跨国思维的培养。通过设计和实施民间公益领域的交流合作项目，可以探索培养跨国思维的战略。日本国际协力机构（JICA）资助的中日自然学校交流培训项目的案例研究显示，该项目中的跨国战略包括"越"（跨越国境）、"脱"（摆脱原有思维束缚）、"接"（连接和结合）三个环节。为实现这三个环节，以下六点因素尤为重要：(1) 设置与生活和工作息息相关的交流平台；(2) 组建能相辅相成相互有良好刺激的交流团队；(3) 明确和共有长远梦想与短期交流目标之间的关系；(4) 选择能带来具体启示的交流素材；(5) 设置有人格魅力的访谈人物；(6) 设计丰富和有拓展性讨论余地的交流情节。在实践这六点因素的过程中，作为文化翻译者的"媒介者"具有不可替代的作用。

【关键词】 民间公益领域　跨国思维　中日交流　自然学校

目前，支撑着民间公益领域的基本价值观——对人性的尊重、节制、宽容、非暴力、和平等价值观，正在受到全球范围内的强硬排外势力威胁。如何能够

---

* 本文为日本文部科学省2011—2015年度科学研究基金基础研究C（课题编号23530683）的部分研究成果。

** 李妍焱，日本驹泽大学教授，社会学博士，主要研究领域为中国和日本的民间公益领域的发展特征以及社会创新的可能性。

对抗排外主义，继续寻求全球民间公益之路，民间公益领域需要有意识地摸索其途径。因此，在民间公益领域培养跨国思维具有非常重要的意义。通过设计和实施中日民间公益领域的交流合作项目——日本国际协力机构（JICA）资助的中日自然学校交流培训项目，可以探索培养民间公益领域跨国思维之路，为今后民间公益领域的跨国交流实践活动提供方向和启示。

一　民间公益领域①与“跨国思维”

民间公益领域的共性，在于对人性的尊重和对可持续社会的追求，但这种基本性质正在经历着全球范围的排外主义冲击。“跨国思维”是抵御这种冲击和侵蚀的不可缺少的思维方式。

（一）排外主义对民间公益领域的冲击

经过二十多年的全球化洗礼，世界的政治局面在某种程度上正在朝着反全球化的“排外主义”猛进。这种趋势的出现对于众多期待世界更加开放平等、社会更加进步的民间公益领域人士来说，饱含着意外性和冲击性。超越国境的联合体欧盟获得诺贝尔和平奖是在2012年，那时相信世界会越来越一体化，国家的界线会越来越失去意义的人不在少数。然而突然间，主张“美国优先”的特朗普当选美国总统，英国国民投票的结果决定脱离欧盟，欧洲各国极端排外的右翼政党纷纷抬头。这些趋势使得民间公益领域不得不认识到，世界并没有因为全球化而更加走向和平与宽容，创建出共同面对和解决社会问题的更为有效的途径，构筑令人期待的“全球公民社会”（Global Civil Society）②。反而，

① 本文中，“民间公益领域”的含义等同于civil society。

② 关于“全球公民社会”的含义，可以参阅玛丽·卡尔多（Mary Kaldor）的“Global Civil Society：An Answer to War”。作者指出当代意义上的全球公民社会的定义会根据观点有所不同。比如社会活动家的观点，重视权力的再分配、公众参与和社会组织的自律。这里所指的全球公民社会具体指超越国境开展活动的各种国际NGO或国际性的社会运动，比如国际性的环保运动等。新左派的观点，则重视“依靠社会性连带而成立的、制约国家权力、部分提供替代性社会服务”的第三领域的功能。比如慈善事业、志愿者活动领域。这里所指的全球公民社会主要由国际性基金会、人道主义救援NGO、各类促进全球经济化的NGO来承担。后现代派的观点，则重视“多元主义”和“提出异议的权利”，这里所指的全球公民社会，更加强调各个地域的独自的特征，强调国民性和宗教性共同体的重要性。社会活动家观点的全球公民社会主张“地球公民”的重要性，后现代派更加趋向于注重本土和在地的“共同体”（卡尔多，2007：13～17）。

在民间公益领域埋头各做各的公益事业的时候，支撑着这个领域的基本价值观，包括对人性的尊重、节制、宽容、非暴力、和平等价值观，并没有渗透进社会主流意识，更无力阻止强硬排外势力的扩散。

2017 年 2 月，日本民间公益领域的代表性学者们合著了一本最新最全面的教材《公民社会论：理论与实证的最前沿》（坂本编，2017）。这本号称“至少保证 10 年的可读性”的雄心勃勃的书的最后一章，分析的正是“民间公益领域的负面——排外主义的抬头”。其中指出，排外主义不仅停留在极右政党等政治领域，同时也侵蚀到市民活动的领域，比如美国反穆斯林极右市民团体“茶会运动”（Tea Party Movement）、日本排斥外国人的“反对在日特权市民会”（简称“在特会”）等排外势力，正以市民运动的形式扩张（樋口，2017：279）。“弱者和少数派是否能得到足够的尊重”，理应是衡量民间公益社会成熟度的指标，然而为何排外思想会以市民运动的形式扩张呢？樋口以“在特会”为例，指出了两点原因：第一，其成员大多数并非激烈的右翼分子，他们对外国人的排斥心理并非来自自身与外国人的直接接触，而是听信了“在特会”描绘出的周边强势国家对日本的威胁性，以及在日外国人享受不合理特权的传言，感觉到“恐惧和愤怒”，从而走向排外；第二，这些人之间的信息传播极大利用了互联网媒体。主张宽容和多样化的左派市民团体，因为在历史上已经拥有一定的组织基础，并且重视“面对面的沟通”，对互联网媒体的利用不是很积极。然而右翼团体因为长期以来在社会上受排挤，没有现实的组织根基，所以一开始就大力使用互联网媒体，成就了短期内的影响力（樋口，2017：280～293）。可以看出，支持排外主义的人并非因为他（她）本身是右翼分子，反而他们多数都是“普通人”。他们是出于本能的“恐惧和愤怒”而走向排外的。

民间公益领域的诸多机构、个人、活动项目和网络，其主张和性质自然不是均质和单一的。但其活动的出发点理应是有共通性的，那就是对人性的尊重和对可持续社会的追求。国家之间、民族之间、宗教之间的纷争甚至战争，无疑是对人性、对社会环境和生态环境、对可持续的价值观的巨大破坏。而“排外”则会加剧纷争甚至战争的危险性。如何能够对抗排外主义，继续寻求全球民间公益之路？民间公益领域已经到了有意识地摸索对抗排外主义扩张途径的阶段。“在民间公益领域培养跨国思维”的重要性，正源于此。

（二）何为“跨国思维”

“跨国思维”意味着体现了“跨国主义”（Transnationalism）的思维方式。

那么何为跨国主义？在社会学领域，论及跨国主义的概念，史蒂芬·沃托韦克（Steven Vertovec）的同名专著经常被引用。“跨国”当然意味着超越国界。但他认为仅仅是在国家之间往来，那只能称为“国际”（International），而不是跨国。“跨国”是指“有着超越国籍的共通性（比如宗教、文化、地理起源的共通性）”的“国家以外的行为主体”进行的、可持续的相互关联和交流（沃托韦克，2014：4）。在这里史蒂芬强调的是“国家以外的行为主体”，还有行为主体之间“超越国籍的共通性”。

西原和樽本是日本社会学界研究跨国问题的代表性人物。他们对“跨国”概念做了更为简洁明了的说明——它意味着“超越国籍差异的，人们相互交流的场面”；跨国关系是由“超越国家的个人交流等相互行为”构成的、相对于“国际关系”的“人际关系”（西原、樽本，2016：21）。这里强调的是“个人之间的交流”。也就是说，“跨国”指的是“有着超越国籍的共通性的、以个人为单位进行的、持续性的相互行为”。

社会学领域有关跨国研究的聚焦点，主要分三类：“跨国的事实和状态”、“跨国的视角（方法论）”以及“跨国的理念”。“跨国”，一端指“移动”的事实和状态，另一端则意味着“摆脱国家框架束缚”的理念。西原和樽本指出，有关跨国的研究，基本都位于连接这两端的轴上（西原、樽本，2016：21～23）。“我们重视跨国，不仅因为作为事实这一现象值得瞩目，更重要的是因为它是思考今后社会走向的重要思路。”因为“跨国”理念，意味着拥有“超越国家的想象力”，“包含着批判现状，拓展未来的可能性。跨国的思考和实践，可以开拓我们挑战不公与差距时的视野”（西原、樽本，2016：27～32）。“超越国家的想象力”，可以说是跨国主义之所以重要的根本原因。

然而，不难想象这种“超越国家的想象力”的实践会伴随很大的困难。因为仅仅是超越国界的移动并不会马上带来“超越国家的想象力”，也不一定会打开挑战不公与差距的视野。如何才能实践追求“跨国的理念”，需要我们通过具体的跨国案例逐步摸索澄清：“界线”意味着什么，是怎样形成的？“跨”（trans）意味着什么，是如何实践的？

我们讨论跨国时，“国家的界线”不单纯等同于“国境线”，更多的是指文化的界线。冈村（2003）的观点对思考“文化的界线”的含义很有帮助。她指出，“文化的归属（也就是自文化和异文化之间的界线）”并非是划好了的、固定不变的，而是在实践中不断“生成”的，因此需要“动态”地去把握。文化差异的界线，一方面比如身体特征、地理环境特征等，其显示的是“实实在在的差异”，但同时又是模糊可变的。界线不是一个一成不变的前提条件，而是通过相互之间的影响在彼此的意识中不断生成和变化的。那么“跨”这一行为，自然也不仅仅意味着从这一边移动到那一边。本文赞同西原指出的“跨”的三个含义：“越”、“脱”和“接”。“越”是指“跨越国境”，即物理上超越国境的移动；“脱”是指“摆脱束缚”，即思维上摆脱国界的束缚；“接”是指“连接和结合”，即行为上促进不被国籍束缚的相互理解和合作。从追求跨国理念的意义上讲，可以说“脱”和“接”更为关键。因为只有实现这两点，才能够真正追求人们在意识上和行为上的“创新”（西原，2016：68～73）。

本文的基本观点是，“跨国”不仅意味着跨越国境、摆脱束缚，更意味着连接和创新。需要摸索的，就是如何捕捉和促进这样意义上的跨国。“跨国”的行为，会带来一种特定的状态，并有可能促进脱离国家框架束缚的思维方式得以形成。这种“跨国思维”方式，有望贡献于抵御排外主义的思潮，从而促进社会进步。

本文将着眼于中日民间公益领域的交流合作，具体以2012～2015年笔者作为项目总设计人和实施负责人参与的、日本国际协力机构（JICA）资助的中日自然学校交流培训项目，以及项目结束后派生的中日之间的交流活动为案例进行分析，重点关注参加交流培训项目的中方人员的变化，考察怎样的“越”“脱”“接”，才能促进在中国民间公益领域形成抵御排外主义的视角，培养有可能贡献于社会进步的跨国思维。

二　通过中日民间公益领域的交流和培训来培养跨国思维的原因

为什么着眼于中日民间公益领域的交流培训活动？社会学中跨国问题的研究对象多是居住在异文化中的外国人（移民），因为跨国研究重视“超越原有文化的新的社会和文化的生成”，而这种生成需要时间和过程。因此，比起短期的移动，“移民”更适合于跨国研究。但是考察“越”“脱”“接”的跨国行为时，不能忽视短期的移动者。比起长期移居的移民，短期的移动者是更加庞大的群体。摸索短期移动如何能够促进跨国思维的生成，对追求跨国理念的实现将具有重要的贡献。本文以中日民间公益领域的交流为对象来思考“跨国”，想要强调的是：民间公益领域所从事的对于社会问题的实践，本身就具有“超越国籍的共通性”。因此这一领域的“跨国”，即使是短期的，也有足够可能性推进“跨国思维”。我们可以期待通过在民间公益领域的交流培训活动鼓励和培养跨国思维，从而促进抵御排外主义的社会力量的形成。

（一）中日双方能形成相辅相成、互补互利的民间公益领域

笔者从1999年开始研究中国和日本双方的民间公益领域，关注这一领域中双方的发展和源于公民自发实践的社会创新，在此过程中笔者发现双方的这一领域既有同时代性，又各有千秋。如能实现双方的“连接”，会很有“共进”和“互补”之功。具体可以参照李妍焱（2014）的相关论述，在这里仅做粗略描述。

中日双方的民间公益领域，有很多意外的共性。比如1995年对双方来说都是象征着NPO/NGO时代拉开帷幕的一年；1998年对双方来说都是NPO/NGO作为正式的社会机构被认知的一年。大地震的发生推动了民间公益领域的成长这一点也是相似的。在与政府的关系方面，近年来中日双方的民间公益领域都开始面临如何确保独立性和主张不同价值观的问题，进入了自省的时期。这些共同或类似之处源于共通的时代背景：政府和市场不能充分有效地回应社会课题；互联网时代使信息的扩散和交换异常容易；质疑20世纪的开发和发展的方法论，倡导追求可持续发展的世界性潮流。

另外，中日的民间公益领域由于发展历程和特征不同，我们可以看到其相互之间有很多互补性（见表1）。

表1　中日民间公益领域的对比

	日本民间公益领域	中国民间公益领域
制度环境	**追求制度合法性** 争取完善法人制度和税制优惠政策，希望通过在法律上被承认为“正式法人”来提高社会认知度	**追求社会认同** 相对于在法律制度上登记为NGO，更重视扩大社会认同，展示“是在做有益于社会的、正当的社会活动”
活动承担者	**中老年居多** 年轻人与中老年人之间连接不畅	**知识分子和学历较高的年轻人居多**

续表

	日本民间公益领域	中国民间公益领域
组织形态	**会员制与集体运作** 重要的方针，由成员一起商量决定	**围绕核心领导人** 理事会领导。重要方针反映重要领导的意图
资金来源	**基本在国内** 财政规模小，从服务对象处收取一定费用，同时依赖日本国内各种基金和政府购买服务	**跨国界** 曾经从很多海外基金会和跨国企业、国际NGO、外国大使馆等处筹集资金。近几年国内基金会和网络筹资活跃
与政府关系	**追求正式的合作形式** 向政府要求对等的合作关系。将政府制定的支援条例、提供的支援中心、来自政府的购买服务，看作“合作关系”的具体形式	**从政府掌控下赢得活动空间** 需要经常在政府的掌控和监督下活动，有意识地采取各种策略争取更大活动空间。将解决具体社会问题，给政府带来影响视为成功
价值取向	**体贴、细致的实践活动** 比起表面的热闹和规模，更重视活动对象的感受，追求体贴、细致的实践活动	**获取社会影响力** 因为需要赢得社会认同，所以更重视其实践能带来的社会影响力
强项和弱项	**强项** 不断致力于改善服务内容和活动内容 热心学习，热心与同行交流 工作人员的奉献精神 **弱项** 不擅长宣传，或者没有足够的宣传意识和社会影响力意识 内向，影响范围窄 不擅长论及社会改革，没有实现社会改革的明确的战略方针	**强项** 擅长传播和宣传。有效发挥大型活动的效果 外向，会经常意识到对周围的影响力 擅长超出个别领域谈社会改革的理想，对战略有意识 **弱项** 缺乏体贴细致，有不少形式性的、停留在表面的活动 与同行竞争意识强，再加上人际关系复杂，有时会造成分裂和反目 工作人员发挥主体性的场面不多，一些有热情、有能力的工作人员容易跳槽或独立

资料来源：（李妍焱，2014：161～162），有改编。

从表1中可以看出，双方的差异大多反映着中日社会构建的原理、人们的价值观和思维方式的不同。因此，中日民间公益领域之间如果能够实现“跨国”交流的话，不仅可以共享经验和智慧，同时也会成为加深对对方社会、文化、国民性理解的有效渠道。

（二）向构筑公共社会学理论的长远目标迈出一步

笔者在2010年夏天在东京创立公益机构“中日公益伙伴”，并开始设计中日自然学校交流培训项目。创立公益机构，构思交流培训项目，就是想促进中日民间公益领域的互补和共进，这也是笔者对于实践“公共社会学”的一种摸索。麦克·布洛维（Michael Burawoy）发表《公共社会学》以来，在中国和日本都有诸多反响，其背景是社会学者对社会学这一学问领域的危机感。厚东（2011）指出社会学应该成为“同时代认识（对所在的社会和时代提出认识框架）”的理论，但显然理论与现实之间存在很大落差，特别是源于西欧的社会和时代背景的现代理论以及后现代理论，并不能适用于作为“混合型现代”（Hybrid Modern）的亚洲社会。公共社会学的提法，对于忧虑社会学出路的社会学者来说，是一个很有魅力的方向。日本社会学界正在摸索的公共社会学，并非完全沿袭布洛维的主张。日本社会学会现任会长盛山和夫指出，布洛维的公共社会学强调社会学如何面向公众，而对社会学的内容本身缺乏关注。盛山、上野、武川主张的公共社会学，是指“探求更好的社会制度和社会秩序的学问”，它一方面包括“自觉地重新构筑社会学理论，使其成为能够应对21世纪的各种社会问题的、秩序构想的学问”；另一方面要“作为学问共同体，尽到自身的社会责任”（盛山等，2012：15）。

那么作为社会学者，如何才能实践这样的公共社会学呢？盛山等人提出两点：“摆脱自文化中心的思维”和“进行秩序构想”。实践这两点，需要的是“对于共同性的价值取向”。这里的共同性，指的是社会性、纽带、连接和结合（盛山等，2012：21～23）。笔者常年从事中国和日本的民间公益领域的研究，2010年以后，中日国家关系趋冷，排外主义在双方都有增长之势。构想21世纪社会秩序的公共社会学，需要正视这种国家关系的紧张情况，摸索在这种状态之下，是否有可能去追求共同性的价值取向。

在国家关系趋冷和渐趋紧张之际，如何才能找到可以追求“共同性”的平台？笔者着眼于双方的民间公益领域，特别是中日容易达成交流和合作的环境教育领域，设计了“跨国”项目。这种摸索，是作为社会学者的一种社会责任。向日本国际协力机构申请对中国的自然学校技术援助项目，促使中日自然学校交流培训活动得以实施，可以说是笔者在自身的专业领域追求公共社会学的一个具体实践。本文将通过分析此项目的案例，寻找培养跨国思维的可能性，作为面向公共社会学理论构筑的一个初步尝试。

三　中日自然学校交流培训项目案例分析

以下将从构成跨国思维的“越”“脱”“接”这三个重要环节对案例进行具体分析。针对“越”主要从项目设计思路方面分析；针对“脱”主要从项目初期效果来分析；针对“接”主要从项目结束后的延续情况来分析。通过这些分析来寻找促成这三个环节得以有效实现的因素。

（一）项目的设计思路：“越”——跨越国境移动

1. 选择交流培训领域的理由

为什么选择环境教育领域？要促进跨国思维，首先需要“越”，也就是“跨国移动”。移动需要理由。必须有足够的理由，才能够在国家关系趋冷的情况下，实现跨国移动。那么理由是什么？只有在参与者感兴趣的，而且是有具体需求的领域，提供有足够吸引力的访问对象和活动内容，才能够促成“移动”的产生。以下将具体阐述自然学校技术援助项目是如何实现这种“移动”，并促进“脱”和“接”的跨国行为，从而贡献于培养跨国思维的。

环境问题是中日之间相对容易“跨国”的领域。环境问题的越境性质，自然会带来共同面对问题和解决问题的必要性。但是正如窪田所述，在欧洲，出于地理环境的原因，各个国家比较容易共同面对境内的环境问题；但是在亚洲，因为“上游下游”的区别相对分明，环境问题容易引发“指责和不满”，要想“共同面对”并不容易。再加上中国通过经济发展，已经拥有各种环境技术，很多领域已经不需要日本的技术性帮助。因此窪田主张，今后中日共同面对环境问题的思路，不应该是以技术帮助为核心，而是“需要更本质性的区域间合作框架的构思能力”。①

中日自然学校交流培训项目的正式名称是“扎根地域型自然学校的人才培养和网络构筑项目”。以“自然学校”为核心主题，追求自然学校领域可再生

---

① “介绍世界不知道的日本”（nippon. com 知られざる日本の姿を世界へ）网站文章，窪田顺平（2014）：《中国的环境问题和中日环境合作的可能性》（中国の環境問題と日中環境協力の可能性），http://www. nippon. com/ja/in-depth/a03101/#auth_profile_0；中文版也见日本人间文化研究机构现代中国区域研究项目《当代日本中国研究》第 6 辑（经济・环境），第 180～187 页。

的人才培养机制和核心合作网络机制的构筑。为什么主推“自然学校”，并且是日本的自然学校？理由有三点：一是中国国内的社会状况和时代背景“时机已成熟”；二是日本的自然学校的经验和核心人物有足够的吸引力促成中日之间的“移动”；三是日本自然学校的实践和理念本身就以“越”“脱”“接”为特长——跨越人与环境、人与人、人与社会的界线，摆脱原有观念的束缚，通过“连接”来体验和实现创新，正是自然学校所体现的思考方式和行为方式。

在日本，自然学校的定义可以总结为“连接人与人、人与地区、人与社会、人与环境的体验教育基地，培养贡献于可持续发展的人才，促进地区内外相遇合作，构筑贡献于可持续发展机制的机构、场所和实践”。“自然学校并非一般的学校。第一，作为教育机构，它不去灌输知识，而是设计提供多种多样的‘体验’的机会来开启感受，引发思考和行动。第二，它不仅仅是教育机构，更是一个以民间草根为主体、与地方居民一起、结合各种力量发掘当地资源、对应当地的各种社会课题、从下至上共同构筑地方社会的据点。之所以以日本的自然学校为素材，正是因为比起欧美的自然学校，上述第二点在日本表现得极为突出。而且日本自然学校业界，有意识地在强化这一点——‘在地’，也就是扎根地方社区①、解决当地社会问题、构筑地方社会”（李妍焱，2015：2）。

日本生态游中心 2010 年组织的全国调查显示，日本的自然学校有 3700 多所。西村（2008）指出，自然学校作为社会运动，可以理解为一种“实践过程”——“重新思考面向未来的教育方式、对地球环境恶化和人类社会可持续性怀有危机感、以解决所在地方的社会问题为目标、以民间教育实践者为主体发起的自然中的学舍，作为经营实体，逐渐成长为专业性的领域，并得到社会认可的实践过程”。西村归纳了日本自然学校活动主题的变化，如表 2 所示。

---

① 地方社区，日语叫作“地域”，对应英文的 Community，但是更突出自然地理性意义，也就是说，比起行政划分的区域，更重视当地人心理上的“我们家那边儿”的感觉。日本的各个地域里，有很多居民自发的组织和团体机构，涉及街区治安、街道清洁、消防防灾、儿童成长、老人福利、帮助残障人士、保护生态环境、思考能源开发、维护景观、实施社会教育等多方位领域。它们的组织形态多种多样，有些有 NGO 的法人资格（日本叫作特定非营利活动法人，简称 NPO 法人），有些是一般社团法人，有些是任意团体（不登记的自发结社），有些是登记公司。它们不在行政的管理之下，也不从属于社区居委会这样的组织，而是各自独立运作，并构成一种舒缓的网络形式，有必要时相互配合，共同建设地方社区。

表 2　日本自然学校的活动实践主题

1980 年代开始从事的活动主题	2000 年以后开始突出的活动主题
自然观察，自然体验活动 *第一产业和农业渔业乡村的生活体验 *青少年的健康成长 *环境教育 *冒险教育 *户外活动 *生态游 *环境保护，自然保育 *艺术，自我展现活动 *自然再生 *指导者（自然导师、解说员、领队等）培训 *企业人才培养 *调查研究	可持续的生活方式（自然农法、自然能源、社区货币等） *食育，健康实践 *支援有身心障碍的青少年（拒绝上学，闭门在家的有心理障碍的孩子）活动 *振兴地方社区 *幼儿教育（森林幼儿园） *跨国合作 *灾区的救援和支援

资料来源：西村，2008：71。

从表 2 中的活动主题可以看出，日本的自然学校可以从正面回应当今中国社会的众多社会课题。也就是说，现在正是在中国社会发展自然学校的大好时机。第一，PM2.5 问题具有象征性意义——中国的环境污染已经不是城乡差距和社会差距可以掩盖的问题，而是有目共睹的、谁也躲不掉的公共问题，其迫使人们不得不去提高对环境的保护意识，寻找恢复和保护环境的方法。第二，孩子的教育已经成为几乎所有家长头痛的公共问题——明知填鸭式教育带来的负担和恶果却无法摆脱，每走一小步都不得不计较输赢，这使孩子和家长都身心疲惫，渴望能够找到与主流应试教育不一样的教育方式。再加上 2010 年自然之友团队翻译的理查德·洛夫的《林间最后的小孩：拯救自然缺失症儿童》得到相关瞩目，对不一样的教育，体验式自然教育的需求巨大而迫切。第三，事件频发却不见显著改善的食品安全危机、农业危机，使很多人认识到健康和幸福的生活需要自己和土地连接，需要以自身可行的方式去参与和支持农业，需要将目光转向农村，需要去尊重和爱护农村。第四，经济上有余力去追求不一样的教育、不一样的生活方式的人群增加了。第五，环境领域的民间活动，在国内民间公益领域的历史最长，有相对雄厚的人才积累。以上五点可以说明，适合自然学校这颗种子的土壤，在中国国内已经基本形成。

只要能够传递日本自然学校领域的魅力，中国国内这块土壤就会积极去迎接这颗新生的种子。笔者在日本生活 23 年，从事中国和日本民间公益领域的研

究20年，有缘结识到日本自然学校领域的许多领导人物。笔者在编辑《拥有我们自己的自然学校》一书时，有意识地把这些领导人物的人生故事放在第一部分（李妍焱，2015：21～72），目的就是传递自然学校领域核心人物的魅力，它意味着思想和观点的魅力、人生的活法的魅力、工作方式和生活方式的魅力，而不仅仅指技术和经验。日本自然学校的魅力在于它不断再生“不受主流束缚、有魅力地活着”的人才。

这些人才之所以能活跃在自然学校领域，与自然学校实践活动所体现的“越”“脱”“接”的性质有关。关于自然学校的使命，从1987年起民间自然学校领域的活跃分子们一年一度聚集在山梨县清里地区，召开“清里会议”，不断加深讨论。1992年第五届会议结束后，与会者宣布共同成立日本环境教育论坛。论坛主编的第一本关于自然学校领域的发展记录《日本式环境教育的提议》（日本型環境教育の提案）（日本环境教育论坛，2000）中，第一篇就是关于日本式环境教育的座谈记录，从中可以体会到自然学校性质的核心。座谈会上谈及，“日本式”是指日本传统的自然观的传承。日本式环境教育不局限于欧美提倡的野外教育，而是更广义地追求“为实现可持续发展社会的教育”。这样的教育一方面要尊重和提倡“乡土意识”，另一方面要擅长“跨界连接”——“可持续发展问题不仅涉及自然生态环境，还涉及社区营造、社会福祉等方方面面”，因此，日本式环境教育最重视的是“连接”。座谈会强调：“环境教育有很多样的课程和方法论，但问题是如何连接它们……不仅是连接，更要去编织”（日本环境教育论坛，2000：9～16）。民间自然学校作为承担日本式环境教育的重要组成部分，其特色就在于，它们重新定义人与自然、人与环境的关系，审视主流价值的矛盾与弊端。它们脱离被认为是主流的生活方式、工作方式和教育方式，寻找和传承有可能贡献于可持续发展的传统自然观和乡土文化，尝试以具体的实践方式重新连接人与自然、人与人、人与社区、人与世界。并且，它们非常重视同一个“领域（业界）”共同去编织有效的合作机制。

在厘清日本自然学校的特征和魅力的基础上，我们明确了项目要追求的目标——培养主宰和运作自然学校事业的人才和支持这些人才的网络平台。2012年，本项目得到日本国际协力机构（JICA）为期3年的支持，开始启动（见表3）。

表 3　中日自然学校交流研修项目简介

项目名称	扎根地域型自然学校的人才培养和网络构筑项目
项目目的	在中国掀起自然学校运动，构筑基础机制
项目内容	培养核心人物，构筑横向网络和人才再生机制
具体方法	赴日考察研修；带领日本业界核心人物在中国各地举办自然学校论坛和工作坊；编写持续性培养人才所需要的参考教材

这一项目分“人（核心人才的培养）”“网络（横向合作网络的构筑）”和“知识/智慧（可持续性培养人才所需的教材开发）”三个主要内容，这三项内容是相辅相成、有机结合在一起的。模式如图 1 所示。

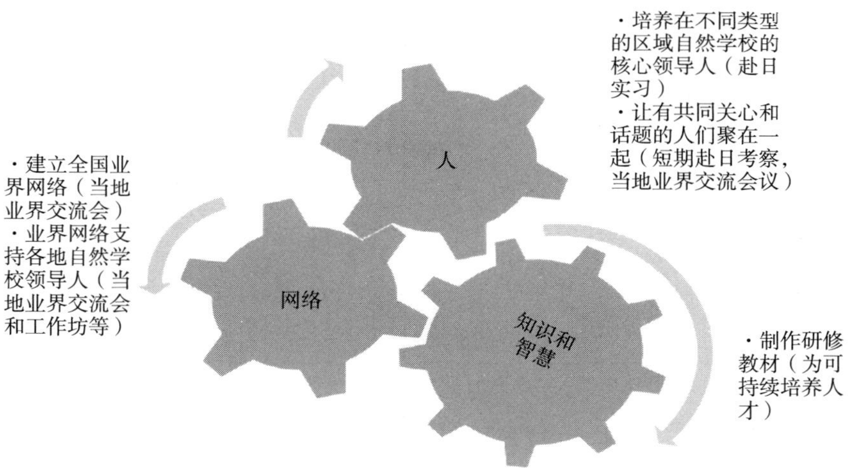

图 1　项目实施模式

2. 中日自然学校交流培训项目的实施过程

本项目实施过程和成果，可以整理为下表 4。

表 4　中日自然学校交流培训项目实施过程和成果

	第 1 年	第 2 年	第 3 年	成果
人才培养	赴日自然学校短期考察（12 名）（2013 年 4 月）	赴日自然学校短期考察（6 名 + 自费 6 名）（2014 年 4 月）	赴日自然学校短期考察（6 名 + 自费 10 名）（2015 年 5 月）	培养了以北京、云南、四川、广东、福建为据点开展活动的自然学校领导人。他们通过在日本两个月的实习，充分了解了日本自然学校的理念和特色后，回到自己的地区，在共同的理念下各自

续表

	第1年	第2年	第3年	成果
人才培养	赴日自然学校实习两个月（从9名申请人中选3名）	赴日自然学校实习两个月（从45名申请人中选2名，实际参加3名，1名自费）		摸索适合自身发展的途径和方法。他们成为目前国内自然学校领域的核心人物，正在自发共同研讨建立统一的人才培训课程，以追求自然学校领域有理念的人才再生。2017年，此课程通过“99公益日”的募捐活动得到第一笔资金，将于2018年付诸实施
网络构筑	自然学校网络会议和工作坊（云南西双版纳会议25名，上海会议66名）	自然学校网络会议和工作坊（厦门会议与第一届全国自然教育论坛联合举办，260名参会，云南大理会议独自举办，120名参会）	自然学校网络会议和工作坊（成都会议130名、北京会议100名），同年第二届全国教育论坛参会600名	通过3年的网络会议，最大的成就是各地成立了自然学校核心成员的联络网，同时核心人物成为全国自然教育论坛的主要策划人，每年持续召开。核心人物同时还参与“东亚地球市民村”的策划和主办，从2013年开始每年在上海举办，2017年在日本神奈川县藤野镇举办，起到了中日间的连接作用
教材编著	构思能作为培训教材的素材使用的书籍	书籍的执笔、翻译和编辑	《拥有我们自己的自然学校》一书出版，在北京召开发布会	成为国内自然学校领域第一本系统指引该领域发展方向的基础书籍

本项目的成果，不仅在于培养了连接中日（东亚）自然学校领域的人才以及提出了人才可再生的方向，还实现了具体的中日自然学校的合作事业——中日双方自然学校合作，带领中国孩子（或亲子）到日本的自然学校参加体验课程，加上理解日本社会和文化的游学内容，可以称为“中日自然学校合作营”的项目。从2015年起每年暑假寒假，都会举办2～3次这样的合作营。

（二）项目的初期成果：“脱”——摆脱观念束缚

通过本项目，参加过赴日短期自然学校考察的50多名中方自然学校领域的核心人物，特别是在日本实习了2个月的自然学校领导人，表现出了比较突出的“跨国”思维。这种跨国思维可以从他们对日本的印象和认识的变化（日本观的变化），以及其他对主流价值观的观点和看法中看到。笔者在本项目实施过程中一直做参与观察，并且持续参加WeChat网络的五个自然学校相关交流群①，观察了经由本项目成长起来的自然学校核心人物的发言。在有关日本的自然教育、自然学校方面的文章被转发时，他们会点赞。他们看重的是对于他们要追求的事业来讲，哪些人和机构、哪些事情是吸引他们的、值得尊重和学习的。至于哪些人和机构是哪个国家的，对他们来说没有任何影响。

1. 日本观的变化——如何脱离固定观念

笔者曾在2012年出版的专著中介绍了参与了我们交流项目的杂志社记者回国后，设计的“知日派白皮书”专辑。这个专辑详细介绍了在日本考察的内容，在开头部分她写道：“我非常怀念那个下午，拿着手绘图在根津老街的自由游荡。那不是符号的日本。那是人、气味、深巷里的猫、蛋糕店、一个非常帅的日本少年骑着自行车等你先过人行道。”（李妍焱，2012：216）

我们在组织访日考察项目时，一般开头会对成员们做一个“日本观”的简单调查，问他们说到日本，联想到的三个词是什么。很多人会回答“富士山”“樱花”“电器”，或者“钓鱼岛”。但是在结束以后，我们会再问同一个问题，那时他们的回答则变得非常不一样，非常具体。也就是说，他们会“脱离对日本的固定观念”，重新获得一个很具体的、有温度、有声音、有味道、有人生、有情感的日本观。促成这种日本观的变化的，不仅仅是在考察过程中我们会安排他们感兴趣的自然学校的考察，更关键是我们会有意识地穿插以下内容：“深入街巷”、“直接与当地人接触”和“介绍值得尊重的有人格魅力的访问对象”。访日考察全部控制在15人以内，行程一般都是乘坐公共交通，吃饭都在当地人聚集的餐厅，而且会特意安排与社区居民的交流活动。关于访问的机构，我们会注意安排有人格魅力的人物担任接待和解说。这样一来，访问者自然而然就会观察和认识到很多日本社会的真实细节，从而获得“亲近感”。在此基础上，还会认识同一领域值得自己尊重的同行和前辈。

2. 其他观念的变化——如何促进价值观的感悟

来日本考察和实习的各位成员，到来之前大多想学习“如何建立和经营自然学校”。大家都有很多具体的问题，比如：怎么找地点、怎么培养团队、怎么营销、怎么获得市场认可、怎么与公立学校合作、怎么处理风险问题、怎么保

① 全国自然教育论坛群500人，自然教育同行275人，东亚地球市民村322人，2015年中国自然学校网络199人，泛成都自然学校网络173人，2014年自然学校网络IN大理92人（2017年10月15日）。

障安全。但是经过在日本的考察和实习，他们体会最深的，是自然学校的理念和价值观，还有追求理念的热情、坚韧和智慧。

参加两个月实习的“云南在地”创始人之一宋文莉，在她的研修笔记中写道：

> 社会问题有不同角度，有大有小，没有非常严格的定义。问题是，有没有解决社会问题的意识。梅崎先生举了个例子：比如看到路边有人在垒砖头，你问“在干什么呢？”有人回答说“我们在盖房子”，有人回答说“在建教堂，以后社区的人可以来这里活动，增强人与人的联系”。出发点不一样，心态和方式不一样，外界得到的信息就会不一样，效果也是不一样的。同是自然体验的活动，是否有意识地在构建可持续的社会，是不一样的。我们走在路上的自然学校，是否已经明确我们要解决的社会问题，自己在其中的角色和路径呢？（李妍焱，2015：15）

宋文莉在到来之初，也是怀着要学习到马上就能应用的技术和管理方法的想法的。但在与日方自然学校的导师接触中，她找到了不一样的思维方式。

> 很多时候，我们往往希望找到理论支撑，在此之上再找方法。那自然学校是建立在什么理论之上呢？生态学、教育学还是社会学？一定是个严谨而系统的体系，指导到学校的方方面面吧！来到完整地球自然学校（简称 WENS），他的基础理论让我心悦诚服。
>
> 导师 Jolie（田中启介）讲话时缓慢却又铿锵有力，问及他自然学校坚守的理论，他在黑板上写了个“爱”字……教育不是一朝一夕，我们不是要燃起一大把火，而是要产生一些火种，让爱的火焰自由燃烧。总的来说，目的是建设更好的社会，有意识是不够的，还需要行动，而行动需要情感上的共鸣。这就是 WENS 最基础的理论，我们常提及，却不屑将其作为理论的“爱”。缘于这个基础，我们也许不会纠结在那么多的“目的”和“期望”中吧。以此为根基，我们一定能找到各种各样的行动方法（李妍焱，2015：16－17）。

5 名来日本自然学校实习的学员，回国后在两年之内召开了 5 场大大小小的经验分享会，有超过 300 人参加了他们的分享。学员之一、山水自然保护中心的邹滔总结日本自然学校研修的收获时说："在日本，我们亲身经历了自然学校各种活动课程的设计、准备、实施和反思评估的过程。我们在那里学到的，不是术，而是道。道，是理念。自然学校究竟意味着什么？在社会上起到怎样的作用？如何去承担解决社会问题的责任？我们有了很深的思考。"邹滔在笔者问道本项目的成果时说："在日本的学习使我得以下定了决心，让自然学校成为我的活法。"自然学校不是工作，不是职业，也不是事业，而是他的活法。

参加短期研修（以 5 晚 6 天居多）的成员也有同样的倾向。"参与者赴日之前，我们会把在日本要去访问和考察的各个机构的详细介绍交给他们事先阅读。不仅是机构和设施的介绍，还包括作为背景的日本的各种社会问题、制度、活动的历史、机构创业者的故事、现在碰到的难题等，我们提供的信息是多方面的。如果是 5 天的访问，我们提供的资料可以达到 A4 版 70 ~ 80 页。本来就有明确的目的赴日的各位参与者，事先阅读这些资料，吸收有关的信息和知识。在实际的访问和交流的现场，比起关于内容概要和状况的确认，参与者与日方讨论更多的是关于如何运作、如何增强社会影响力、如何促进价值观转换等更有深度的话题。"（李妍焱，2014：167）

之所以能够做到促进观念的转变和价值观的发现，不仅因为我们实施项目前做了充分的资料准备，更大程度源于参加访日研修的成员本身就怀有不愿苟同于主流价值观，想去寻找不一样的思维方式和解决问题的途径的意愿。他们有比较明确和强烈的目标意识，有着很敏感的雷达去捕捉那些能触动他们的信息、现象和话语。因此他们比较容易体会到价值观方面的启示，也善于反省和总结。只要在考察中能够让中日双方的成员就他们从事的事业和活动有比较深入的讨论（不仅仅停留在介绍层面），有心的成员就能很自然地得到价值观的触动，达到"跨国"思维的效果。

（三）项目结束后的延续："接"——增进连接合作

项目结束以后，自然学校领域的赴日考察活动一直在继续，在项目实施期间诞生和成长的中方自然学校，与日方自然学校一起开始举办"合作营"，实现了中国孩子到日本自然学校参加体验活动的合作项目目的。同时中日公益伙伴一直参与中国国内自然学校核心机构共同组建的“人才培养小组”的活动，已经在全国自然教育论坛连续主持人才培养的工作坊，并多次一起探讨如何实现自然学校领域专业人才培养的系统的培训课程内容。中日公益伙伴也提供了日本自然学校人才培养的课程体系和内容作为参考。此课程于2018年开始实施，中国自然学校领域的人才培养将会获得可持续性的开展，日本自然学校也会一直保持其参与的程度和影响力。人才的增生和中日之间的环流将有望实现。

同时，通过中日自然学校交流培训项目与中方自然教育领域结识的日本自然学校领域的代表性人物们，也开始参与中日公益伙伴举办的东亚地球市民村活动，并各自开始了他们与中方伙伴合作的历程。比如北海道黑毛榉自然学校校长高木晴光，与中日公益伙伴合作开展自然学校领域的赴日考察活动。① 栗驹高原自然学校创始人、现青森大学教授佐佐木丰志，在JICA自然学校项目结束后每年都与中日公益伙伴合作举办针对中国孩子的雪地营，使同行的中国自然教育工作人员在现场学到了只有通过共同经历才能体会到的营地教育的内涵。自2016年起，中日公益伙伴在佐佐木的帮助下开辟了森林幼儿园领域的赴日考察活动，作为日本森林幼儿园全国网络的负责人之一，佐佐木不惜余力帮助中国同行们了解森林幼儿园的思路和经验，以促进中国自然教育领域的新尝试。②日本自然体验活动推进协议会③的理事，自然解说和自然教育人才培养方面的专家森美文，在中日自然学校交流培训项目开展之前就已经通过中国留学生接触中国国内的环境教育工作者，参加我们的项目之后，不仅坚持参与每一届中国全国自然教育论坛，还与国内同行伙伴多次开展工作坊活动，在此基础上正

① 比如2016年5月，高木在参加东亚地球市民村活动之后，与参与JICA自然学校项目的中方主要人员福建乐享自然的林红合作举办分享会（信息来源：林红在东亚地球市民村微信群中的发言）；2017年2月12日，高木与杭州大地之野共同开展自然教育分享会（信息来源：自然教育同行微信群中投稿文章 http://mp. weixin. qq. com/s/avt-NoTrXhzajw6ac8ai5rA）；2017年10月30日至31日，大地之野自然学校作为亚洲自然教育联盟筹备组主要成员，举办“亚洲自然教育联盟首届高峰论坛”，高木在参加10月27日到29日于杭州举办的中国第四届全国自然教育论坛之后，作为讲演嘉宾出席高峰论坛（信息来源：全国自然教育论坛微信群的投稿文章，http://mp. weixin. qq. com/s/NGuuDkq6cHu4ybSwfYNZhA）。

② 参阅自然之友盖娅自然学校参与此次森林幼儿园考察项目的分享会笔记“你的天空，就是孩子的天空”，http://mp. weixin. qq. com/s/LVQnUrLjfKDyadWSwAl-tw。

③ 有280个日本环境教育、自然教育领域的主要机构作为会员参加了协议会。

在努力将日本自然教育工作者认证系统（CONE 自然教育指导者认证）引入中国。[①] 而现任日本环境教育论坛的理事长川岛直，更是长期关注中国环境教育领域发展，多次参与过 JICA 各种环境教育方面的援助项目，也是我们中日自然学校交流培训项目的主要日方专家之一。参与我们的项目之后，川岛直出任日本环境教育论坛理事长，开始更加积极推进2000 年起步的中日韩环境教育网络（TEEN）的事业，摸索 TEEN 的活动与中国国内的自然教育领域的发展相结合的可能性。[②]

这些日方的参与者之所以在项目结束后依然继续与中国同行合作和交流，是因为他们通过中日公益伙伴，对中国自然教育领域的开展状况和特点有了具体和深入的认识，这给他们本身的生活和工作带来了“跨国”的欲望。笔者曾经多次与他们讨论如何看待中国自然教育领域的发展现状的问题，他们比较一致地指出：“中国这一领域的发展远远超出我们的想象。”其速度之快、参与者的种类之多、气势之盛、热情之高，都是超出他们预测的。在面对中国同行发言的时候，他们经常会谈及：“你们的热情让我们回忆起 30 年前我们一起建立日本的环境教育网络时的那种热气腾腾的场面，但是你们的实践能力和大胆的尝试令我们刮目相看。”

从以上这些例子可以看到，交流之所以没有随着交流项目的结束同时结束，而是实现了这样的“连接”，“中日公益伙伴”的存在和起到的媒介作用值得强调。西原指出，现在在东北亚地区重要的是关注“生成论间主观”的交流活动——不是国际交流，而是人际交流。要重视日常生活的社会形成过程中没有被物象化的创新局面。这种交流，是包括身体的共感、共振的广义的交流。对于这种交流来讲不可缺少的，是“媒介者（共振者）”的存在。西原强调说：“每个人在可能的范围内成为媒介者，是实现跨国理念的有效途径。”（西原，2016：32）。每个人都在自身可能的范围内成为“媒介者”这一主张，固然是理想的方向，但是从本项目的实施过程中我们看到，媒介有不同的种类、程度和功能。实现跨国，需要多种媒介者的存在。不同的人，会起到不同的媒介功

① 自然之友盖娅自然学校于 2017 年 10 月 27 日至 29 日的第四届全国自然教育论坛之后举办森美文的工作坊（http://mp. weixin. qq. com/s/hGVLh0vn3mhQ4rUGC7ajfQ）。

② 笔者作为中日韩环境教育网络的专家成员，从 2014 年开始参与，2015 年川岛担任理事长以后，项目开始摸索与中国全国自然教育论坛相结合的具体方法，并派出专家参与 2016 年的全国自然教育论坛，与相关核心人物探讨具体的合作方法。

能，经过相遇、组合、反应，可以生成很多不一样的跨国的相关方式。在本文关于跨国的定义中我们已经谈到，界线本身不是被划定好的，不是固定不变的，而是在相互作用中生成的。那么不同的媒介者，会带来不同的关于“界线”的意识；跨国行为本身，就是在不断生成新的界线，同时也在实现新的共生。

中国自然学校领域的核心人物们，在接纳和融合了日本自然学校的理念、思维方式以后，可以以他们的方式传递这种思维方式，他们本身可以成为媒介者。但是仅有他们做媒介者显然是不够的，要想使他们的跨国思维巩固和深入，就需要“媒介者的媒介者”，也就是把他们和日本自然学校领域，或者其他能够贡献于他们跨国思维的领域连接在一起的媒介者。中日公益伙伴这样的专业机构，可以成为培养和连接媒介者的媒介者。

（四）“跨国思维”得以实现的六个因素

木原、上野、川添（2015）通过在亚洲6个国家实施对于中国和中国人的印象/意识的问卷调查指出，并非与中国人之间的接触（有中国的认识人或朋友）即会减低对中国的排斥心理，结果是“因国而异”的。日本、韩国和菲律宾，验证了“接触能够减低对中国的排斥心理”这一假设；新加坡、泰国、越南却没能证明这样的结果。但是同样是在日本，同样是一个星期的接触，是否会带来同样的接触效果呢？当然也不能一概而论。关键是由谁设计了怎样的接触的平台、场景、方式，从而达到了怎样的状态。

作为有意识培养跨国思维（媒介者）的专业机构，中日公益伙伴在设计实施中日自然学校交流培训项目时，特别展现出了以下几个特征。这些特征可以说是我们从这个案例能够分析出的、支撑短期跨国移动者的“越”“脱”“接”的实践，是促进其获得跨国思维，从而贡献于“跨国理念”实现的具体因素。

第一，交流平台的设置：设计与交流主体的生活、工作紧密相连的日常领域的交流。交流的主题定位在与交流主体的日常生活和工作有密切关系，与其理想和价值观、问题意识和困惑直接相关的领域，是吸引参与主体将身心投入到交流场面中的有效前提。

第二，交流团队的组建：选择有问题意识、有敏感的捕捉意识、有想寻求的东西的人物参与交流。对于参与短期跨国行为的交流主体来说，来自交流团队伙伴的影响和刺激不可忽视。如果同行的伙伴充满好奇心，认真参与讨论，积极思考发言，那么交流团队整体的气氛就会十分活跃，达到预期以上的交流效果。因此选择怎样的人共同组成一个交流团队，也是需要有明确战略的。

第三，目标设定的共有：对于每一次交流研修活动，想达到的目标是什么，会设定得非常明确，并在所有参与交流活动的人中共有。即使是为期几天的交流研修，我们也会强调这次研修在构筑中国自然学校领域的实践中的位置；强调这不是单次的交流活动，而是一个更大的事业框架中的一部分，寻求的是可持续的机制构筑；需要参与者持续性参与，不断在自己的位置上实现在这个领域创新的意识。

第四，素材选择的战略："通过交流想传递什么?"这一点必须明确，才能设计出对于跨国思维有实际效果的交流项目。厚东指出要重视"可转移性"（厚东，2011：26）和"互惠性"（厚东，2011：33），这两点对于交流的可持续性十分重要。选择哪些人作为具体的访问对象，期待访问对象的哪一方面能够成为具体的交流素材，需要从这两点来考虑和设计。

第五，访谈人物的设置：作为交流访问活动的接待方，要有意识设置有亲和力、有人格魅力的访谈对象。对于有相似专业性和实践经验的专家，我们会根据其谈吐表情、人物魅力来选择讲师。在这一点上，自然学校领域的活跃分子大多有很强的沟通能力和表达能力，这也是这一领域的交流容易促进跨国思维的因素之一。

第六，情节开展的设计：越是短期的访问，我们在设计行程时越会重视每个交流环节、移动环节、旅行生活环节所包含的可能性和意义。特别是在自然学校领域的交流中，我们必定安排具体的体验环节，这些体验的环节比解说和讨论更加容易给交流主体带来价值观的冲击和洗礼、促进其自省。

以上这六个特征，是从中日自然学校交流培训项目中我们可以提炼出的、在短期交流研修活动中也能促进跨国思维诞生的主要因素。李妍焱（2014）提出了中日之间从"国家关系"向"市民关系"方向发展的观点。要想使这种方向性有实现的可能性，就需要上述六种因素得以充分实践。在实践过程中我们发现，这六种因素能否成立，最关键的是有没有足够的"翻译文化的媒介者"的存在。因为"翻译"是实现跨国连接的最重要的手段。语言的翻译仅仅是开端，更重要的是文化的翻译。通过文化的翻译，来引领交流主体共同认识和构筑彼此之间的"界线"；通过明确对界限的认知，来挖掘和促进跨国思维。缺乏文化的翻译而仅仅是翻译语言的话，有时反而会带来误解，加深固定观念的束缚。可以说，“文化翻译者”对交流场面和过程的设计思路和媒介作用，是追求交流主体之间的“共同性”、建立纽带关系的关键所在。

四　结语——民间公益领域的跨国研究的意义和课题

通过对2012年至今笔者自身参与设计实施的中日环境教育、自然教育领域的交流活动的观察和思考，可以看出，在民间公益领域形成跨国思维并扩大其影响力的实践，有希望贡献于对抗排外主义的思维方式的形成。明确了“越”“脱”“接”的战略意义，提炼出上述六个因素，并且发现了其中“媒介者”的重要性，可以说是本文案例分析的成果。

野宫认为，在全球时代，民间公益领域能够获得更大的力量，因为那些对于社会问题有类似主张的民间公益领域的机构，能够超越国境，形成连带意识。但是如何使有类似主张的民间公益机构能够相互交流和连接，需要强调“媒介者”的重要性（野宫，2014）。辰巳以地区建设领域的“跨国”为主题，提到要想使本来生活在不同国度的人们彼此能够见面，必须要看到两者之间存在怎样的人，用怎样的方法能起到“媒介”的作用。“通过观察国际合作舞台背后的这些媒介作用，可以看出超越国境的地区建设得以实现的机制”（辰巳，2012：184）。辰巳特意把这样存在于中间的媒介称为“媒体者”，为了强调他们不仅仅起到“连接”的作用，而且会促成交流主体双方的各种变化，并且在这些相互作用中，自身也会产生变化（辰巳，2012：185～186）。本文为了统一用词，依然称之为“媒介者”，但是也包含这种“自身也不断变化的”动态含义。

那么，怎样才会有多样的“媒介者”存在，并且不断作为更有效的媒体来促进变化呢？涩谷考察了国家以外的行为主体，比如NGO、NPO、地方自治体、大学之间的跨国接触，强调在这些“民际关系”的构筑过程中，靠单一的组织、机构的力量是不够的，“需要建立多赢关系的战略和方法”（涩谷，2013：9）。他认为大学可以担当“连接者”（也就是本文中的“媒介者”）的角色，以促进多赢关系的成立（涩谷，2013：256）。生田则列举了关于如何支援在日外国人的几篇论文，通过对这些论文内容的探讨指出，本身有双文化背景的“多文化社工”非常重要。这种社工连接外国人与日本社会，比较容易成为外国人的代言人和“Role models”（榜样）（生田，2016：147）。

短期跨国移动者是否能够获得“跨国思维”，从而迈向促成跨国理念的行程，我们可以看到民间公益领域是一个容易开展有效的跨国实践的领域。而要想提高“跨国”的效果，“媒介者”将起到关键作用。从本文考察的案例来讲，可以指出中日公益伙伴虽是民间的NGO机构，但是拥有大学里的专业人才，还有通过研究积累起来的中日双方的人脉网络以及信息来源，因此比较容易得到多个机构的合作。同时其主要成员都是在日本生活多年的中国人，他们本身有着双文化的背景，并且比一般有双文化背景的人对中日双方的社会有更深的研究和理解，因此很适合做媒介者。正是因为媒介者有这样的背景和理解以及人脉和能力，才会得出本文案例中提炼出的六个因素的思路。

那么，这样的媒介者在民间公益领域如何才能更多出现呢？在其他领域是以怎样的形式存在呢？要促进这样的“媒介者”诞生，需要怎样的“媒介者的媒介者”，他们如何能起到作用呢？以“媒介者”为切入点，考察作为媒介者的行为主体如何诞生，探索上述这些问题，对于构筑有不同出发点的社会学理论将会有很大启示。为走向未来的公共社会学，对于媒介者的理论性和实践性研究，将会成为笔者今后研究的具体方向。民间公益领域的跨国研究，有可能为树立以“媒介者”为切入点的新的社会理论构筑做出贡献。

参考文献

坂本治也编（2017）：《公民社会论：理论与实证的最前沿（市民社会論 - 理論と実証の最前線）》，法律文化社。

辰巳佳寿子（2012）：《超越国境的地方社区建设中“媒体者”的作用（国境をこえた地域づくりにおける『媒体者』の役割）》，西川芳昭·木全洋一郎·辰巳佳寿子编《超越国境的地方社区建设：Glocal的连带诞生的瞬间（国境をこえた地域作り - グローカルな絆が生まれた瞬間）》，新评论社，第183～198页。

冈村圭子（2003）：《全球化社会的异文化论：符号的流向与文化范围（グローバル社会の異文化論 - 記号の流れと文化単位）》，世界思想社。

厚东洋辅（2011）：《全球化冲击：同时代认识的社会学理论（グローバリゼーション·インパクト - 同時代認識のための社会学理論）》，密涅瓦书房（ミネルヴァ書房）。

李妍焱（2012）：《中国的公民社会：草根NGO的兴起（中国の市民社会—動き出す草の根NGO）》，岩波新书。

——（2014）：《由“国家间关系”转向“公民关系”：民间公益领域的扩张与中日合作的可能性》，園田茂人编《日中关系40年史Ⅳ民间卷》，社会科学文献出版社，第161～162页。

李妍焱编（2015）：《拥有我们自己的自然学校》，中国环境出版社。

木原盾等（2015）：《对跨国中国的接纳与反抗：通过亚洲6国调查再论接触效果论（跨国する中国への受容と反発－アジア六カ国のデータから問い直す接触仮説）》，园田茂人编《合作与反目的东亚（連携と離反の東アジア）》，劲草书房，第87～109页。

麦克·布洛维（2007）：《公共社会学》，沈原译，社会科学文献出版社。

玛丽·卡尔多（2007）：《全球公民社会：对于战争的一种回答（グローバル市民社会－戦争へのひとつの回答）》，山本武彦等译，法政大学出版局。

日本环境教育论坛（日本環境教育フォーラム）编（2000）：《日本式环境教育的提议（日本型環境教育の提案）》，小学馆。

盛山和夫等编（2012）：《公共社会学：风险，公民社会，公共性（公共社会学1リスク・市民社会・公共性）》，东京大学出版会。

涩谷努编（2013）：《民际关系的可能性（民際力の可能性）》，国际书院。

生田周二（2016）：《社会教育机构与文化接触（社会教育関係機関と文化接触）》，加贺美常美代・德井厚子・松尾知明编《文化接触的场面力（文化接触における場としてのダイナミズム）》，明石书店，第136～152页。

樋口直人（2017）：《排外主义的台头—公民社会的负面（排外主義の台頭－市民社会の負の側面）》，坂本治也编《公民社会论——理论与实证的最前沿（市民社会論－理論と実証の最前線）》，法律文化社，第278～296页。

史蒂芬・沃托韦克（2014）：《跨国主义（トランスナショナリズム）》，水上徹男等译，日本评论社。

西原和久（2016）：《跨国与社会创新：跨国国际社会学与世界共同体志向（トランスナショナリズムと社会のイノベーション－跨国する国際社会学とコスモポリタン的志向）》，东信堂。

西原和久、樽本英树（2016）：《现代人的国际社会学入门：跨国视角（現代人の国際社会学・入門－トランスナショナリズムの視点）》，有斐阁Compact（有斐閣コンパクト）。

西村仁志（2008）：《自然学校的社区建设实践（自然学校による地域づくりの実践）》，日本环境教育论坛（日本環境教育フォーラム）编《日本式环境教育的智慧：重新编制人与自然与社会的关系（日本型環境教育の知恵－人・自然・社会をつなぎ直す）》，小学馆，第68～79页。

野宫大志郎（2014）：《全球公民社会：新的世界政治空间的创造（グローバル市民社会—新たな世界政治空間の創出）》，吉川元・首藤元子（首藤もと子）・六鹿茂雄・望月惠编《全球治理论（グローバル・ガヴァナンス論）》，法律文化社，第144～158页。

Trans-National Thinking Cultivation in Civil Philanthropy: A Perspective of the Technical Assistance Program for Natural Schools of the Japan International Cooperation Agency

Li Yanyan

[**Abstract**] The practice of transnational exchanges may promote the transnational thinking in the field of civil society. It is possible that through designing and implementing exchange projects to explore transfer strategies to cultivate transnational thinking. The China-Japan Natural School Exchange Training Program which is funded by the Japan International Cooperation Agency (JICA) shows, the transfer strategy includes three links: "Across" (crossing border), "Off" (shake oneself free from the conventional thinking) and "Connect" (connecting and integrating). To achieve these three links, the following six factors are particularly important: (1) setting up an exchange platform that is closely related to the participants' lives and works; (2) establishing a mutually supportive and stimulating exchange team; (3) clarifying and sharing the relevancy between long-term dreams and short-term exchange goals; (4) choosing communication materials that can bring about specific inspirations; (5) setting interview characters with personal charisma; (6) designing the exchange story with rich suggestions and expanded discussion hints. In the process of practicing these six factors, the "mediator" as a cultural translator has an irreplaceable role.

[**Keywords**] Civil Society; Transnational Thinking; China-Japan Exchange Practice; Natural School

（责任编辑：林志刚）

20 世纪 70 年代以来中国非营利部门的发展*

大卫·霍顿·史密斯　赵　挺著　吴新叶译**

【摘要】 本文对 20 世纪 70 年代以来以英文发表的中国非营利组织相关研究进行综述与解读。中国出现的这样一个庞大的、多样化的、快速增长的非营利部门，体现出狭义上的“民间社会”特征，但党和国家在非营利部门中发挥主导作用，特别是对注册的非营利组织。结社自由在中国仍然有限，尤其全国性社团几乎都是官办非政府组织；但在地方层级，特别是邻里层面，真正的结社自由虽不完整却普遍存在，远比 70 年代末之前显著。地方层级存在结社自由的判断依据，是数以百万计的小型的、基本上不受管制的、非官方或未注册的社会组织（USOs），以草根组织（GAs）形式存在。

---

* 编者按：该文第一作者大卫·霍顿·史密斯是专注于美国非营利与志愿部门研究最早、最知名的学者之一，对中国非营利部门的发展也非常关注。由于我国非营利领域的法律、政策变化较快，作者提到的部分情况已经有了新近的变化，作者的判断和观点也不代表编者立场。文章比较全面地梳理、引用了关于中国非营利部门的英文文献，有助于我们了解西方学者如何看待中国非营利部门的发展。原载 *Voluntaristics Review*，2016，1（5），pp. 1 - 67。译文有相应删减。

** 大卫·霍顿·史密斯，美国波士顿学院荣休教授、清华大学公益慈善研究院访问学者、俄罗斯国立研究大学高等经济学院民间社会与非营利研究中心荣誉访问教授；赵挺，华东政法大学政治学与公共管理学院讲师；吴新叶，湖北工程学院政法学院楚天学者特聘教授、博导，华东政法大学政治学与公共管理学院教授、浦江学者。

尽管几乎所有的全国性社团都明显地受国家控制，但是大多数非营利组织，包括已经注册的非营利组织，都可以自由地安排其内部治理结构。按照中国法律规定，所有未注册的社会组织都是非法组织，但草根组织具有相当大的社会合法性和相对的行动自由；非营利组织在开展志愿行动、公民参与等方面，其范围也令人惊讶的广泛。上述事实表明，70年代以来中国非营利部门的发展取得巨大进步。

【关键词】 中国的结社革命　非营利部门　非营利组织　官办非政府组织　草根组织

一　引言

在经历了两千多年政权的相对稳定之后，中国在过去的100多年中经历了一系列的政治政权更迭和变迁。孙中山领导的辛亥革命，于1911年推翻了一个由皇帝统治的建制性政治制度。毛泽东领导了一场共产主义革命，建立了一个社会主义国家，直到1976年去世。高瞻远瞩的邓小平在1976年之后的30多年里开启了新时期，从此领导着中国的改革开放时代。在这一时期，中国在各个领域已经彻底转型，尤其是在经济方面的转型最为突出。

通过更加开放的、市场和计划双轨制的社会主义经济（中国特色社会主义），中国已经创造了经济奇迹（Brandt & Rawski，2008）。在批评者看来，中国共产党（CCP）自1949年以来一直是组织化王者（Organizational Emperor），缺陷与挑战并存（McGregor，2010；Shambaugh，2009）。尽管如此，大多数观察家都认为，这次重塑使中国共产党发生了很大的变化，并引领了过去40年的中国改革，有目的地推动着这个人口最多的国家朝着现代化的方向发展。

在经济领域，中国已经成为世界第二大经济体，同时也是增长最快的经济体。中国已经通过实质性的内部变革，开辟了一条用官方术语来说的中国特色社会主义道路。

在世界各国的经验中，资本主义经济发展并不必然与民主相关联或促使民主产生，即使这是一个相当普遍的现象。尽管中国存在强大的党政体制（Fewsmith，2008），也尽管明显缺乏西方所界定的全面民主的模型特征（Shapiro，

2012；Fung，2003），但对中国在过去20年更为仔细的审视则表明，民主的各种新元素确实在中国出现了。

二 中国语境下的非营利组织术语

在全球范围内，关于非营利部门研究的跨学科领域初步形成（见www.arnova.org和www.istr.org），而对术语的争议仍然很多，最近多使用志愿学（Smith，2014）一词来表达。在《非营利辞典：术语与概念》中，Smith，Stebbins和Dover（2006）认为，用于泛指非营利集体的概念或术语是非营利团体（Nonprofit Group）（Smith et al.，2006：156－157）而不是非营利组织（Smith et al.，2006：158－159）。他们认为前者更为宽泛，包括正式团体（如组织）和较不正式或非正式团体（如草根社团），当然后者也是很重要的。

在本文中，西方术语非营利组织（简称NPO）通常是运用得最为广泛的词语。这一术语比非营利团体更容易被学者认可和使用。但是，在考虑到Smith，Stebbins和Dover（2006）的概念要点时，其实质是将非正式团体也纳入非营利组织之中。在中国，非正式团体通常不是法人注册组织，或者称之为是没有在中国政府民政部门（MOCA）注册的组织。像所有国家一样，这些未注册的组织也是事实上的非营利组织，属于非营利部门（NPS）。其他类型非官方的非营利组织也是如此。

中国学者更倾向于使用“非营利”一词，而不是西方常用的非政府组织（或其缩写，NGO）或非营利组织（NPO）术语。非政府组织强调非营利团体在政府部门的独特性，而非营利组织强调非营利团体在商业部门的独特性。非营利（nonprofit）、非政府组织和非营利组织被视为同义词。非营利组织和非政府组织都具有否定性的属性（非营利性、非政府性），而不是正面的肯定。Smith（2000：24－26；28－32）更喜欢使用肯定性的志愿组织或志愿团体等术语。这些术语（Smith，2000：27）表明，在涉及人们追求自由（志愿）选择的目标方面，这些团体和组织更愿意自由（志愿）地做出选择；而且确信，没有被迫（政府强制或来自家庭或社会的必要义务）或付酬（因参与志愿活动而给予报销费用的酬金）的志愿利他主义（Voluntary Altruism）选择（Smith et al.，2006：314）。

在英语中，术语“志愿”可以成为部门、团体或组织等词语的修饰词，其所关注的是这些社会结构的本质力量和独特性——包括意识形态或道德承诺（Rose-Ackerman，1990），以及服从志愿选择/自由意志的结构性存在。这些思想往往在民间社会的讨论中迷失方向——该术语更关注于国家层面的团体自治，而不是基于个人选择和志愿活动（Voluntary Action），后者强调个人层面的自主性/自由（Smith，2000：24）。从目前的观点看来，个人层面和团体或社会系统层面的分析都是重要的。

另外，作为中国人使用的主要语言，普通话存在许多表达术语的难题（广东话中留了同样的难题，这两种方言的书写体或汉字都是一样的），这些只能简要地说明一下。Chan（2005：136－140），Lu（2008：Chap. 1），Spires（2011a：7，10），Tong（2010：267－275），Wang（2001：53－54），以及 Wang 和 Liu（2009：5－8）等学者讨论了非营利组织概念和术语如何用普通话进行表述的相关问题。另外，在过去的几十年里，中国非营利部门变得越来越重要，因而吸引了越来越多的学者和公众的关注。Chan 认为，为了更加简洁达意，非营利组织通常被称为民间组织。Spires（2011a：7）将中文术语翻译成“民间领域”。这些汉语概念与西方非政府组织的理念相似，非营利组织也是如此。

2007 年，中国共产党的十七大报告使用社会组织一词，用这个特殊而独立的概念和术语，替代了以往政府文件中出现的非政府组织、非营利组织、第三部门、非营利部门、民间社会和民间组织等其他概念。这种情况可能是因为在社会主义国家中，社会组织这个术语在普通话中听起来更加中立。中国民政部将社会组织分为三种类型：社会团体、民办非企业单位和基金会。

此前，由于不熟悉中国的非营利部门和非营利组织，西方学者使用了很多其他概念和术语。随着中国学者在这一领域与西方学者有了越来越多的交流，这种情况正在发生变化。在中国，非营利部门的概念直到近代才出现。即使在美国，非营利部门也是一个比较新的概念，仅仅比中国早出现 30 年。非营利部门在世界其他地区也是新兴的概念。在发展中地区和后共产主义国家，非营利部门都处于初期阶段，还十分弱小。

但是，民间社会概念则要古老得多，可以追溯到几个世纪前的欧洲。由于概念模糊、非实证，并载入了政治内涵，因而其与非营利部门概念无关（Anheier et al.，2010）。Smith，Stebbins 和 Dover（2006：43－44）指出，民间社会在范围上有两种不同的定义：狭义的民间社会本质上是非营利部门的代名词；而广义的民间社会则是社会的一个特殊安排，其中的非营利部门大体上是自治的，具有一般的结社自由和集会自由，可以作为国家权力的平衡机制。对于中国来说，民间社会的第一个定义明显比第二个定义更有说服力，尽管后一个定义争议更大。

Chan 写道，中国学者现在经常使用第三部门的概念（另一种非营利部门的替代，为模糊性概念）。Wang 和 Liu（2009：12）同样认为，自 20 世纪 90 年代中期以来，民间社会作为一个相关概念在中国得到了广泛应用。Ma（2006）指出："如今，非政府组织、民间社会、法团主义和第三部门的概念已经成为中国政治词汇的一部分，中国学者发现这些西方理论有助于解释中国正在发生的事情。"（第 1 章）

志愿、志愿组织、志愿主义，无论涉及个人还是机构，这些概念在中国文化中有时不太被理解和欣赏。马克思主义和毛泽东思想强调服务社会和政党，而根深蒂固的儒家文化价值则强调对家庭和当局（比如 the Government）的社会责任，这些依然是大多数中国人普遍固守的集体主义观点（Bell，2010），这同美国和西方大部分地区的个人主义价值观截然不同。在理解非营利组织同政府之间的关系上，西方的个人主义和中国的集体主义文化价值观之间的差异，似乎是非常重要的因素，要了解中国的民间社会也是如此。

三　1978 年以来中国非营利部门的扩张

在过去的四十年里，中国政府在非营利组织（NPOs）上的表现越来越好，这是一个有潜力的民主化领域（He，1997；Ma，2006：Chap. 2；Wang & Liu 2009：170 – 172）。Wang 和 Liu（2009：170）将此称为中国非营利部门和非营利组织的制度化过程，而民政部（MOCA）则是伴随始终的政府机构。重要的是，虽然国家已经正式认可中国非营利组织的价值和必要性，但很明显也希望控制和管理它们（Wang，2001）。

对此，Ma（2002：323）的总结如下："即使中国政府在非政府组织的发展中仍然是最具决定性的因素，但是国家也逐渐从许多社会责任中撤出。" Ma（2002：311）进一步指出："自上世纪 70 年代后期以来，中国政府对非政府组织的官方政策出现了显著的变化，政府承认非政府部门是中国经济和社会发展不可或缺的一部分。”这为中国社会的非营利组织留下了越来越大的空间，对是否存在这样的社会空间存在争议（Bentley，2004）。但是，非营利组织这种日益增长的作用主要局限于社会服务领域，政治性非营利组织通常是被禁止的，中国能够允许个人或团体以多种方式进行政治活动（例如非营利组织倡导），但是中国共产党以外的、纯粹政治性非营利组织是不被国家容忍的（Bentley，2004；Ma，2002：323；Ma，2006：201）。这一区别对于政府来说是至关重要的，许多观察家完全低估了20世纪70年代之后中国民主化进程的可能性。后一种观点似乎是对民主的过度解读，而不是对当前中国社会现实的客观承认。

1978年以后，在邓小平领导的改革开放进程中，国家一直主导着自1949年就存在的非营利组织（Wang & Liu，2009：11）。这些组织是政府主办的，而不是非政府的（即，不是非政府组织）。妇女、青年、工会等那些所谓的群团组织名义上均是为中共服务的巨型非营利组织，而本质上却是省部级的政府机构或部门（Ma，2002：308；Ma，2006：Chap. 2；Wang，2001；Wang & Liu，2009：11）。在中国共产党领导下，这些组织虽然有很强的政治属性，但一旦某一个人成为会员，他或她的参与水平仍然具备了志愿的特征。

从1978年开始，特别是在十年后的1988～1989年，中国颁行了新的政府法规以推动非营利组织的合法化进程（Wang & Liu，2009：12）。党和国家主导非营利组织的状况有所减少，而实质性管理依然存在（Chan，2005；Ma，2002；Ma，2006：Chap. 3；Wang，2001）。

从1988年开始，大多数注册的非营利组织是受政府激励和政府控制的官办非政府组织（GONGOs），或者是政府组织下的非政府组织（Gallagher，2004）。值得注意的是，在中国，非营利组织－政府关系一词更倾向于指没有政府的非营利组织，而不是非政府组织。在普通话中，“非”这个词也可以被理解为“反对”，过去多是这么翻译的（Ma，2002：308），尽管这个词很明显是“反对”的意思。党和国家以及许多中国学者持这样的观点，即没有政府（without Government）意味着政府无须直接管理，无论政府对该组织有多大的影响。

近年来，作为非营利组织的重要一面，内部管理自主权（自由）正在变成现实，尽管不可能是完全而彻底的自主（Ma，2002：308）。Chan，Qiu和Zhu（2005：132）1997年在广州所做的调查显示，大城市已经注册的非营利组织理事会通常由许多政府官员构成。此外，已注册的非营利组织还受制于政府对其内部管理的监管（Chan et al.，2005：132，139，142；Spires，2011a：27－29）。Zhang（2013）探讨了中国非营利组织的内部治理问题，而 Guo & Zhang（2013）则研究了这些非营利组织的民主和代表性问题。

对政府统计数据的研究表明，1988～1989 年以来，中国政府颁布了一些新法规，允许特定类型的非营利组织存在，并可以在政府部门登记注册（Guo et al.，2012；Ma，2006：Chap. 3），从此，中国各类主要类型（不是所有类型）的非营利组织数量大幅增加。王名等人对中国非营利组织发展 30 年做过概览式研究，呈现了中国非营利组织的最新图景：从 1978 年的零起点开始，中国的非营利组织增长率一直很不规律，直到 1990 年情况才有所好转；而 1990～1993 年，非营利组织迅速发展，达到了顶峰；在 20 世纪 90 年代后期呈下降趋势（自 1992 年以来，1999 年增长率最低），然后在 21 世纪又开始回升（Wang & Sun，2010：157）。

21 世纪以来，中国的非营利组织取得长足发展（Simon，2013：341）。2012 年 11 月，中国共产党第十八次全国代表大会在北京正式召开。在大会报告中首次明确提出“加快形成政社分开、权责明确、依法自治的现代社会组织体制”。在新的时代，非营利组织体制的改革是政府发起的全面深化改革的重要组成部分，“政社分开”、“权责明确”和“依法自治”是理解 2011 年以来中国非营利部门改革与发展的关键（王名等，2013）。以下围绕这个主线，就 2011 年以来中国非营利组织的改革发展做一个概览式的回顾。

1. 四类非营利组织实行直接登记管理

自从 1989 年以来，双重登记管理是中国政府管理非营利组织的主要特征。最新正在实践的直接登记管理是指部分非营利组织可以直接去民政部门登记注册，而不再需要寻求业务主管单位。在全国推行之前，直接登记管理曾经在北京和广东等地率先试验。更加具体地说，广东省深圳市最早实施非营利组织直接登记改革。2013 年，在全国人民代表大会和中国人民政治协商会议期间，国务院宣布允许四类非营利组织（包括行业协会商会类、科技类、公益慈善类、城乡社区服务类组织）直接登记注册。随后，地方政府开始执行这项政策。

直接登记管理对中国的非营利部门产生什么样的影响呢？第一，更多的非营利组织将登记注册，然而并未出现大幅增长。第二，登记注册只是政府管理非营利组织的一个方面，直接登记管理意味着政府放松了对非营利组织的管控，并不应过分夸大。

2. 行业协会商会开启去行政化改革

行业协会商会是经济建设和社会发展中的重要力量，特别是在中国加入世界贸易组织后，行业协会的发展一直受到政府的扶持。目前，中国的行业协会存在政会不分的问题，特别是一些全国性的协会。在新的时代，全国性的行业协会和地方性的行业协会正在经历一场政社分开的改革。2015 年 7 月，行业协会与行政机关脱钩方案正式发布，主要内容包括以下两方面。第一，不同层级的政府与行业协会逐步将办公场所、人员和资产分开。除了全国性的行业协会以外，一些地方性的行业协会商会的运作同样被批评过于行政化。Foster (2003) 通过对烟台市行业协会的研究发现，几乎所有的协会是在党和政府官员的推动下成立的，行业协会通常都嵌入行政机关。Zhao，Wang 和 Thomas (2016) 通过对上海市行业协会的研究发现，在二十世纪八九十年代，大部分的协会是由政府机关推动成立的。因此，在办公场所、人员、财务方面，行业协会都正式或非正式地依赖行政机关。第二，厘清政府机关与行业协会商会的职能。鼓励政府将职能转移给合适的行业协会商会来承担，并切实承担起监管责任。

3. 地方政府向非营利组织购买公共服务

国务院办公厅于 2013 年 9 月 26 日发布政府购买公共服务的政策文件。根据规划，到 2020 年，在全国各级政府基本建立比较完善的向社会力量购买服务的制度。与政府向企业购买服务相比，向非营利组织购买是一项最新的发展。目前，政府向非营利组织购买服务的规模尚没有具体数据。

政府向非营利组织购买服务最早可以追溯至 1995 年的上海浦东社会改革，当时浦东的社会发展局向上海基督教青年会购买罗山市民会馆的社区公共服务设施托管服务（杨团，2001）。后来上海、北京、浙江、广东以及其他地方随之探索政府购买服务的实践（苏明等，2010；徐家良、赵挺，2013）。购买的服务涉及教育服务、健康服务、社会服务等。总体上，国务院和民政部引领其他部门推动政府购买服务的发展。政府购买服务的目标包括实现政府职能的转移，同时推动非营利组织的发展。从长期来看，政府很可能是通过建立政府和非营利组织的合作伙伴关系来共同提供各类服务的。

4. 非营利部门和非营利组织内部建立党组织

自从在私营企业内部建立中国共产党的组织后（Thornton，2013），在中国正在兴起的非营利部门内部建立类似的党组织成为党和政府新的关注点。如果非营利组织内部的员工中有三人或三人以上为中国共产党员，那么非营利组织内部就需要建立党的组织。在非营利组织内部建立党的组织是比较具有中国特色的做法。有学者担心在非营利组织内部进行党建意味着更多的控制，影响非营利组织的自主性。

那么，党建究竟会对非营利组织产生什么样的影响？Thornton（2013）对上海过去几十年来中国共产党试图“全面覆盖”基层社会的做法进行了回顾，她认为很难预测这样的进入意味着更多的控制。根据最近一项研究，崔开云（2015）对江苏省20家非营利组织和相关政府部门访谈后发现：大多数的非营利组织负责人认为，在非营利组织中建立党组织是必要的，他们并不担心建立党组织会给机构带来更多的控制，而是认为建立党组织对于非营利组织来说是一种额外的工作负担。吴新叶（2008）发表了若干中国共产党和非营利组织间关系的文章，他认为非营利组织党建的绩效低，中国共产党对非营利组织的执政关系可以通过“组织吸纳”的方式来实现。

5. 慈善法立法过程中的公民参与

与其他的立法比较，慈善法立法是一个比较开放的过程，有6家民间社会研究机构参与了慈善立法的过程，这些机构包括北京大学法学院非营利组织法研究中心和清华大学公共管理学院NGO研究所、上海交通大学第三部门研究中心、中国社会科学院法学研究所、北京师范大学中国公益研究院，以及中山大学中国公益慈善研究院。2014年底，这6家机构提交的5部慈善法民间建议稿同时向社会公布。

侯志伟（2014）借用内容分析方法对这5部专家意见稿进行过比较研究，其认为每部专家意见稿各有特点，在中国慈善体制改革的方向上基本形成共识。这些共识包括“建立慈善组织的直接登记、推进慈善组织的税收优惠、改进政府在慈善组织管理中的功能、给予慈善组织发展更多的自由空间、改进综合监管体系包括自我规制”。

四　中国的非营利部门与民间社会的可能

很明显，中国拥有一个庞大且快速发展的非营利部门。关于中国是否在发展民间社会这个问题，存在多维的理解。前文有述，民间社会在定义上存在差异。如果只是从狭义角度上理解，民间社会就是指活跃的非营利部门，以及很多非营利组织和独立于政府的各种组织，那么有强有力的证据证明中国存在民间社会（Guo et al.，2012）。但是，更大的背景下的民间社会，是指那些有别于政府的、强大而自主的非营利部门，中西方学者在这个方面存在很大的分歧（Lu，2008；Ma，2006）。

1. 非营利组织/非营利部门相对于政府的自主性

在中国，大多数建制性的、在政府注册的非营利部门或新兴民间社会，依然处在党和国家的控制之下，它们多由国家发起和成立（Chan，2005；Foster，2003；Ma，2002，2006：第2章；Wang Ming，2001）。因此，许多观察家质疑，中国境内日益扩展的非营利组织是否形成了真正的民间社会（Whyte，1992；Zhang，2013）。在此过程中，这些批评家们主张用西方民间社会的观点，坚持从国家获得实质性的自治来衡量（Chan et al.，2005）。Frolic（Brook & Frolic，1997：第2章）认为，中国的新兴非营利性部门基本上是由国家培育的，因此不是西方意义的民间社会。Frolic 更喜欢使用国家主导下的民间社会（state-led civil society）一词，来区别 1989 年至 1997 年（其作品所涉猎时期）中国的民间社会和西方民主国家的民间社会。

Frolic（Brook & Frolic，1997：第2章）认为，如果要描述非营利部门或非营利组织和中国的党政体制之间的关系，法团主义（corporatism）是一个更好的术语。许多学者同意（Chan et al.，2005：131；Wu Fengshi，2002；俞可平，2008）这一立场。然而，Spires（2011a）不认为法团主义是一个合理的替代标签，因为国家对非营利部门显示出权力过大的特征。本文第一作者认为，如果目前将“法团主义”这个词用于解释中国最近的“非营利部门与政府”关系，那么，应该将这一术语称为“国家主导下的法团主义”更为准确，这只需要做必要的微调即可。

Lu（2008）在中国非政府组织的研究中挑战了两种主流观点：一个是中国

的非政府组织普遍缺乏自主权；另一个是基层非政府组织相对于自上而下的非政府组织而言更具有自治性。Lu的几项案例研究发现，官办非政府组织并不一定缺乏自主权。她还指出了影响官办非政府组织自治程度的三个因素：（1）非政府组织官员的个体能力，能否在其所代表的非政府组织中有效参与到政府法规的执行；（2）非政府组织的财务独立性；（3）非政府组织的专业管理部门是否能够认真履行其监督责任。在她的最新著作中，Lu用“依赖型自主”来描述中国的国家—非政府组织关系。

事实上，许多非营利组织的领导都试图寻求与中国政府官员挂钩/联系。“中国的非政府组织部门正在被制度化，这意味着非政府组织的领袖对于组织的效能尤为重要。”（Tai，2015：123）“非政府组织领袖是各自组织的宝贵资源；非政府组织领导人在推进组织有效性方面发挥的关键作用之一是他们作为资源代理人的作用。在诸多领导技能中，非政府组织对外部资源的依赖意味着领导者的社会关系最具有效用。”（Tai，2015：1）“特别是，非政府组织领导人的社会关系为组织实现其目标铺平了道路。”（Tai，2015：123）Tai（2015：39）还认为，许多这样的组织不仅存活了下来，而且还得到了蓬勃发展。成功的主要因素是非政府组织有能力成为国家的受益者。在获得国家资源方面，这些组织的领导人发挥着关键作用。中国政府邀请了一些备受赞誉的非政府组织领袖，成为人大代表、党代表和政协委员，这在广东和上海尤为普遍。

同主张在国家的控制程度与非营利组织的自治程度之间建立一个连续体相比，Ma（2002：286）指出，已经有研究结论能够证实这种更加微观的方法是有效的。专家们可以根据他们的意愿（自主的民间社会、法团主义、国家领导、国家主导/集权主义）（Autonomous Civil Society Corporatist State-led State-dominated/Totalitarian）来给这个连续体的各个环节贴上标签，但现实往往要复杂得多。把整个国家置于这样一个连续体上下结论是过于简单的做法，并不能区分不同层级的政府、不同类型的非营利组织，甚至一个国家的不同区域或地区所采取的控制也是不同的（Ma，2002：311 - 322）。对国家—非营利部门关系的充分了解应该着眼于目标定位，而不是简单化地贴上总结性的标签。

中国的非政府组织与党和国家之间是相互依赖的：“社会组织需要国家，因为它给予它们以政治、人事甚至经济机会（有时是间接的），但国家同时也需要社会组织来填补治理的空白，并解决紧迫的问题”（Hildebrandt，2013：15）。

Teets（2014：19）提出了一种新的模式，取名为“协商性威权主义（Consultative Authoritarianism）。在该模式下，鼓励产生一种更为间接的国家控制方式来保持民间社会自主性的同步扩展。她的研究具有挑战性：传统观点“认为具有自主性的民间社会不能够在威权体制中存在，而且民间社会的存在是民主化的一个指标”。

诚然，国家毫无疑问地对非营利组织进行了很多控制，而同1978年前相比则要少得多（Ma，2006：第3章）。宽容的观察人士倾向于将此视为新兴民间社会重大进展的依据，同时敦促未来有更大的公民参与空间（Li，2008；Ma，2006b：201）。更严厉的批评人士根本看不到这些进步，他们认为国家仍然是集权的，几乎所有的非政府组织都是政府主导的。事实似乎站在乐观主义者一边。

2. 非注册类的草根组织：中国“纯真”非营利组织的存在

特别需要指出的是，1998年以来（国务院颁布修订后的《社会团体登记管理条例》）的这段时间是非营利组织增长的新时期，该时期见证了一些真正非政府组织或团体的建立。有时，人们会忽略这一事实。Spires（2011a）研究了广东（中国南部的一个省）的一些更接近自治的非营利组织，称它们为草根组织。他认为，此类组织的存在是对将国家领导下的法团主义标签应用于中国所有的非营利部门的反驳。其他研究证实了他的评估，但尚未有代表性的全国性抽样调查结果加以证实。必须注意的是，在中国，用“草根”一词来指称NPOs时，突出的是其自下而上的成长品质，与许多自上而下的非营利组织形成对照，后者是指由国家发起和控制的官办非政府组织。这种用法与西方的标准用法有明显的不同，自下而上模式基于一种假设，其特征很多，而基层则指许多NPOs在地方范围之内（Smith，2000：9）。

Zhao（2001：133）早些时候发表过对中国未注册的非营利组织的定性研究，指出此类非营利组织“可以公开开展活动，在各个领域发挥越来越积极的作用。这些‘自下而上’的组织是由个人发起创建的，是通过自主运作而形成的独立于政府的公共空间”。该文章区分了几种不同类型的非官方社会组织或USO（Zhao，2001：133）：（a）较大的，通常是全国性的非营利组织在地方的分支机构；（b）在社会部门中其他大型组织中存在的内部团体；（c）注册为工商/非营利公司类组织，其运作以NPOs的方式展开；（d）作为NPOs运作的非正式组织，通常为俱乐部或草根组织（Zhao，2001：134－136）。“USOs”一词有时也被用来指未注册的社会组织，这意味着没有正式向政府登记。

如果仅仅关注到注册的非营利组织，这些属于中国非营利部门的“明物质”（Bright Matter），那么给其贴上国家领导下的法团主义标签大体是准确的。然而，据估计中国目前有数百万未登记注册的草根非营利组织（Wang & Liu，2009：13，29；M. Wang and W. Sun，2010：156，173；俞可平，2008）。例如，俞可平（2008：19）估计中国在2007年大约有800万个非营利组织，其中大部分是未注册的；据估计中国在2011年约有1000万个非营利组织，大部分未注册。按照赵秀梅的观点，这类非营利组织可以被称为非官方的社会组织或USOs。这些USO属于中国非营利部门中的“暗物质”（Dark Matter），一般情况下都看不见它们的存在。类比的说法就是：天体宇宙中那些恒星、行星和其他明亮的物质是人类通过望远镜可看见的，这些组织则不同，是看不见的。Wang和Liu（2009：29）估计，在中国约有90%未注册的USO，这与Smith（2000：42）于1990年的估计几乎相同。

作为未注册的非营利组织，中国的USO在数量上远远超过了受到严格控制的非营利组织的总数。从具有相对自主性的非营利组织数量上看，今天中国全部的非营利部门看起来更像是一个西方意义上的民间社会组织（Ma，2006：第4章，201；朱健刚，2004）。如果他们“遵守规则”，包括成文法与非成文规则，USOs几乎就不受党和国家的任何干预（Bentley，2004）。Spires（2011a：24－27）指出，许多未注册的NPOs/USOs（他未使用USO这一术语），通常是由于不信任或恐惧而避免与政府接触，但此举使它们得以幸存下来。从某种程度上说，USOs必须同地方或上级政府保持接触联系，Spires（2011a：33）指出，“草根非政府组织能够存在，无非是民主诉求和提升社会福利（服务）目标使然”。这样的USOs也必须避免过于庞大，也不要过于吸引媒体或其他公众注意（Spires，2011a：18）。这些都是不成文规则的例子，其他学者也根据自己的经验研究阐述了类似的原则（比如Bentley，2004；Chan et al.，2005：145－148；Zhao，2001：137－138）。有些休闲类非营利组织是极为非正式的，其成员的流动性很高。

从西方的角度看，中国长期以来在公民自由、人权和法治方面存在缺陷。在自由之家每年发布的对公民自由和政治权利的评级中，中国排名长期以来都很低，现在仍然很低。大多数观察人士都认为，根本原因是在1978年之前中国缺乏结社自由（Ma，2002：308）。然而，随着改革开放的发展，形势有了明显的改善（刘培峰，2007）。基本上，党和国家从法律意义上继续声称有权在任何时候任何地方干预个人或组织性的志愿活动或公民参与，但实际上很少干预。Ma（2006：202）指出："政府对私人事务的干预尚未成为法律限制。"尽管取得了一些进展，但中国全面的法治尚未建立。

关于中国成文法和政府法令的研究则经常忽略社团的显性自由。中国数百万的USOs目前正在享有结社自由（Bentley，2004；Lu，2008）。政府缺乏对所有USOs进行密切监管的资源，因而没有必要进行这种监管（Bentley，2004；Lu，2008：Chap. 3；Ma，2002：310；Spires，2011a：20－23）。大多数法律学者似乎没有意识到，中国的非营利部门都是由数量众多的USOs构成的，或者是这些学者低估了这些未注册团体的重要性，而没有注意到这些群体的数量多么庞大。

3. NPOs内部治理的适度自由，而效益－效率上则存在问题

除了USOs存在自由之外，也有证据表明USO内部治理具有实质性的自由，甚至在注册的NPOs治理方面也拥有相对自由（Bentley，2004；Ma，2002；M. Wang and W. Sun，2010：172）。通过对全国各省份非营利组织进行研究，Lu（2008）认为尽管非营利组织在实现既定目标（第6章）方面相当薄弱和无效，但其内部治理是相对自由的（第3章）。

Wang和Liu（2009）对中国非营利组织进行的调查结果同样表明，尽管也涉及治理和运营效率以及有效性方面所存在的各种问题，但其内部是存在自由的。这些作者指出，"绝大多数非政府组织没有从政府渠道获得公共资金"。这也是中国大多数非营利组织从政府当局获得自治的另一个重要标志，因为在任何国家，NPO对政府资源的依赖，往往意味着受到政府更多的控制。王名和刘秋实指出，中国的非营利组织总体上缺乏专业能力，"（比较而言），中国的非政府组织通常在人才、资源调动能力、组织管理、协调互动（合作）能力和危机应对能力方面表现出不足"。领薪的领袖人物的工资通常相对较低，而且很少接受相关的专业培训（Wang & Liu，2009：30－31）。作者们也认为政府对非营利组织的监督力度不大。然而，这一弱点可以看作中国非营利组织整体相对自由的另一个标志（撇开群团组织和其他主要的官办非政府组织不谈）。

在中国，政府与非营利组织签订服务合同（Le，2009；Lu，2008：Chap.

4)，但与大多数西方国家相比，签约程度依然微不足道。尽管如此，政府采用服务外包的方式说明中国出现了一种全新的、不同的模式。这种方法之所以能够存在，是因为 NPO 拥有独立于政府的自治权，这同 1977 年以前直接由政府提供所有社会服务的模式形成了对照。

这里谈到的自由是中国的敏感性话题，由于 USOs 的总体或代表性的全国性样本的因素，目前还没有足够的关于集会和结社自由的定量研究。Lan（2010：265）注意到友好/支持性的法律环境同一般民间社会总体指数之间存在积极相关关系（$R^2 = 0.68$），其结论是目前中国的 NPO 法律对 NPS 和 NPO 的支持力度是不够的，并建议再立一些新法。其他中国学者也一致认为，中国的 NPO 规章制度改革需要解放非营利组织的注册程序，同时还需要对其他法律进行调整（比如，Wang and Liu，2009：30，33；M. Wang and W. Sun，2010：245；Lan，2010：265 - 266）。

4. 国际非政府组织的角色与其他涉外非营利组织

跨国非政府组织的常用术语是国际性非政府组织或 INGOs。一个由许多非政府组织组成的国际或全球民间社会仍在成长中。在 1978 年之前，中国几乎没有国际性 NGO 或其他涉外 NPO 的影响。然而，自 1978 年以来，跨国和多国性 NPOs 等国际性 NGO 在增长，并在中国的 NPOs 和 NPS 中产生了积极影响。这本身就是国家对 NPOs 和 NPS 放松控制的一个重要表现，但其往往被忽视。

在最近的研究中，M. Wang 和 W. Sun（2010：168 - 172）回顾了中国非营利组织的影响因素，发现了“影响社会组织内部组织结构的四个主要因素……它们是：模仿党政机关的结构、借鉴国外非营利组织、制度建设的过程，以及以自我监管为中心的制度创新”。作者们总结认为：“与涉外非政府组织互动所带来的影响是更加开放的治理结构、更透明的决策机制和更有效的服务模式。”关于内部自由，作者（M. Wang and W. Sun，2010：172）认为：“制度创新最终将导致社会组织从外部约束到自愿行动的转变。”

其他学者也对中国的 INGO 影响进行了描述和讨论，其中包括 Hsia 和 White（2002），Ma（2006：第六章）。Spires（2011b）对 2002 年至 2009 年中国的 2500 多项基金会赠款的数据进行分析表明，尽管资助者口头上过于强调非政府组织和民间社会组织，但实际上绝大多数资金都流向了政府控制的组织，包括学术机构、政府机构和官办非政府组织（GONGOs）。发生这种情况是由组织的同质性造成的，这是一个大型化、精英领导的美国资助方的偏好以及来自中美双方的压力共同造成的过程，大多会对草根 NGO/USO 带来系统性的不利影响。

五　政府的模糊策略与中国未注册社会组织的非法状态

许多西方人士认为，中国的进步是值得肯定的，是有重大意义的（可能是实质性的进步），这是中国近来走向民主化的证据（Ma，2002，2006）。然而，党和国家对非政府组织仍然模棱两可：一方面，政府害怕非营利组织，特别担心会员制非营利组织会成为政权的麻烦（Chan et al.，2005：137；Ma，2006：47）；另一方面，通过对过去二十年的经验总结，党和政府认识到非营利组织在应对日益增长的社会需求和庞大人口问题等方面有巨大的存在价值（Bentley，2004；Chan et al.，2005：137 - 139；Ma，2002，2006：47；M. Wang，2001，2011；M. Wang and W. Liu，2010）。日益增长的政府购买非营利组织的服务是这种认可的明确证据（比如，Le，2009）。

Deng 和 Ding（2013：21）认为，“国家政策经历了从自由放任到控制的一系列转变，从非正式的行政方式到以法律工具为主要手段，从中央到地方，中国自 1978 年以来社会组织的治理策略一直在变化”。在 Chan 等（2005：135 - 140）的研究中，他们描述了 20 世纪 80 年代以来国家对非营利组织发展的包容态度。他们认为，非营利部门的增长基本上来自这个时期的市场经济改革（Chan et al.，2005：135 - 136）。这一观点与社会现代化所带来的组织革命的普遍原理是一致的，其中包括结社革命。在工业化和现代化等方面，世界各国社团扩展的经验都证明二者之间存在密切的关系。

Chan 等（2005：138）对各位作者的观点进行总结后指出，政府已经得出结论：“在社会发展中，民间团体（Civic Groups）（NPOs）是有用的，而且不一定会对国家构成威胁。”这一认识与 Spires（2011a：10 - 11）最新的“不确定性共生”概念相关联，用以描述非营利组织，特别是基层未注册的 NPOs/USOs 和国家之间的关系。党和国家的模糊心理既反映在正式注册制度的严格规定上，也体现在国家对非营利组织的认可上。尽管双重管理体制受到广泛批评（Chan et al.，2005：141），这些法规在过去的 20 多年来一直没有被正式放宽。

自1989年以来，双重管理体制一直是非营利组织寻求政府认可与接受的主要障碍（Spires，2011a：7；Wang，2001；Wang & Liu，2009：27－30）。然而，Saich（2000）却认为双重管理制度对非营利组织有益。至少，它给予了政府承认和认可非营利组织的法律地位。有了这样的地位，NPO可以拥有自己的财产，开设银行账户，雇佣付酬员工等。

自1989年以来，此类寻求官方注册的非营利组织除了将民政部门（MOCA）作为登记管理部门之外，还必须找到政府专业部门/机构（如教育、卫生）作为业务主管部门（Wang & Liu，2009：27－30）。许多机构/部门一直不愿承担这一角色，因为NPO管理存在潜在负担（Chan et al.，2005：132）和/或因为担心新的NPO可能会做一些被认为是错误的事情，并给该机构的领导人带来负面影响。近来，中国实施了一些小规模的探索，放松了双重管理制度，其途径是将在民政部门登记的必要条件放宽，不再要求业务主管部门。在广东省，地方民政局最近实施了这一宽松政策，将其作为一种省级管理实践。备案（文件）制度是目前改革NPO注册制度的一种最新创新尝试。

在中国，USOs的一个重要特征是，在技术上它们为非法团体。这意味着如果它们涉嫌对国家和人民的犯罪行为，政府可以随时解散、逮捕并惩罚它们的领导人和成员（Spires，2011a：16，26）。有时，这些制裁同时适用于一些非营利组织及其领袖。在中国，合法化与合法性之间存在重大差别。Spires（2011a：30）指出，“虽然一个工商注册或未注册的基层组织在技术上会有合法化的质疑，但非政府组织服务的社会合法性却几乎没有受到挑战”。重要的是，几乎所有参与Spires采访的草根非营利组织的人都“对破坏政权稳定的政治行动不感兴趣”。

六　中国NPO的政策倡导与抗争

比其他许多国家更明显的是，在中国，公开举行的社会运动/抗争型NPO同作为组织机构的服务型NPO之间有明显的界分，后者避免涉入任何政治活动（Bentley，2004）。平均来说，获得政府（MOCA）注册的服务型NPO取得了更大的成功，除非是官办非政府组织，而且是党和国家体制的组成部分，政治性非营利组织目前没有机会在民政部门注册。

各领域的研究人员已经证明，最近在中国存在一些有意义的政治和公民参与形式，不管这对西方观察家来说是多么令人费解或不太可能（Jia，2011）。对北京公民政治参与的一项定量调查显示，许多人在投票和竞选活动中是自愿参与，但也同时存在抵制和反抗。在中国，互联网越来越成为政策倡导、志愿行动和政治抗争的媒介工具（Tai，2015），当然党和国家也常常会采取强烈的预防或反制措施。

在利益表达和民主选举问责机制均缺少正式渠道的情况下，Teets（2014）很疑惑中国是如何实现善治的。她发现，非营利组织通常利用非正式的、个人的渠道去接触正式的闭环决策过程："非营利团体利用自己的能力将可信赖的信息进行传递，将社会需求的信息从社会团体传递到地方政府，如此一来提升了地方决策过程上的多元化，而关于政府横向问责的信息则从地方政府传递到公民和各种组织机构。"

问题的关键在于政治参与何时会变成政治抗争，甚至演变成政治抗议。对此疑问的初步解答是，一旦政治参与的群体或集体试图超越政治活动，同时还要改变地方/政府层面的一些政治过程（Political Practice）或政策结果，就会发生政治抗争。而一旦政治抗争的手段变得非常规或超过社会接受程度，就会对政府官员或机构产生压力，政治抗议便以公开示威、罢工或其他集体活动的方式来达到目的。

大批学者研究了中国的那些波及范围广大的、涉及实质性问题的政治抗争和政治抗议问题（O' Brien & Li，2006；Perry and Selden，2010）。正像许多公共服务类非营利组织一样，很多政策倡导类非政府组织也通过有限诉求和救济机制等相关策略而幸存下来，并适度获益。如果要能够生存下来，政策倡导类非营利组织需要增加有序和非暴力行动的策略手段。

有序活动（Orderly Activism，第一作者使用的术语）的成功证实了早先研究中国政策倡导型非营利组织的一些结论。Gamson（1990：43）认为，美国1800～1945年社会运动成功地实现了一些新优势（New Advantages），即实践目标：（1）它们没有试图消除或取代主要对手；（2）没有引起太多的愤怒和反对（通常来自政府），因而针对它们的暴力运用没有出现。不同作者对中国NPO有序活动的和平共处策略有不同表述：Ho和Edmonds（2007）称这种方法为嵌入型活动，而欧博文和李连江则称其为依法抗争（2006）。这两本书都给出了很多例证。有序活动策略似乎在威权体制（Ho & Edmonds，2007）和党政体制下运转尤为良好，这两种制度都极力反对给基本政治制度带来任何威胁。

在中国，那些成功的政治抗争事件多发生在地方层面上，而不是在省级或国家层面上（Bentley，2004；Cai，2010：4－5）。这些抗争没有对中共领导下的党和国家的基本合法性造成挑战。相反，这些成功抗争事件多聚焦于中央和省级等高层决策在地方的实施上，是针对地方与高层之间存在偏差的抗争（Bentley，2004；Cai，2010：4－5）。对于NPO抗争活动而言，这种方法的重要一面在于国家层面的党和国家已经做出了政治承诺，而地方层面的成员/支持者境况则出现了反差。Zhu 和 Ho（2007）的文章标题简明扼要地做出总结道："并不是反对国家，而只是保护居民利益。"作者们对上海附近的一个社区案例的研究表明，地方性政策倡导团体是如何成功地将其活动去政治化的（De Politicize），其策略就是有序行动，不要像非法组织开展活动那样被贴上"刁民"标签（Zhu & Ho，2007：152）。在一些由退休党员为主的公园抗争活动中，为了反对政府的大型建筑计划，当地居民成功的关键就是避免使用破坏性战术和使用去政治化的倡导活动（Zhu & Ho，2007：166－167）。

如前所述，尽管中国的非营利组织在当地开展了相当广泛的政策倡导与政治抗争活动，党和国家也存在明显的问题，但仍然能够获得公众的理解。如果非营利组织想生存下去，就需要避免反对国家层面的中国共产党领导体制，同时还需要在行动中采取非暴力和相当程度的有序参与策略（Chan et al.，2005：148）。一旦非营利组织不小心触碰了这些底线，将面临政府强有力的反击（Bentley，2004），因此它们的行动都是小心谨慎的。

七 讨论

本文发现20世纪70年代之后中国非营利部门（NPS）的发展成就是巨大而快速的，这种发展态势尽管不能涵盖所有类型的非营利组织，但也包括了很多种类。必须承认的是，政治类非营利组织（尤其是全国层面的社会运动类NPOs）依然处于被禁状态，除非它们是党和政府的官办组织或者受到党和国家的严密控制，比如群团组织和准政府组织（GONGOs）。无论其标签如何，后者显然不是真正的非政府组织（NGOs），它们实质上是伪装的政府代理组织。但是，中国存在数十万已注册的非营利组织，以及数百万未注册的社会组织（USOs），它们独立于政府的自主性程度显然是不同的。

因此，按照狭义的民间社会标准，中国在某种意义上具备大量的民间社会或非营利部门基础（Smith et al.，2006：43 - 44）。何包钢使用了“半民间社会”或“准民间社会”术语来描述彼时中国非营利部门的形态，这些术语比民间社会一词更为准确（He，1997）。显然，中国的党和政府继续在非营利组织发展中扮演主导性角色，尤其是对于注册类非营利组织和更大型的会员制社团组织而言，无论是寻求注册的合法地位还是已经注册过，政府的作用都很明显。Tai 认为，在初创阶段和运转的过程中，很多未注册社会组织存在政府介入。中国的非营利组织还存在很多法律与税制问题尚未解决。

被民政部（MOCA）等官方认可的注册类非营利组织十分有限，注册具有选择性的特征（Chan et al.，2005；Spires，2011a）。Tai 写道：“无论如何，中国的非营利部门尽管获得了国家的肯定性推动，但国家依然带着疑虑的态度来看待非政府组织，并一直采取法治的、政治的和操作性的措施来控制非政府组织。很多非政府组织无法达到官方设定的注册条件，不可避免地影响到它们的社会与政治合法性。”为了不至于受到诉讼，绝大多数 NGOs 选择不注册，或注册为营利性的实体公司，因为很多想注册的非营利组织被民政部门拒绝，但是这些组织需要得到政府的认可，只能寻求某种替代方案。

民政注册的瓶颈导致很多非营利组织发起人去注册营利性公司，寻求政府保护的其他方式，比如，挂靠在政府发起的非政府组织下面，或者干脆放弃登记注册。放弃登记之举给非注册类社会组织更大的内部自由，但换来的是持续的政治脆弱性、更为低下的组织声望和合法地位，既无法拥有自己的资产也无法雇佣职工，既无法接收捐赠也无法获得减免税收的权利，无法获得政府资金的资助或合同，以及诸如此类的其他不利境况。关于非营利组织登记注册的法规规定，在同一行政范围内只能允许一家非营利组织从事特定业务。这一规定是约束中国社团自由的另一个重大规定。

像其他民权一样，结社与集会的自由在中国总体上仍然十分有限，数以百万计的小型组织、非官方社会组织或未注册社会组织（尤其是草根组织）或许是中国草根民主最为重要的证据。这些未注册的社会组织都是事实上的非营利组织，只是未获得中国法律法理上的合法地位，结果此类组织在遭遇政府处罚时异常脆弱（Spires，2011a）。由国家发起或控制的官办非政府组织在数量上尽管没有减少，但占全部非营利组织的比例却日益变小，这是未注册社会组织和已经注册为非营利组织的非官办组织得以发展的结果。

另外，大多数非营利组织可以按照自己的意愿自由安排其内部治理结构，即使是那些在民政部门注册的非营利组织也不例外。登记注册和受资助的非营利组织都要受到政府机构潜在和事实上的管控，但这种管理往往是粗线条的、相对非介入性的。只有一小部分非营利组织，通常是民政部门已经登记注册类非营利组织，才能够收到来自政府的资金资助，因此大多数非营利组织能够从党和国家获得更广泛的资源。单纯从数字看，对于现有绝大多数非营利组织而言，尤其是未注册社会组织，会员制和参与水平均体现了志愿性的特征。这表明与1978年以前相比已经发生了重大的、积极的变化。

中国民主改善与社团自由的另一个关键指标是公民志愿参与的范围广度。尽管这一指标的绝对数量同西方模式/水准相比还很小，但通过非营利组织而开展的志愿行动与有序参与，却是事实存在的。尽管有序参与产生了实质影响，但对于政府及其不同层级的决策影响通常还很微弱。特定类型的非营利组织能够拥有比其他组织更多的资源，比如环保类非营利组织，它们的政策倡导是谨慎的，有序参与似乎已经取得了最大的成功。在1978以前这种水平的、有意义的公民参与同非营利组织行动均很难发生。

中国非营利部门和非营利组织的性质与作用在未来会是怎样的图景？非营利部门和非营利组织总体上要比以前更为强大，但这种力量需要在全球化的概念、标准和实证等语境下加以诠释，非营利部门和非营利组织要从政府那里获得多得多的绝对社团自由和自主性。从绝对规模上判断，中国的非营利部门和非营利组织还是比较微弱的，结社与集会的自由较弱。

前文提到的广义范畴的民间社会定义（Smith et al.，2006：43－44）是第二个标准，以此来考查中国则能够发现中国的民间社会已经出现但相对较弱。总体上，非营利部门的合法性较弱，自由度有限，特别是在政治理念和行动的角度上更是如此。从地方层面以上的更大型社团角度看，特别是全国性社团组织，多为官办非政府组织（GONGOs）。相比于1978年以前的非营利部门和非营利组织，这种局面已经取得了显著进步。针对这种复杂局面的任何简单化的、结论性的标签，都无法对当前事实存在的真正的复杂性做出公正判断。本文题目所隐含的问题已经有了答案。当代中国有没有民间社会，有赖于所使用的术语定义。除了公共性目标，该特征并无太多意义。真正有意义的是：只有全面理解当代中国非营利部门的复杂性，才能够对改革开放之后的非营利部门/非营利组织在自主性和公民参与上的进步有重要发现，才能够促进这两者在未来的更好发展。

一旦当前的趋势能够持续下去，中国就可能在未来的数十年里逐步迈向更大程度的自主性与更大程度的公民参与。问题的关键是促使政府接受适合中国社会的非营利部门和非营利组织价值观，消除政府针对这些问题的犹豫，建立起更为包容和支持性的实践方式方法。考虑到当前预估的非注册社会组织的数量，中国可能是世界上第二大国，仅次于美国，这同经济地位也是一致的。极有可能的情况是，未来中国的非营利部门在数量上位居世界第一，要比其领先美国 GDP 的时间早很多。从比较的角度，中国非营利部门的质量状况是另一个问题，其结果更充满疑问。

在实践层面上，中国的非营利部门、非营利组织和志愿行动/公民参与能够从已经登记注册的非营利组织中获得更大的免税收益（系从实践上，而非仅仅法律规定上）。在民政部门注册的官方非营利组织能够获得更大的自由，其运转和创新计划能够获得更多的政府资助，政府与非公募基金会为非营利部门的基础设施建设和项目提供更多的资金支持（比如，短期培训设施，以及非营利领袖的大学教育设施，以及低成本/无成本的志愿协商设施），更多的政府与私人共享会场与非营利组织渴求的办公设施，更多研究信息（尤其是代表性的、所有非营利组织的全国性样本，包括未注册社会组织、使用超级网络的样本等更为突出），允许获取更为开放的数据库资料以便收获最好的发展创意，为非营利部门领袖提供更多的研究翻译支持，更多的应用型研究绩效与非营利组织与志愿行动评估研究等。这些都将被添加到非营利应用知识体系之中，而连接中国与外国的研究人员和非营利领袖的渠道在持续增加，借助互联网而使非营利理念与实践极大地造福中国的非营利部门和中国人民。

八　总结

这里将引用部分中国知名学者的观点，他们在自己的论文/著作章节中对近年来中国社会非营利部门和非营利组织研究提出过如下观点。Wang Ming 和 Sun Weilin（2010：155）对中国过去30年总结后认为："一个相对富裕、多元与开放的社团生态系统正在形成；作为最为常见的组织形式，社会组织（公民社团）正在变得更为正规而有序；它们的活动领域得到前所未有的扩展。今天，中国的经济发展、社会和谐与政治文明已经日益成为社会组织不可分割的组成。"

Ma（2006：201）总结到：自1988年以来，"中国的社团状况发生了深刻的变化……非政府组织发展最为深远的进步包括非政府活动在法律与政治环境上的改善，正式与非正式社团与非营利服务供给的快速增加与多元化，非政府组织参与社会经济事务的深度和广度在增加，第一代非政府组织领袖的出现，以及非政府组织之间的合作开始出现。在很大程度上说，这些非政府组织有助于中国民间社会的形成"。

Chan 等（2005：136）认为："对于中国政府而言，过去二十年间的社团解放意味着社会主义市场发展的提升，其途径是渐进地替代政府单位而发挥经济与福利的特定职能。在这个背景下，社团被视为中介组织或介于国家与社会经济新力量的桥梁。"

本文第一作者的意见是，即便是取得了数量上更大的扩张和效益上的更大进步，中国非营利组织和非营利部门更可能是得益于不断聚焦于非市场社会主义（Nonmarket Socialism）或者是替代为非营利社会主义（Nonprofit Socialism），它与社会主义市场（或者是中国特色社会主义）并行不悖。中国不久以后要实现的模式既非西方意义上的彻底自治的民间社会，也非有效的法团主义。在有些观察者的视野中，这种建议实施非市场社会主义的方法，对于党和国家当前犹豫不决的态度是一个意义非凡的进步。本文第一作者提出的非市场社会主义是一个旁观者角度的意见，作者在过去的六年里在中国度过了九个月的教学与科研时光，其观点具有如下特征。

• 党和国家在非营利组织和非营利部门积极作用的认知上更为深刻，建立在对中国非营利组织影响研究的长期评估基础之上，这些研究对象也包括社团组织和所有地方层级的未注册社会组织。

• 政府为规模更大、更为敏感的相对自主的非营利组织，尤其是社团组织，提供了管理便利，其途径是进一步放松民政部门对非营利组织的登记注册条件、法律与程序，同时实施的备案制度既有效也很公平。

• 对非注册社会组织加以合法化，以便它们不再游离于非营利组织法律之外，只要它们能够遵守一般性法律，就能够像大多数其他国家的非政府组织一样具备生存的权利。

• 政府资助非营利组织的基金日益增长，为社会创新与潜在的应用型非营利项目提供服务合同与特别资助。

• 政府和基金会为各类非营利部门的基础设施/支持性组织和项目提供的资金支持会更大，那些从事非营利部门、非政府组织、社团和志愿行动/公民参与等的研究也将得到资助。

• 借助政府与基金会的资助，促使中西方学者在志愿学领域进行更为广泛的学术交流，推动非营利和志愿行动的研究（Smith，2016a）。

参考文献

崔开云（2015）：《当前江苏省社会组织党建工作考察报告》，《中共南京市委党校学报》，(5)。

侯志伟（2014）：《权利与发展：中国慈善体制改革的方向与路径——2014 年慈善立法（专家意见稿）比较研究》，《中国第三部门研究》，第 116～132 页。

刘培峰（2007）：《结社自由及其限制》，北京：社会科学文献出版社。

苏明等（2010）：《中国政府购买公共服务研究》，《财政研究》，(01)，第 9～17 页。

王名等（2013）：《谈谈加快形成现代社会组织体制问题》，《社会》，(03)，第 18～28 页。

吴新叶（2008）：《党对非政府组织的领导——以执政党的社会管理为视角》，《政治学研究》，(2)，第 30～36 页。

徐家良、赵挺（2013）：《政府购买公共服务的现实困境与路径创新：上海的实践》，《中国行政管理》，(08)，第 26～30 页。

杨团（2001）：《非营利机构评估：上海罗山市民会馆个案研究》，北京：华夏出版社。

俞可平（2008）：《对中国民间社会若干问题的管见》，高丙中、袁瑞军编《中国民间社会发展蓝皮书》，北京：北京大学出版社。

朱健刚（2004）：《草根 NGO 与中国民间社会的成长》，《开放时代》，(06)，第 36～48 页。

Anheier, et al. (2010), *International Encyclopedia of Civil Society*, New York: Springer.

Bell, D. A. (2010), *China's New Confucianism*, rev. ed. Princeton, NJ: Princeton University Press.

Bentley, J. G. (2004), "Survival Strategies for Civil Society Organizations in China", *International Journal of Not-for-Profit Law*, 6 (2), pp. 1 – 11.

Brandt, L. & Rawski, T. G. (2008), *China's Great Economic Transformation*, Cambridge, UK: Cambridge University Press.

Brook, T. & Frolic, B. M. (1997), *Civil Society in China*, Armonk, NY: M. E. Sharpe Inc.

Cai, Yongshun (2010), *Collective Resistance in China: Why Popular Protests Succeed or Fail*, Stanford, CA: Stanford University Press.

Chan, Kin-man. (2005), "The Development of NGOs under a Post-Totalitarian Regime: The Case of China.", in *Civil Life, Globalization, and Political Change in Asia: Organizing Between Family and State*, edited by Robert Wellner. New York: Routledge, pp. 20 – 41.

Chan, et al. (2005), "Chinese NGOs Strive to Survive", in Yan-jie Bian, Kwok-bun Chan, and Tak-sing Cheung, eds., *Social Transformations in Chinese Societies*, Leiden, Netherlands: Brill, pp. 131 – 159.

Davenport, C. (2005), *Repression and Mobilization*, Minneapolis, MN: University of Minnesota Press.

Deng, Zhenglai & Ding, Yi (2013), "The Logic of the 'Tutelary-Style' Monitoring System: An Assessment of State Policies on Social Organisations in the Past 30 Years", *Journal of Chinese Political Science* 18 (1), pp. 21 – 40.

Fewsmith, J. (2013), *The Logic and Limits of Political Reform in China*, Cambridge, UK: Cambridge University Press.

Foster, K. W. (2003), *State-created Associations: The Emergence of Business Associations in Contemporary China*, Berkeley, CA: University of California, Berkeley, Unpublished Doctoral Dissertation.

Fung, A. (2003), "Associations and Democracy: Between Theories, Hopes, and Realities", *Annual Review of Sociology*, 29, pp. 515 – 539.

Gallagher, M. (2004), "China: The Limits of Civil Society in a Late Leninist State", *Civil Society and Political Change in Asia: Expanding and Contracting Democratic Space*, edited by M. Alagappa. Stanford, CA: Stanford University Press, pp. 419 – 452.

Gamson, W. A. (1990), *The Strategy of Social Protest*, 2nd ed, Belmont, CA: Wadsworth.

Guo, Chao, et al. (2012), "Civil Society, Chinese Style: The Rise of the Nonprofit Sector in China", *Nonprofit Quarterly*, Fall: 20 – 27.

Guo, Chao & Zhibin Zhang (2013), "Mapping the Representational Dimensions of Nonprofit Organizations in China", *Public Administration* 91 (2), pp. 325 – 346.

He, Baogang (1997), *The Democratic Implications of Civil Society in China*, Basingstoke, UK: Palgrave Macmillan.

Hildebrandt, T. (2013), *Social Organizations and the Authoritarian State in China*, New York: Cambridge University Press.

Ho, P. & Edmonds, R. eds. (2007), *China's Embedded Activism: Opportunities and Constraints of a Social Movement*, New York: Routledge.

Hsia, R. & White, L. III. (2002), "Working Amid Corporatism and Confusion: Foreign NGOs in China", *Nonprofit and Voluntary Sector Quarterly* 31, pp. 329 – 351.

Hsu, C. & Teets, J. (2016), "Is China's New Overseas NGO Management Law Sounding the Death Knell for Civil Society? Maybe Not", *The Asia-Pacific Journal* 14 (4) No. 3, pp. 1 – 8.

Jia, Xijin. (2011), *Citizen Participation in China: Cases and Models*, Saarbrücken, Germany: Lambert Academic Publishing.

Lan, Yuxin (2010), "A Discussion of an Index of China's Nonprofit Legal Environment", *China Nonprofit Review* (*English Version*), 2, pp. 247 – 266.

Le, Yuan (2009), "Purchasing Public Services: The Contract-Oriented Model for Cooperation between Government and Civil Organizations: The Case of Shanghai Dapuqiao Community Culture Services Center", *China Nonprofit Review* (*English version*) 1, pp. 129 – 148.

Li, Cheng. (2008), *China's Changing Political Landscape: Prospects for Democracy*, Washington, DC: Brookings Institution Press.

Lu, Yiyi. (2008), *Non-Governmental Organisations in China*, New York: Routledge.

Ma, Qiusha (2002), "The Governance of NGOs in China since 1978: How Much Autonomy?" *Nonprofit and Voluntary Sector Quarterly*, 31, pp. 305 – 328.

—— (2006), *Non-Governmental Organizations in Contemporary China: Paving the Way to Civil Society*? New York: Routledge.

McGregor, R. (2010), *The Party: The Secret World of China's Communist Rulers*, New York: Harper.

O' Brien, K. J., & Li, Lianjiang (2006), *Rightful Resistance in Rural China*, Cambridge, UK: Cambridge University Press.

Perry, E. J., & Selden, M. eds. (2010), *Chinese Society: Change, Conflict and Resistance*, New York: Routledge.

Rose-Ackerman, S. (1990), "Competition between Non-Profits and For-Profits: Entry and Growth", *Voluntas* 1 (1), pp. 13 – 25.

Saich, T. (2000), "Negotiating the State: The Development of Social Organizations in China", *The China Quarterly* 161, pp. 124 – 141.

Shambaugh, D. (2009), *China's Communist Party: Atrophy and Adaptation*, Berkeley, CA: University of California Press.

Shapiro, J. (2012), *China's Environmental Challenges*, Cambridge, UK: Polity Press.

Simon, K. (2013), *Civil Society in China: The Legal Framework from Ancient Times to the "New Reform Era"*, New York: Oxford University Press.

Smith, D. H. (2000), *Grassroots Association*, *Thousand Oaks*, CA: Sage.

—— (2014), "The Current State of Civil Society and Volunteering in the World, the USA, and China", *China Nonprofit Review* (*English edition*), 6 (1), pp. 137 – 150.

Smith, D. et al. (2006), *A Dictionary of Nonprofit Terms and Concepts*, Bloomington, IN: Indiana University Press.

Spires, A. J. (2011a), "Contingent Symbiosis and Civil Society in an Authoritarian State: Understanding the Survival of China's Grassroots NGOs", *American Journal of Sociology* 117j, pp. 1 – 45.

—— (2011b), "Organizational Homophily in International Grantmaking: US-Based Foundations and their Grantees in China", *Journal of Civil Society* 7 (3), pp. 305 – 331.

Tai, J. W. (2015), *Building Civil Society in Authoritarian China*, New York: Springer.

Teets, J. C. (2014), *Civil Society under Authoritarianism: The China Model*, New York: Cambridge University Press.

Thornton, P. M. (2013), "The Advance of the Party: Transformation or Takeover of Urban Grassroots Society?" *The China Quarterly* 213, pp. 1 – 18.

Tong, Zhihui. (2010), "A Definition, Classification, and Report on Rural Civil Organization in China", *China Nonprofit Review* 2, pp. 267 – 306.

Wang, Ming (2001), "The Development of NGOs in China", *Nonprofit Review* 1, pp. 53 – 63.

—— (2011), *Emerging Civil Society in China*, 1978 – 2008, Leiden, Netherlands: Brill Academic Publishers.

Wang, Ming & Qiushi Liu (2009), "Analyzing China's NGO Development System", *China Nonprofit Review* (*English Journal Version*) 1, pp. 5 – 35.

Wang, Ming & Sun, Weilin (2010), "Trends and Characteristics in the Development of China's Social Organization", *China Nonprofit Review* (*English Journal Version*) 2, pp. 153 – 176.

Whyte, M. K. (1992), "Urban China: A Civil Society in the Making?" in A. L. Rosenbaum, ed., *State and Society in China: The Consequences of Reform*, Boulder, CO: Westview, pp. 77 – 101.

Wu, Fengshi (2002), "New Partners or Old Brothers? GONGOs in Transnational Environmental Advocacy in China", *China Environment Series*, Issue 5: 45 – 58. Washington, DC: Woodrow Wilson Center Press.

Zhang, J. Y. (2013), *Green Politics in China: Environmental Governance and State-Society*, London: Pluto Press.

Zhao, T., et al. (2016), "Public Policies, Stakeholder Interests and NGO Development: The Case of Trade Associations in Shanghai, China", *Voluntas: International Journal of*

Voluntary and Nonprofit Organization 5, pp. 2173 – 2198.

Zhao, Xiumei (2001), "An Analysis of Unofficial Social Organizations in China: Their Emergence and Growth", *Nonprofit Review*, (*English Version*) 1, pp. 133 – 142.

Zhu, Jiangang & Ho, Peter (2007), "Not Against the State, Just Protecting Residents' Interests", in P. Ho & R. Edmonds, eds., *China's Embedded Activism*, New York: Routledge, pp. 151 – 170.

The Development of China Nonprofit Sector from 1970s

David Horton Smith　Zhao Ting　Translated by Wu Xinye

[**Abstract**] Published research in English is reviewed on the Nonprofit Sector (NPS) in China since 1970s. A large, diverse, and rapidly growing NPS exists. China has civil society in the narrower sense that a substantial civil society sector or NPS exists. However, the party-state in China continues to play a dominating role in regard to the NPS, especially for registered NPOs. Freedom of association is still limited in China, especially for national associations, which are nearly all Government Organized Non-Governmental Organizations (GONGOs). Genuine associational freedom at lower territorial levels, especially the neighborhood level, is widespread though incomplete, but present far more significantly than in the 1970s. Millions of small, largely unregulated, Unofficial or Unregistered Social Organizations (or USOs), as grassroots organizations (grassroots associations/GAs) are important evidence for some significant associational freedom at the local level.

Most NPOs, even registered NPOs, can freely structure their internal governance. All the USOs are illegal under Chinese law technically, but they have substantial social legitimacy and relative freedom of action nonetheless. There is also a surprising range of volunteering, voluntary citizen participation, and orderly activism through NPOs, especially at the local level. All the above facts constitute substantial progress for the NPS and NPOs in China since 1970s.

[**Keywords**] Associational Revolution in China; Nonprofit Sector; Nonprofit Organizations; Government Organized Non-Governmental Organizations; Unregistered/Unofficial Social Organizations

（责任编辑：蓝煜昕）

分层化制度外政治参与的理论研究*

郑心遥　彭宗超**

【摘要】本文对目前社会运动理论和阶层政治理论对于制度外政治参与的有关研究进行了梳理分析，进而探讨现有理论存在的问题以及进行理论整合的可能空间。本文认为在社会运动理论基础上可以整合国家、个体心理、制度和组织层面分析，进而还可引入阶层比较，有利于深入研究对象并区分不同的参与者，重新审视国家、个体心理以及制度和组织层面的因素对制度外政治参与的影响机理。

【关键词】制度外政治参与　社会运动理论　阶层政治

政治参与是公民试图影响政府行为的活动，政治参与大体可以分为制度内的政治参与和制度外的政治参与，制度内的政治参与是处于国家的法律、相关制度允许或保障框架之内的政治参与行为，而制度外的政治参与是“一种突破现有制度和规范的无组织现象，是一种没有法律依据甚至违法的政治参与行为”(孙德厚，2002)。制度外的政治参与主要包括在法律框架之外的游行、示威、

---

* 该研究受教育部（哲社重大攻关）“社会稳定风险评估与社会矛盾预防研究”（编号：11JZD029）、国家社科基金特别委托项目“京津冀协同发展过程中重大决策社会稳定风险评估的研究”（课题号：16@ZH003，负责人：薛澜、彭宗超）和国家自然科学基金管理学部应急管理项目《智库研究项目》“‘十三五’期间我国社会安全风险治理研究”资助（课题号：71642005，负责人，薛澜）。

** 郑心遥，清华大学公共管理学院及应急管理研究基地博士研究生；彭宗超，清华大学公共管理学院教授。

请愿、游说等①。对于制度外政治参与的研究在社会运动理论、阶层政治中都有涉及，但是二者之间缺乏理论的整合。对于社会运动理论而言，由于缺乏对来自不同阶层的参与者的深入研究，当代社会运动理论的分析与研究客体缺乏紧密的联系，资源动员和政治过程理论逐渐成为一个机械化的分析工具，“大量关于社会运动的学术作品的质量是机械的、无甚新意、令人厌倦”，“这个领域变得高度职业化和相当的非政治化”（裴宜理、阎小骏，2008）。对于阶层政治而言，在社会变迁以及国家治理的宏大背景下，不同社会阶层有着完全不同的需求，在阶层利益、文化、价值观念等方面也存在显著的差异，而阶层的这些特性会对其制度外政治参与行为产生影响。但是阶层政治的研究过于关注社会变迁与阶层特性，对于政治机会、动员结构、运动话语和符号性行为等影响具体行为的因素关注不够，使得阶层政治的研究也面临制度外的政治参与行为是如何发生的质疑。

本文关注不同阶层制度外的政治参与，探讨当前社会运动理论与阶层政治研究在分析不同阶层制度外政治参与方面存在的问题。本文第一、二部分对目前社会运动理论以及阶层政治理论对于分层制度外政治参与问题的有关研究分别进行梳理分析，第三部分探讨现有理论存在的问题以及进行理论整合的可能空间。

一　社会运动理论研究

关于社会运动的研究主要从三个视角切入，分别是国家层面、个体心理层面以及组织和制度层面，这三个视角的分析对制度外政治参与的研究侧重也有所不同。首先，从国家层面探讨国家的治理以及具体的政策措施对制度外政治参与有何影响。其次，从个体心理层面分析负面的情绪、态度如何影响制度外政治参与。第三，从组织和制度层面解释动员机制是如何影响制度外政治参与的。

1. 国家层面

任何制度外政治参与都是发生在一定国家的背景之下，国家一方面可能成

① 制度外的政治参与既包括抗争性的政治参与也包括非抗争性的政治参与，本文研究的制度外政治参与主要指中层和下层的抗争性制度外政治参与。

为激发制度外政治参与的力量，另一方面也可能阻碍制度外政治参与的发生发展。国家对于制度外政治参与的独立影响源于国家的自主性，斯考切波认为国家不仅仅是阶级统治的工具，国家也可能“确立或者追求一些并非仅仅反映社会集团、阶级或者社团之需求或利益的目标，当国家能够独立提出此类目标，国家就成为一个不可忽视的行动主体”（Skocpol，1985）。因此国家所采取的自主治理策略很可能激发制度外政治参与运动的发生发展。但是从另一方面看，如果国家拥有较强的国家能力，尤其是国家强制能力，也能够在一定程度上抑制制度外政治参与运动的发生发展。威权韧性的研究关注在全球民主化的背景下威权政体是如何得以存续的。威权政体的存续策略包括调整威权政府协调管理不断变化的政治、经济和社会状况，这在很大程度上是为了防御对政权的挑战而进行的回应（Heydemann，2007）。

2. 个体心理层面

个体心理层面侧重于分析负面的情绪、态度如何影响制度外政治参与，具体而言又可以分为结构功能主义与符号互动主义两种研究策略。格尔是结构功能主义社会心理学分析的典型代表，格尔提出相对剥夺感的概念，相对剥夺感是价值期望和价值能力之间的差距，价值期望和价值能力之间的差距越大，相对剥夺感就越高（Gurr ，1970）。从符号互动论的视角看，心理上的负面情绪产生之后也不一定会激发制度外政治参与，心理上的负面情绪需要经过社会互动过程进行更广泛的传播，形成更广泛的共同情感或信念，才能更好地预测行为的发生。符号互动论视角与结构功能主义视角在解释制度外政治参与行为上最大的差异，就是在社会变迁 - 心态变化 - 行为的逻辑链条之间增加了一个对心态变化能动性的解读过程，强调在制度外政治参与过程中它们的相互影响，这种在社会互动过程中形成的社会心态对制度外政治参与行为的发生有更强的解释力。

3. 组织和制度层面

组织和制度层面的分析主要有资源动员理论、框架建构论以及政治过程理论等。资源动员理论认为，制度外政治参与行为的发生，主要源于可被社会运动积极分子或者社会运动组织利用的资源增多，从而对潜在参与者形成更强的动员效果。框架建构论认为，社会运动的积极分子或者社会运动组织有意识地在大众中传播社会行动者的观念以获得更广泛的支持，试图说服人们参与到社会运动中去。但是资源动员理论和框架建构论都较少关注组织间权力的不平等所带来的影响，而权力关系的不平等又是普遍存在的。尤其是在一些国家，国家政权对社会运动组织的容忍度较小，因此常常伴随着严厉的社会控制，这种不平等的统治关系促使社会运动理论开始更加关注政治环境的影响，强调社会运动的政治过程属性，因此政治过程理论应运而生。Tily 认为制度外政治参与实质上是政体外部成员与政体内部成员之间的权力争夺战，动员模型描述了外部竞争者的行为，利益、组织、资源动员能力、权力、阻碍力量、机会和威胁、集体行动等因素以一种特定的组合方式相互影响（Tily，1978）。当政治机会出现，即政治上出现不稳定的因素以及社会行动者讨价还价的能力增强，本土的组织能力提升以及被排斥在政体之外的群体意识到他们的遭遇并相信存在改变现状的机会，制度外政治参与最有可能产生（McAdam，1982）。

二　阶层政治理论研究

社会运动理论较少从阶层的角度来定义社会运动的参与者，把每个参与者或者潜在的参与者都看作是没有阶层差异的个体，这些个体在社会运动的理论框架之下同样受到社会心理、动员结构、国家等因素的影响。而阶层政治分析把阶层作为重要的变量，不同阶层本身所具有的特性会对其制度外政治参与产生重要影响，因此，要比较来自不同阶层的群体制度外的政治参与行为，就需要先从阶层出发，分析不同阶层制度外政治参与背后的具体影响因素和影响机理。

对阶层政治的研究首先涉及社会分层的标准，社会分层在本质上是社会资源在不同群体之间的分配，资源在人群中分配状况的不均，导致不同的社会经济地位形成。现有对阶层的分类主要从经济收入、职业、教育三个层次进行划分，同时越来越多的学者也开始使用综合性的概念进行阶层的分类（李培林、张翼，2008）。本文主要从社会、经济、政治地位等综合性的角度区分上层、中层、下层。由于本文主要关注抗争性的制度外政治参与，而在上层政治研究中，上层政治相对更多采取非抗争性的政治参与方式，例如利益集团之间的博弈、游说等。因此这里仅对中层和下层的抗争性制度外政治参与进行梳理。

1. 中层政治

中层可能在制度外政治参与中扮演保守主义者的角色，也可能成为主要参与者，中层扮演的角色与国家的性质、中层产生和发展的政治经济背景紧密相关。现有的文献关于中层在制度外政治参与中所扮演的角色，主要有三类观点：一是认为中层是变革的保守力量，倾向于维持现状或者仅仅扮演追随者的角色；二是认为中层是主要的参与者；第三类观点介于前二者之间，认为中层可能是保守主义者，也可能成为制度外政治参与的主导力量，中层在制度外政治参与中扮演的角色取决于中层与国家的关系以及中层的社会经济地位等因素。

首先，对于中层是制度外政治参与保守力量的论述，主要从中层的政治态度和行为层面入手。首先，从中层的政治态度上看，中层抗拒政治、社会上的变革。中层拥有一份适当而充足的私人财产，常常把关注点放在自己的私有财产之上，关心如何增加自己的财富，对政治的兴趣不大（亚里士多德，1983）。由于对物质享乐的要求需要社会的稳定发展，他们害怕革命与动乱，抗拒牵一发而动全身的改革，因此在政治态度上倾向于保守主义（凡勃仑，1964）。中层还可能对社会的主流价值观有较强的认同感，反社会的情绪比较弱，是维护社会稳定的主体力量。其次，从行为上看，中层对政治其实并不敏感，也不可能对目前的政治形势有清晰的认识，也不可能采取明确理性的政治行动，并且中层之间缺乏形成共同政治运动的现实基础，中层只能扮演着跟随者的角色，跟随着最有可能获得胜利的集团，在政治上不可能独立，是“政治后卫”（米尔斯，2006）。

其次，认为中层是民主化制度外政治参与的主要推动力量，其基本的解释逻辑是“经济发展导致政治民主”（Lipset，1959）或者是后工业社会的结构变迁，是一种遵循结构主义研究范式的宏观解释模式。随着经济的发展，教育水平的提升，中层逐渐壮大，同时，中层具备较强的参政议政能力，将会推动国家从非民主政体向民主政体转变，成为非民主政权的“颠覆器”。因此，在现代社会中，中层往往是最具革命性的阶层，是城市反政府运动的主要源泉，中层在政治观念上比蓝领工人更加激进和极端（亨廷顿，2008）。除了在国家转型过程中的民主议题，许多关于社会议题的制度外政治参与，中层也同样是主要参与者，尤其是在 20 世纪 60 年代以来在西方国家兴起的新社会运动。后工业社会的结构的变迁导致中层的规模和影响力与日俱增，利益的冲突以及新的文化和价值观念的产生，使得中层成为新社会运动的基础（Inglehart，1997）。

第三，中层可能是制度外政治参与的保守力量，也可能成为主要参与者，这取决于中层对国家的依附性以及社会分配冲突。从对国家的依附性上看，后发展国家相对西方发达国家面临着更加严峻的社会经济环境，国内缺乏资本、高素质的劳动力以及先进的技术，在国际分工体系中又处于较低层级，因此后发展国家大多依靠国家干预在短时间内实现经济发展。在此过程中，中层受国家经济发展的政策引导，迅速地壮大起来。在后发展国家，中层常常被认为是国家“催生”出来的，而不是像西方发达国家的中层是“自发”产生的。因此，在后发展国家，随着经济的飞速发展，中层成为国家发展战略的受益者，与国家有着共同的利益，容易成为国家的依附者，对民主持非常模糊甚至反对的态度（Hsiao & Wang，2001）。政治经济学从经济不平等的角度，重视不同阶层甚至和国家之间的分配冲突，从更加微观的政治过程来解释中层在民主化过程中的作用。政治经济学的解释认为中层可能成为民主化的推动力量，也可能是国家的依附者，这取决于中层的利益，而利益是由其收入水平在整个社会中的位置来决定的（Boix，2003）。

3. 下层政治

中层理论研究常常把与政治相关的活动看作是精英阶层或者是中层主导，而下层由于较低的教育水平存在下层无意识、无政治的现象。莫斯卡在《统治阶级》中清晰地表明了下层无政治的立场，莫斯卡认为下层群体由于教育水平、礼貌习惯以及社会习俗上的差异被孤立，这种孤立较难被打破，穷人没有自主性，他们常常是追随富人的领导（莫斯卡，2002）。但是在历史长河中，作为下层的工人和农民阶层在制度外政治参与中确实起到非常重要的作用。马克思列宁描述的工人阶级是社会进步的力量，在资本主义经济的压迫下承担起反抗资本主义压迫并建立共产主义社会的历史任务，通过意识形态上从“自在”到“自为”的转变，团结广大无产者建立共产主义联盟。摩尔认为农民在强大的压迫和剥削之下，也会爆发革命运动，土地贵族和农民对于农业商品经济挑战的响应成为左右政局的决定性因素（摩尔，1987）。但是随着西方发达国家兴起的以中层为主的新社会运动，工人、农民运动逐渐被边缘化，更加剧了对下层无政治的刻板印象，或者说，下层如果存在政治取向，那么也是倾向于极端主义和非理性的。

而印度的庶民政治研究再次颠覆了这一传统的假设。古哈在《论殖民地印度史编纂的若干问题》中指出，印度的民族主义史的研究长期被殖民精英主义和资产阶级精英主义所垄断，把印度民族的形成全部归功于精英的运作，这种精英主义的史学观完全忽略了庶民政治。庶民政治是一个和精英主义政治并行的领域，具有一定的自主性，既不产生于精英政治也不依赖于精英政治而存在（古哈，2002）。帕萨·查特杰也提出类似庶民政治的概念——政治社会，认为基于欧美发达国家的国家－公民社会的分析框架并不能解释许多第三世界国家的真实状况，现代国家治理机制为弱势群体提供了一个在主流政治之外的非主流的民主空间，弱势群体基于生存逻辑与国家和公民社会周旋（查特杰，2007）。与传统精英要求获得执政权，以及中层要求社会权利的政治逻辑不同，下层最重要的逻辑是生存逻辑。斯科特在分析东南亚农民阶层的抗争运动时，强调根植于经济实践和社会交易过程之中的生存伦理是解释农民政治行为的基础。因为要保障基本的生存需要，农民总是遵循“安全第一”的原则，倾向于规避经济风险而不愿意去追逐利益最大化。（斯科特，2001）

三　理论空间整合的可能性探讨

1. 国家、个体心理、制度和组织层面制度外政治参与研究的分立

社会运动理论分别从国家、个体心理以及制度和组织视角讨论不同层面的因素对制度外政治参与运动的影响，但是这三个视角的分析过程又是无法完全独立的。例如以社会心理学为基础的个体心理研究，离不开社会变迁、国家治理等因素的影响；制度和组织层面的研究更多强调动员机制对制度外政治参与运动的影响，但是也并没有完全否认个体心理因素的影响；以国家为中心的研究，其比较研究的对象大多是以国家为单位，并没有深入分析国家的自主性政策究竟如何影响个体的制度外政治参与行为，如果把分析单位聚焦于国家中不同个体的制度外政治参与行为，那么离开个体心理以及制度和组织层面的分析，单纯从国家层面的分析并没有办法解释为什么处于同样国家治理背景下的个体会产生截然不同的制度外政治参与倾向。

阶层政治的研究大多也是从国家层面的视角出发，以社会变迁过程中国家治理造成的利益损害、价值冲突等为研究起点，分析在这种变化之下产生的某种后果以及随之而来的心理学机制，例如对民主的需求、对生存问题的忧虑等，然后一步到位来解释中层和下层的制度外政治参与，只不过阶层政治的解释强

调了中层和下层心理学机制的差异，或是追求民主，或是遵循生存逻辑。这一解释逻辑的缺陷在于对个体制度外政治参与的具体发生机制缺乏详细的叙述。

国家、个体心理以及制度和组织层面的分析不仅无法独立，实质上还是高度互补的。个体心理层面的分析假设心理上的不满会促进制度外政治参与的发生，然而事实上对政府的不满时有发生，但是却不是所有人都会参与制度外的抗争运动，社会心理学视角的分析从心理到行为之间存在着逻辑断裂，而制度和组织层面以动员机制为主的研究却恰好弥补了个体心理研究的不足。个体心理以及制度和组织层面的分析虽然对制度外政治参与的发展规律有着详尽的探索，但是却把国家排除在外，而实际上任何制度外政治参与的发生发展都是处于国家的治理背景之下，国家的治理策略不仅会影响个体心理，甚至还将塑造社会的动员机制。以往以国家为中心的研究，大多是在比较政治学领域，分析不同国家或者地区制度外政治参与发生发展的差异，难以对个体的制度外政治参与行为进行深入的分析。要在国家中心的视角下分析公民制度外政治参与行为的差异就必须引入个体心理以及制度和组织层面的变量。

如果在制度外政治参与过程中，国家、个体心理以及制度和组织的层面的变量都可能发生作用，那么这三个层面的变量是如何互动并共同塑造个体的制度外政治参与行为？在哪些情况下，或者针对某一群体，哪个层次的变量会产生更大的影响？而目前的研究缺乏一个整合这三个层次的分析框架，这些问题仍然缺乏相关的研究。

2. 制度外政治参与是否存在阶层差异？

虽然社会运动理论、阶层政治都对制度外政治参与行为有相关的研究，但是却有着完全不同的分析逻辑。社会运动理论假设不同群体的制度外政治参与同样受到国家、个体心理以及动员机制等因素的影响，这种影响较少存在阶层差异，即使在新社会运动研究中发现中层成为主要的制度外政治参与者，也是基于中层在心理上更高程度的不满以及制度和组织层面更高的动员效率；然而中层和下层政治的研究却表明，中层和下层具有完全不同的政治参与逻辑，不同社会阶层所具有的特征对制度外政治参与具有显著的影响。

在社会变迁以及国家治理的宏大背景下，中层和下层有着完全不同的需求，在阶层利益、文化、价值观念等方面也存在显著的差异。中层是激进还是保守，是支持民主化还是成为国家的依附，都取决于国家政权与中层之间的利益协调。

当中层的经济利益遭到损害，那么中层就会转向政治上的变革，如果中层的经济利益依附于国家并得到满足，那么中层政治上的参与需求就会被消解。而下层的关注点聚焦于直接的经济利益或者遵循生存逻辑，即使在经济利益受损时，制度外政治参与的积极性也可能大大低于中层。

如果阶层的这些特性会影响制度外政治参与，那么随之而来的问题是，社会运动理论探讨的个体心理、动员结构以及国家治理和回应策略等因素，对中层和下层制度外政治参与的影响效力和影响机理是相同的吗？例如对于陷入贫困且对政府非常不满的下层，在社会运动积极分子的动员下，他们是否比中层更不倾向于制度外的政治参与？相比中层由于更高的政治认知和参与能力，在对政府非常不满的情况下，是否会更容易被动员起来进行制度外政治参与？国家同样的治理和回应策略对于中层和下层产生的影响有何不同？现有的研究较少对这个问题进行深入的探讨，这主要源于社会运动理论以及阶层政治研究之间的分隔，两类分析虽然都探讨制度外的政治参与，但是却基本没有对话，也缺乏理论整合。

3. 理论空间：整合国家、个体心理、制度和组织的分析并引入阶层比较

制度外政治参与的研究首先需要整合国家、个体心理以及制度和组织层面的分析，形成一个统一的分析框架，比较不同层面的影响因素在制度外政治参与过程中是如何互动，并共同塑造制度外政治参与行为。其次，在一个统一的分析框架之下，需要引入阶层比较，分析三个层面的影响因素如何对不同阶层的制度外政治参与产生影响？对于不同的阶层而言，究竟哪一层面的影响因素可能发挥更重要的作用？

在社会运动理论框架之下，如果制度外政治参与有阶层差异，首先，从国家的层面上看，中层和下层具有不同的利益和价值观念，同样的国家治理策略可能会对中层和下层产生不同程度的影响，或者受影响的方面有不同的侧重。其次，在国家的影响下，中层和下层的心理状态也可能存在差异。虽然都对政府表示不满，但是中层和下层在不同的需求层次之下，不满的对象和内容可能并不相同，因此，社会运动理论中个体心理层面的不满对制度外政治参与行为的影响可能就需要重新考虑。第三，从制度和组织层上看，国家的治理策略也可能对社会动员机制产生影响，尤其是国家的政治压制，将会大大限制动员机制效用的发挥。由于不同的生活和工作环境，中层和下层对于不同动员主体的可接近程度和信任度并不相同，不同的阶层可能适用于不同的动员方式，因此动员机制的效度也因人而异。

三　总结与展望

对于制度外政治参与的研究，虽然在社会运动理论以及阶层政治研究中都有涉及，但是二者之间鲜少对话也缺乏整合。社会运动理论在国家、个体心理、组织和制度层面的分析缺乏整合，阶层政治的研究对具体的制度外政治参与行为的发生解释力不足。因此本文认为在社会运动理论基础上整合国家、个体心理、制度和组织层面分析的基础上引入阶层比较，有利于深入研究客体并区分不同的参与者，重新审视国家、个体心理以及制度和组织层面的因素对制度外政治参与运动的影响。

社会运动理论以及阶层政治研究之间的分立体现了社会运动理论发展过程中的美国传统和欧洲传统融合的缺乏。社会运动研究的美国传统更侧重探讨社会运动发生的机制，而基于社会学三大奠基人——涂尔干、马克思和韦伯而发展起来的社会运动研究的欧洲传统更强调“社会变迁、社会和阶级结构的变化，以及文化、认同感、话语和合法性在社会运动产生与发展中的作用”（赵鼎新，2012：34）。实际上，美国传统与欧洲传统的社会运动研究是高度互补的，以寻找机制为中心的社会运动理论研究弥补了宏观社会学理论无法解释具体行为的弊端，而基于宏观社会学的革命理论研究有利于突破某几种机制的局限而获得对社会运动较为全面的了解。近年来，社会运动和革命研究开始有了逐渐融合的趋势，包括融合集体行动、社会运动和革命的“抗争政治”框架（Tilly&Tarrow，2007），以及赵鼎新提出的“变迁、结构、话语”的分析框架（赵鼎新，2012）。如果在一个统一整合的理论框架之内，传统社会运动理论探讨的核心变量的影响机理，在不同的群体或者不同的环境下可能就需要被重新审视。

参考文献

巴林顿·摩尔（1987）：《民主与专制的社会起源》，拓夫等译，华夏出版社。
凡勃仑（1964）：《有闲阶级论》，蔡受百译，商务印书馆。

古哈（2002）：《论殖民地印度史编纂的若干问题》，《庶民研究》，林德山译，刘健芝、许兆麟选编，北京：中央编译出版社。

亨廷顿（2008）：《变化社会中的政治秩序》，王冠华译，上海人民出版社。

李培林、张翼（2008）：《中国中产阶级的规模、认同和社会态度》，载《社会》，2008 年第 2 期，第 4 页。

米尔斯（2006）：《白领：美国的中产阶段》，周晓虹译，南京大学出版社。

莫斯卡（2002）：《统治阶级》，贾鹤鹏译，译林出版社。

裴宜理、阎小骏（2008）：《底层社会与抗争性政治》，《东南学术》，（3），第 4 - 8 页。

帕萨·查特杰（2007）：《被治理者的政治：思索大部分世界的大众政治》，田立年译，桂林：广西师范大学出版社。

孙德厚（2002）：《村民制度外政治参与行为是我国农村政治、经济体制改革的重要课题》，《中国行政管理》，6，第 35 - 37 页。

斯科特（2001）：《农民的道义经济学：东南亚的反叛与生存》，程立显等译，南京：译林出版社。

亚里士多德（1983）：《政治学》，吴寿彭译，北京：商务印书馆。

赵鼎新（2012）：《社会与政治运动将以》，北京：社会科学文献出版社，2012 年版。

Boix, C. (2003), *Democracy and redistribution*, Cambridge University Press.

Gurr, T. R. (1970): *Why men rebel*, American Political Science Association, 5 (2).

Heydemann, S. (2007): "Upgrading authoritarianism in the Arab world", *Saban Center for Middle East Policy at the Brookings Institution.*

Hsiao, H. H. & Wang, H. Z. (2001), "The formation of the middle classes in Southeast Asia: An overview", *Exploration of the middle classes in Southeast Asia*, Taipei: Program for Southeast Asian Area Studies, Academia Sinica, pp. 3 - 38.

Inglehart, R. (1997), *Modernization and postmodernization: Cultural, economic, and political change in 43 societies*, Princeton University Press.

Lipset, S. M. (1959), "Some social requisites of democracy: Economic development and political legitimacy", *American political science review*, 53 (1), pp. 69 - 105.

McAdam, D. (1982), *Political Process and the Development of Black Insurgency*, 1930 - 1970. The University of Chicago Press - 2nd ed, pp. 36 - 59.

Skocpol, T. (1985), "Bringing the State Back In: Bringing the State Back In: Strategies of Analysis in Current Research", *British Journal of Sociology*, 96 (4), pp. 976 - 979.

Tily, C. (1978), *From Mobilization to Revolution*, Newbery Award Reeords, Ine, pp. 52 - 97.

Tilly, C. & Tarrow S. (2003), *Contentious politics*, Paradigm Publishers.

A Theoretical Study of Stratified Political Participation Outside the System

Zheng Xinyao   Peng Zongchao

[**Abstract**] The article focused on the existed studies on political participation outside the system of different social strata, and discussed the problems of social movement theory and class politics research existing in the analysis. The article summarized the current social movement theory and the research of class politics, and then discussed these theories and the potential space for theoretical integration. The article concerned that introducing the class comparison on the basis of integrating the state, individual psychology, institution and organization analysis would be conducive to the study of different participants, and re – examining the influence of the state, individual psychology, institutional and organizational factors on the political participation outside the institution.

[**Keywords**] political participation outside the system; social movement theory; class politics

论合作社会的时代特征、治理模式与制度重建

——基于《合作的社会及其治理》的探讨*

刘　柯**

【摘要】在社会治理领域，信息技术既在优化社会治理的手段、方式等方面产生了积极影响，也因传统的科层治理难以应对而带来了诸多风险。人类走出“风险社会”的有效方式，取决于对时代特征清楚认识下的理性选择。《合作的社会及其治理》从我们所处的时代背景中发现了人类全球化、后工业化的迹象，并在此基础上构想了一系列应对高度复杂性与高度不确定性时代特征的社会治理方案，其中，合作社会中的道德制度重建方案，是适应多元主体合作治理以及促进全人类公平正义得以实现的制度性前提。可以说，该部著作是一项关于人类未来社会治理的极具理论与现实意义的科学规划。

【关键词】高度复杂性　高度不确定性　合作社会　合作治理　道德制度　非控制导向

* 基金项目：教育部人文社会科学重点研究基地重大项目“社会治理的伦理重构”(16JJD720015)。

** 刘柯，中国矿业大学（北京）文法学院博士研究生；商洛学院讲师，研究方向为行政管理。

习近平主席在党的十九大报告中所提出的“打造共建共治共享的社会治理格局”，是立足于全球化、后工业化的时代背景，在准确把握当今全球治理格局基础上做出的符合人类命运共同体的治国理念与行动方案。这一治国执政的新理念充分说明，人类当前所处的是一个开放、合作的社会，政府、企业、非政府组织等多元主体的合作共治，正在逐渐成为全人类的共识。自20世纪80年代以来，人类社会步入了全球化、后工业化这一新的历史征程，其最为显著的标志是整个社会呈现高度复杂性与高度不确定性的时代特征。新时代的发展要求与新时代的治理使命对人类提出了新的治理变革要求，因而，必须通过一场新的思维革命来为现实的社会治理变革提供理论指导。张康之在其所著的《合作的社会及其治理》中，详细论述了全球化、后工业化的历史演进、时代特征及当前人类社会治理过程中所面临的诸多挑战与原因，并就如何适应后工业社会的治理进行了系统性规划。可以相信，建立在人的共生共在基础上，具有道德属性及非控制导向的合作治理模式将成为人类走向未来社会的必然选择。

一　高度复杂性与高度不确定性的时代特征

20世纪70年代，美国学者阿尔温·托夫勒所著的《第三次浪潮》引发了人们对现实社会的反思以及对未来社会发展的关注。丹尼尔·贝尔1973年出版的《后工业社会的来临》，从第三次科技革命对西方发达资本主义国家产生的影响中，揭示了人类社会历史转型的趋向与特征，并指出未来的社会将由知识与信息主宰。当前，人类社会发展的种种迹象表明，托夫勒与贝尔的预言已经成为现实，在我们所处的信息化时代，人工智能、大数据等信息技术正在深刻地改变着整个社会的形态以及人的行为方式。“自上世纪90年代中期以来，信息社会的发展一直是政策辩论中的一个重要话题。最近，出现了‘可持续’或‘绿色知识社会’等新概念，这些概念的提出要求我们应实现对信息社会的重新构建。”（Pieter Verdegem & Christian Fuchs，2013）在社会治理领域，只有清楚地了解了当前我们所处的时代特征，才能对适应信息社会的发展战略与治理策略做出科学合理的规划。

《合作的社会及其治理》通过对人类历史的严格考察，将人类社会治理的发展史划分为农业社会、工业社会与后工业社会三个不同阶段，并且详细论述了不同历史阶段所呈现的不同时代特征与不同治理模式。农业社会是建立在宗族血亲关系基础上的简单与确定的社会，所形成的是建立在“权制”基础上的“统治型社会治理模式”。相比农业社会，近代社会呈现一定的复杂性与不确定性。与此同时，近代社会的组织化发展使得人们可以依靠拥有集体行动的组织来应对各种复杂性与不确定的问题，组织管理的科学性要求致使作为现代政府典型形态的官僚制组织在解决各类治理问题时，总是习惯于制度化、程序化与技术化的控制主义思维模式，并试图将所有的公共事务纳入管理的框架中，以追求确定性的社会秩序。张康之将工业社会的治理模式命名为“管理型社会治理模式”。诚然，控制主义的思维模式在应对工业社会复杂性与不确定性的问题时，的确取得了很大的成功，但是，相比正在步入的后工业化时代，工业社会的复杂性与不确定性程度还处于较低状态。

自20世纪80年代起，人类开始了全球化、后工业化这一新的历史征程，张康之用“高度复杂性与高度不确定性”描述了我们所处的时代特征。在社会治理领域，我们对高度复杂性与高度不确定性最为直观的感受是各种危机事件频发，“在走向后工业社会的过程中，秩序、可预测性、稳定性和可靠性都不再存在，取而代之的是复杂性、不确定性和风险，因而，也对市场经济的发展提出了新的挑战”（张康之，2007）。从整个社会层面，可以将构成当今社会复杂性与不确定性不断增长的因素，划分为以下几个方面。

（一）西方霸权主义的演化与升级

自冷战结束以来，全球政治、经济的不断发展推动着世界多极化的形成，世界多极化的形成促使国家间的联系交往更为紧密。但是，当今世界多极化的发展趋势依然没有摆脱西方霸权主义的干扰，在由西方国家主导的全球政治经济格局中，组织联盟日益成为阻碍西方国家谋取利益的壁垒。为了进一步加强自身在国际社会的霸主地位并转嫁全球风险带来的危机，美英等发达国家正在逐步退出一些有利于国际合作的组织与协定。例如，特朗普政府执政以来，先后退出了跨太平洋贸易伙伴协定、巴黎协定、联合国教科文组织以及伊朗核协议；英国“脱欧”使得欧洲一体化岌岌可危。此外，全球恐怖主义、巴以冲突、叙利亚内战、俄罗斯与北约的军事对抗、美国对朝鲜的制裁等可能引发冲突的事件，致使国际紧张局势不断加剧。不难看出，西方霸权主义与强权政治的持续演化升级大大减弱了国家间的合作，成为引发政治动荡，加剧国际社会复杂性与不确定性的重要因素。

（二）经济全球化进程中暗含的隐患

近年来，随着科学技术的不断发展与全球化进程的不断加快，世界各国、各地区的经济彼此交融、相互影响。资本、贸易、劳动力等在全世界范围内的自由流动，推动了跨国公司在全球范围内的经营与全球产业结构的不断调整。然而，在经济全球化进程中，依然存在诸多致使国际社会动荡不安的因素。一方面，西方发达国家掌握着先进的技术与管理经验，因而，在国际金融市场中占据着绝对的优势和领先地位。随着经济全球化进程的不断深入，发达资本主义国家与发展中国家之间的经济差距不但没有缩小，反而急剧增大。另一方面，西方资产阶级的贪婪本性与霸权主义意识形态的操纵，致使发展中国家成为西方国家转嫁本国经济、生态等一切危机的场所。可以说，经济全球化加剧了世界经济的不平等，致使民族国家内部的矛盾与冲突不断加剧。经济全球化进程中存在诸多可能诱发恐怖主义与致使国际金融市场动荡不安的隐患。

（三）"中心—边缘"结构造成的非正义与不平等

"发达与不发达"、"富裕与贫穷"或"先进与落后"等概念描述国家间、地区间发展差异的概念掩盖了早期资本主义国家在世界化进程中，对民族国家进行殖民侵略的事实。通过阿根廷经济学家普雷维什提出的"中心—边缘"概念，我们获得了一种客观、真实、全面的认识世界的视角。"中心—边缘"的概念揭示了占据中心地位的发达国家，如何对处于边缘地位的发展中国家实施掠夺与剥削，进而在世界化进程中获得了优先的发展地位。同样，在一国内部，"中心—边缘"的概念也让我们看到了工业化进程中的城市征服乡村运动，如何奠定了城市在整个社会的中心位置。"工业社会的中心—边缘结构决定了人们在各个方面都处于一种不对称的地位上，人们的信息不对称，知识不对称，能力不对称，智慧不对称，会对人们之间的合作行动产生负面影响，而且，这些方面的不对称是无法从根本上解决的。"（张康之，2014）也就是说，人类工业化阶段中建立起的"中心—边缘"结构，使整个社会陷入了非正义与不平等的状态中，成为影响社会和谐稳定，增强社会复杂性与不确定性的关键因素。

（四）生态环境恶化对人类造成的威胁

近代以来，科学技术的飞速发展使得人类对自然界的改造与利用能力不断增强，为追求经济的高速发展以满足人类日益增长的物质文化需要，人类开启了对大自然的疯狂掠夺。在人类肆无忌惮掠夺大自然的同时，大自然也开始了对人类的惩罚。当今，环境污染、气候变暖、土地荒漠化、水资源枯竭、物种灭绝、能源危机、自然灾害频发等全球性生态环境问题，正严重威胁着人类的生命健康与生存发展。近几年，亚非拉地区因土地与水资源严重恶化造成的“环境难民”数量正持续上升，由环境恶化所造成的大规模人口迁徙问题，也日益成为引发社会危机与地区冲突的安全隐患。生态环境领域所爆发出的一系列问题，已经清晰地表明，人类遭到了大自然的抗拒与报复。由人的行为导致的这一系列全球性生态环境问题，给予我们的启示是，在人类未来的发展中必须理性地审视人的行为，并用复杂性与不确定性思维去指导人与环境的关系。

（五）科学技术高速发展带来的恐慌

科学技术是第一生产力，社会的发展在很大程度上得益于科学技术的不断进步。近年来，科学技术的高速发展，在社会治理领域中，产生了一系列风险性治理难题。例如，互联网信息技术的高速发展对劳动力市场造成了严重的冲击，克隆技术与人工智能等创造性技术的高速发展造成的伦理问题正在引起全社会的关注。此外，一些不法分子利用高科技所实施的网络诈骗犯罪活动也在逐年攀升。可以说，科学技术作为社会变革的推动力量，在促进人类社会发展进程不断加快的同时，也为社会治理带来了各种复杂性与不确定性的风险性问题。人们正在为科学技术的不当应用而恐慌，然而，无法阻止科学技术前进的步伐。面对科学技术发展带来的诸多风险性治理难题，唯有通过社会治理方式的根本变革，才能使科学技术造福人类，而不是毁灭人类。

“全球化概念所传达的最深刻的意义就在于世界事务的不确定、难驾驭和自力推进性。”（鲍曼，2015：56～57）面对当前政治、经济、文化、社会、生态等领域不断涌现出的各类风险与危机事件，整个社会的复杂性与不确定性不断增强。从人类历史演进的规律看，全球化、后工业化进程是工业社会与资本主义世界化发展的必然结果，可以说，正是马克斯·韦伯所认为的那种能够促进资本持续增长的资本主义精神，将人类带入了一个高速发展的轨道，并造就了当前所处的高度复杂性与高度不确定性的时代。尽管社会的高度复杂性与高度不确定性，对人类既有的生活方式、行为模式以及社会设置造成了冲击，但在一定程度上，全球化、后工业化也是人类开启的一场全新的社会变革运动，其目的是终结资本主义的世界化进程，打破“中心—边缘”的社会结构，实现社会治理方式的根本变革。

"实际上，全球化、后工业化意味着人类社会的一场深刻的社会变革，在这场社会变革中，客观的历史进程向人类已有的社会治理提出了新的要求，使旧的治理方式显得不适应新的形势，让治理者感受到了压力，因而谋求通过改革去适应新的要求。"（张康之，2012）在新的治理变革时代，面对管理型社会治理模式的日渐式微，政府必须转变控制性与确定性的惯性思维模式，从符合全人类公平、正义的角度出发，重构一种新型的、能够应对高度复杂性与高度不确定性时代特征的社会治理模式。

二 时代对合作治理的呼唤

20 世纪 80 年代，面对日益多元化、多样化的治理需求与危机事件频发的治理现实，西方国家开始了大规模的政府私有化改革运动。尽管实践已经证明了"新公共管理运动"的失败，但是，令人欣慰的是，这场大规模的政府改革运动，促进了非政府组织等各种社会自治力量的成长。非政府组织在提供公共产品与公共服务的过程中，不仅弥补了政府的不足，而且展现出个性化、多元化与多样化的公共服务供给路径，也就是说，西方国家这场声势浩大的私有化改革运动，在无形中促进了整个社会公共性的增长。目前，社会自治力量正在以一种多元、互动的关系与政府共同承担着全球化、后工业化时代的治理使命。在未来的社会治理活动中，"政府与社会组织之间并不需要明确的分工、分治的界限，而是作为平等的治理主体而存在的，它们都怀着合作的愿望和做出合作的行为选择"（张康之，2014：20）。建立在平等性、差异性与包容性基础上的多元主体合作治理，意味着人类必须通过合作的方式，才能解决高度复杂性与高度不确定性时代产生的一切冲突与危机。也就是说，唯有通过合作，才能拯救整个人类。

在人类社会生活中，"合作"（Cooperation）一词是指个人或群体之间为了达成共同的目的，所采取的相互配合与相互支持的行为。尽管人类自诞生以来，就以共同行动的模式来应对依靠个人无法解决的难题，但在农业社会与工业社会，人类所采取的共同行动在性质、形式与理念上都不同于后工业社会的合作行动。《合作的社会及其治理》呈现了人类共同行动的进化史：人类的共同行动经历了从互助到协作再到合作的进化过程，“互助是人类农业社会历史阶段中的基本的共同行动方式，而协作则是人类工业社会历史阶段中的共同行动方式，现在，人类正走在后工业化的道路上，所需要建构的则是以合作的形式出现的共同行动方式”（张康之，2014：76）。也就是说，互助、协作与合作是人类社会在不同历史阶段所形成的三种合作形式，这三种合作形式表明了人类共同行动的进化历程和人类文明进步的发展史。

人类的进步与社会的发展充斥着竞争与合作，竞争与合作是人类社会发展的两大基本命题。在近代工业化、城市化进程中，以原子化的个人为出发点所建构起来的社会是一个充满竞争的社会。尽管在这个以竞争的市场经济为基础所构成的陌生人社会中存在大量合作的行为，但是这些合作行为是出于竞争的需要，因为“如果你想在生活中获得成功，除了生存斗争之外，你还必须与人合作，互助求存……合作可以为创新提供更好的支持，竞争则不能”（诺瓦克、海菲尔德，2013：7）。也就是说，唯有通过合作，才能使相互陌生的个体在竞争中获得优势地位。同样，近代社会也是组织化的社会，人们在组织中生活与交往，组织为人们提供了结构化、稳定化的合作行动模式，但是，这种合作只是合作范畴中的协作行动。在组织中，以专业和分工为基础的协作行动，相对于农业社会自给自足的自然经济下形成的感性互助行动，协作的层次更高一些，但是，协作行为主体之间的职能互补具有明显的工具理性化特征。当社会处于低度复杂性与低度不确定性时，工具理性下的协作行为模式具有极大的优势，但是，当人类置身于复杂性与不确定性不断增长的时代之中，面对风险事件频发的社会治理常态，协作行动出现了失灵。因而，我们必须通过“合作”这一更高级的共同行动模式，来应对各种治理难题。

被誉为“新时代达尔文”的美国著名数学、生物学家马丁·诺瓦克，将合作视为人类基因继突变和选择之外的第三大进化原则。他认为，合作是人类从基因到有机体，再到语言等复杂人类行为进化过程中的总设计师。面对目前全球性的气候变暖、土地荒漠化、核污染、贫富差异悬殊等一系列高度复杂性与高度不确定性治理难题，诺瓦克指出，“而这其中最大的议题——拯救地球、最大化地延续人类物种，并不能单纯地通过技术手段来完成……从现在开始，将地球作为一个整体来进行管理。要想赢得这场生存斗争，避免人类物种走向衰落，我们必须充分利用合作这个创造性的武器”（诺瓦克、海菲尔德，2013：

9）。在这里，需要指出的是，诺瓦克所认为的合作，是对协作的包容与提升。合作而不是竞争，才是适应人类走向未来社会的正确思维导向。适应全球化、后工业化进程中所产生的合作治理模式，是以合作关系作为最突出的表现的，合作关系既不是竞争与协作关系，也不是建立在契约与制度的基础上的利他主义的合作关系。

在人类社会的发展史上，人们之间存在的利益上的矛盾与冲突，通常会导致共同行动陷入困境。在工业社会，为了走出共同行动的困境，理论家们通过一系列的制度化设计，将人们之间的对抗行为转化为竞争行为，并以竞争性的思维模式来处理人与人的关系。例如，霍布斯通过设计“利维坦”这一强大的第三方监督执行方案，以避免人类无休止的战争。然而，霍布斯是以人性自私假设作为社会契约（政府）成立的前提的，“从霍布斯的观点看，任何人都有谋求私利的本性，而当公益和私利发生冲突时，人们总是先顾及个人私利”（姚大志，2011：20）。同样，政府也非天生的圣者，“如果国家拥有强制力，那些掌握国家权力的人就会使用这些力量，在牺牲社会其他成员利益的基础上，谋取自己的力量”（帕特南，2017：195）。也就是说，依靠强大的政府执行，执行成本、执行效率以及执行的公正性难以保障，所以，霍布斯主权理论下的政府制度化设计存在失灵。

奥尔森则在“利维坦”之外，设计了“选择性激励”的方式以解决集体行动的困境，“有理性的，寻求自我利益的个人不会采取行动以实现他们共同的或集团的利益……除非在集团成员同意分担实现集团目标所需的成本的情况下给予他们不同于共同或集团利益的独立的激励，或者除非强迫他们这么做，不然的话，如果一个大集团中的成员有理性地寻求使他们自我利益的最大化，他们不会采取行动以增进他们的共同目标或集团目标”（奥尔森，2014：2）。奥尔森认为，通过激励与惩罚两种制度设计，可以解决集体行动中“搭便车”的行为，从而保障集团成员合作关系的维持。但是，奥尔森逻辑设计下的集体行为并不是真正意义上的合作行为，实质上，他是将协同行为视为个人利益实现的工具，旨在通过强有力的制度控制约束人的行为，以实现集团成员的互惠互利。“显而易见，这样一种由外在于人的规则以及系统结构所规定出的必选行动是不可能用合作的概念来加以描述的，它即使拥有了协调的特征，也只是在分工协作中所形成的外在性协调。所以，对于这样一个系统以及共同行动模式，只有用协作的概念来加以描述才是准确的。”（张康之，2013）可以说，奥尔森通过精心设计所建构的，用以解决集体行动困境的协作系统，在本质上从属于工具理性，并能够加以规划和控制。

针对 1968 年哈丁在《科学》杂志中所提出的“公地悲剧”，制度经济学家认为，只有明晰产权才能避免对公共资源的掠夺性使用。在工业社会，为明晰产权所制定的一系列制度化方案，尽管在一定程度上促进了公平竞争与对私有财产的保护，但是，“只要人们受到产权意识的支配，他就只能在较低的合作层面采取积极的态度，即扮演协作者的角色”（张康之，2014：88）。埃莉诺·奥斯特罗姆也认为，产权意识并不能解决公共资源滥用问题，要解决“公地悲剧”、“囚徒困境”与“集体行动的困境”等影响人类福利增长的问题，必须培育自治组织与有利于公民自主治理的集体行动，“阿兰亚提供了一个自主治理公共财产方案的实例。在阿兰亚，处置公共财产的规则是由当事人自己设计和修订的，这些规则的执行和监督也都是由当事人自己进行的”（奥斯特罗姆，2012：26）。可以看出，奥斯特罗姆建构自治组织理论，是建立在组织成员自愿签订的契约基础上的。但是，问题是，“我们无法订立一个契约（也就是法规）遵守我们的宪法，这样就会陷入对类似契约的无穷无尽的回归。社会控制的正式机制，从其原型上说，无法躲避搭便车”（帕特南，2017：196）。奥斯特罗姆的自治组织理论是以小范围内的个体合作作为理论建构的出发点的，因而，会以契约作为合作的发生机制。尽管奥斯特罗姆的自治组织理论，奠定了多元主体合作的基础，但是这一合作形式，依然属于竞争社会中的协作行为模式。

总之，工业社会通过一系列复杂制度建立了整个社会的协作体系，但是，制度化的组织协作方式出于竞争的需要。在竞争的社会中，人们总是试图通过对他人利益的排斥方式，促进自我利益的实现，“这种以协作形式出现的合作对道德价值并没有多高的要求，只要个体的利益被限制在合理范畴中，或者说，只要进入协作体系中的个体能够达成互利的契约和协议，就可以使协作顺利展开，就能够达成互利的结果”（张康之，2014：85）。不可否认，在低度复杂性与低度不确定性条件下，互利的合作系统的确在社会治理中发挥了积极作用。但是，当人类步入高度复杂性与高度不确定性的时代后，缺乏道德支撑的协作主体为了追求一己私利，会导致竞争社会中的合作关系即刻分崩离析。

特朗普政府执政以来为什么会做出一系列“退群”行为？或许，诺瓦克和海菲尔德给出了答案："许多美国人并不愿意改变自己的行为作风，不愿放弃油量大的汽车和高耗能的生活方式。许多人并不认为浪费和环境污染是不道德的行为。他们就这样，沿着同一条不归路越走越远。我同意哈丁的说法，公地悲剧没有真实存在的技术解决方案，只能在道德和行为领域寻找答案。"（诺瓦克、海菲尔德，2013：251）置身于高度复杂性与高度不确定性的时代之中，面对契约的失效、制度的失灵，唯有探寻一条超越协作的路径，即用建立在伦理、道德基础上的合作治理关系替代建立在竞争基础上的利他主义合作关系，才能在促进合作主体自身利益最大化的同时，实现整个社会公共利益的不断增长。

三　合作社会中的制度重建

"制度是用以规范人们行为的方式"（诺斯，2002），制度作为人类共同体生活的基本构成要素，是由自然生成或人们自觉建构的，反映一定地域或领域中人们所拥有的模式化关系。在整个人类历史上，制度的产生依赖自然生成和自觉建构两种路径，"人类早期的制度大多是自然生产的，而不是自觉建构的……近代以来的制度发生史具有自觉建构的特征"（张康之，2014：166）。人类历史的发展已经证明，有效的制度供给不仅具有提供良好社会秩序的功能，而且具有化解矛盾与冲突，维护集体行动的功能。但是，"大多数的制度经济学家和公共选择理论学者都假定，是行动者建构了那些使他们能够获得想要的结果的制度"（鲍威尔、迪马吉奥，2008：11）。这就是说，行动者所建构的制度会受到行动者主观价值偏好的影响，制度是行动者"信仰和认知的函数，信仰和认识的基础不同，产生的结果显然不同"（诺斯，2002）。由于制度受其建构者的影响，因而具有一定的历史局限性。为了促进制度在社会发展中的积极作用，制度必须顺应时代的发展加以重新建构。

近代以来，人们基于启蒙思想的原则，以法的精神为起点，建构了适应工业社会的工具理性化制度模式。在法制社会，法律作为一种外在性的控制力量，一方面维护了工业社会的竞争协作体系，另一方面形成了庞大的组织管理系统。尽管法制化的"制度主义"控制逻辑，通过对人行为的管控维护了有序竞争的社会秩序，但是，人行为的自主性与能动性受到极大的压制。当前，人类正处于全球化、后工业化的历史转折点，在走向未来开放、合作的社会中，为了保障非政府组织等多元自治主体能够有序地加入合作治理之中，我们必须重构后工业社会的制度模式，并注重对人行动的关注以及对人创造性的激发，“当行动被置于公共领域时，一种道德关怀就变成个人行动的基础或代表机构决定的管理行动的基础”（全钟燮，2008：105）。《合作的社会及其治理》基于社会高度复杂性与高度不确定性的客观现实，提出的后工业化中的道德制度重建方案，可以概括为三个方面。

（一）以人的共生共在作为合作社会制度重建的出发点

近代社会形成的竞争性协作关系，建立在“价值中立”与法律控制的基础上，目的是促进并保障个人利益的实现，因而具有工具理性化的特征。面对当前社会复杂性与社会不确定性的不断增长，缺乏道德考量的制度主义控制模式已难以适应全球化、后工业化时代的治理要求。全球化已深刻地改变了整个世界的结构，“一方面，全球化促使国家与民族分离；另一方面，全球化又造就了共生共在的世界”（张康之，2017：63）。全球化将人们彼此紧密地联系在一起，因而，在未来的合作社会中，人的共生共在是第一位的。这就要求在谋求后工业社会的制度设计与制度重建方案时，必须从以工业社会的原子化个人为出发点，转移到人的共生共在这一新的出发点上。

这一转变意味着，社会制度在功能上实现了从控制人行为的外在规范，转化为约束人行为的内在伦理自觉。社会高度复杂性与高度不确定性的时代特征，要求每一个人都要成为社会变革的行动者。然而，个体能否积极主动地承担起社会治理变革的历史使命，在很大程度，取决于个体内在的道德、伦理自觉性。因而，只有以人的共生共在作为合作社会制度重建的出发点，才能抛弃惩罚与制裁的控制主义思维，才能更大程度地激发行动者的积极性、自主性与创造性，进而满足多元主体合作共治的客观现实与社会公平、正义的普遍实现。

（二）以德制作为合作社会制度重建的基本模式

人类社会的发展已经经历过“权制”与“法制”两种制度模式。农业社会的统治型社会治理模式是依靠权力开展社会治理的方式，因而“权制”成为维护统治者身份等级关系的基础与保障。近代以来，以启蒙思想家设立的自由、平等、人权等观念作为基本前提，政府出于维护社会秩序的需要，制定了一系列的法律制度，并将社会生活的方方面面纳入法律的控制之中，因而，“法制”成为工业社会的基本制度模式。法律作为人行为的外在性控制力量，在一定程度上对人的不合理行为起到了约束作用，但是，法律也在一定程度上抑制了人行动的自主性与积极性。在后工业社会，高度复杂性与高度不确定性的时代特征要求社会中的每一个行动者，必须自觉地承担社会治理变革的历史使命，因而，必须重建一种适应后工业社会的制度模式。“一旦我们的关注点被引向了社会设置，就会发现，法律虽然是必要的，而法制以及法治的逻辑则决定了法制体系无法成为每一个行为主体都坚守合作的保障。所以，需要去建构一种适应于合作社会要求的德制，从而保障合作行为的普遍化。”（张康之，2014：89）

后工业社会的德制将是一种具有道德属性的全新制度模式，尽管权力和法律依然在合作社会中发挥着作用，但其所发挥的作用将会受到道德的规范与制约。“在某种意义上，合作共同体也就是道德共同体，道德命令在这一共同体中是最高的价值。”（张康之，2014：189）在某种程度上，张康之所提出的道德制度化模式，与哈贝马斯提出的文化价值领域的制度化构想具有同样的功效，“文化价值领域必须彻底制度化，以便使相应的生活秩序获得充分的自主性，而不屈从于其他生活秩序的规律性”（哈贝马斯，2005：230）。文化价值领域的制度化建构会促进人的道德行为，在满足自律要求的同时，更多的彰显道德行为的社会价值，人们用道德行为所塑造的道德社会，将是超越自律与他律的全新社会形态。

（三）以非控制导向作为合作社会制度重建的价值追求

科学技术作为历史变革与社会发展的重要推动力量，深刻地影响着人类社会生活的每一个领域。在社会治理领域，科学技术作为公共治理的方式与手段，是由具有公共行政专业知识的人员所掌握并加以实践的。在近代以来的官僚制组织中，行政管理的职业化发展所造就的技术精英为了维护自身的权威，总是试图通过信息垄断的方式对社会治理活动加以控制，从而造成整个官僚制组织的封闭、僵化与不透明。技术专家的技术控制不仅对政治民主造成了威胁，也严重影响了政府公共服务供给的公平性与公正性。因而，终结技术专家的控制已成为当前政治与行政改革者的迫切愿望。在构建适应后工业社会的治理方案时，要终结技术专家的技术控制，必须通过制度重建的方式予以实现，因为，“官僚制本身就是一种治理技术，或者说，是结构化的治理技术”（张康之，2014：229）。也就是说，技术控制的过程是通过制度控制实现的。

在后工业化社会中，面对社会开放性、流动性不断增强的情况，尽管信息技术的应用可以在短期内缓解一定的社会治理难题，但是，面对传统官僚制组织的诸多弊病，技术的创新与应用不仅赶不上社会复杂性与不确定性的增长速度，反而会因信息技术的不当应用而带来诸多风险性问题。因而，必须打破控制导向的制度模式，建立一种能够灵活应对各种危机事件的合作制组织。也就是说，只有树立非控制导向的治理理念，并用合作制组织替代官僚制组织，才是实现后工业社会制度重建的基本价值追求。

《合作的社会及其治理》展现了人类社会治理模式的变迁图：农业社会是简单与确定的社会，偶发的、不可持续的感性互助关系是人们共同行动的基本形式，社会治理领域中呈现的是与权制相联系的统治型治理模式；工业社会是低度复杂性与低度不确性的社会，建立在工具理性基础上的协作关系是人们共同行动的基本形式，社会治理领域中呈现的是与法制相联系的管理型治理模式；后工业社会是高度复杂性与高度不确定性的社会，建立在价值理性基础上的合作关系将是未来人们共同行动的基本形式，社会治理领域中将呈现与德制相联系的合作型治理模式。可以看出，合作的社会及其治理，是以对历史严格的审视与对人类命运的深入思考为前提的。在走向未来的开放与合作社会中，建立在人的共生共在基础上的，适应多元主体合作共治的道德制度，既是推动人类社会治理文明发展的必然选择，也是打造人类命运共同体的制度前提。

参考文献

〔美〕埃莉诺·奥斯特罗姆（2012）：《公共事物的治理之道：集体行动制度的演进》，余逊达等译，上海：上海译文出版社。

〔美〕道格拉斯·诺斯（2002）：《经济变迁的过程》，《经济学》（季刊），（4）。

〔美〕罗伯特·D. 帕特南（2017）：《使民主运转起来》，王列等译，北京：中国人民大学出版社。

〔美〕马丁·诺瓦克、罗杰·海菲尔德（2013）：《超级合作者》，龙志勇等译，杭州：浙江人民出版社。

〔美〕曼瑟尔·奥尔森（2014）：《集体行动的逻辑》，陈郁等译，上海：上海三联书店。

〔美〕全钟燮（2008）：《公共行政的社会建构：解释与批判》，孙柏瑛译，北京：中国人民大学出版社。

〔英〕齐格蒙特·鲍曼（2015）：《全球化：人类的后果》，郭国良等译，北京：商务印书馆。

〔美〕沃尔特·W. 鲍威尔、保罗·J. 迪马吉奥（2008）：《组织分析的新制度主义》，姚伟译，上海：上海人民出版社。

姚大志（2011）：《当代西方政治哲学》，北京：北京大学出版社。

〔德〕尤尔根·哈贝马斯（2005）：《交往行为理论》，曹卫东译，上海：上海人民出版社。

张康之（2007）：《时代特征中的复杂性和不确定性》，《学术界》，（1）。

——（2014）：《合作的社会及其治理》，上海：上海人民出版社。

——（2012）：《合作治理是社会治理变革的归宿》，《社会科学研究》，（3）。

——（2013）：《合作是一种不同于协作的共同行动模式》，《文史哲》，（5）。

——（2017）：《为了人的共生共在》，北京：人民出版社。

Pieter Verdegem & Christian Fuchs（2013），"Towards a Participatory，Co-operative and Sustainable Information Society?" *Nordicom Review* 34（2）.

Era Characteristics，Governance Model and System Reconstruction of the Cooperative Society：A Discussion based on the "Cooperative Society and it's Governance"

Liu Ke

[**Abstract**] In the field of social governance，information technology has a positive impact on the ways and means of optimizing social governance. It also brings many risk problems because of the disadvantage of the traditional bureaucratic management. The effective way for mankind to break away from the "risk society" lies on the rational choice under the clear understanding of the characteristics of the times. The book "*Cooperative society and Its Governance*" found signs of globalization and post industrialization from the time we are living. On this basis，it also conceived a series of social governance approaches to adapt to the time of high complexity and high uncertainty. Among them, the reconstruction of moral institution is the premise to adapt to the cooperative governance and to promote the fairness and justice. This book is a scientific planning with great theoretical and practical significance for the future social governance.

[**Keywords**] High Complexity; High Uncertainty; Cooperative Society; Cooperative Governance; Moral Institution; Non Control Guidance

（责任编辑：朱晓红）

2017年中国的公益慈善在路上*

刘培峰**

回首过去一年，就公益慈善和社会组织的发展来讲，能看清楚的事情很多，但不能看清的更多，总结起来有很多困难。有些方面是掉头式的拐弯还是螺旋式的上升真的说不清楚。有些时候，只能以“不是你不明白，而是世界变化快”来进行自我安慰。黑夜给了我们黑色的眼睛，我们用它耐心打捞光明。以下就个人有限的研究，并结合业界的实践，做一个简单的总结。

一　法律制度有突破

法律制度推进依然是今年社会组织领域的亮点。第十二届全国人民代表大会第五次会议于2017年3月15日通过的《中华人民共和国民法总则》（以下简称《民法总则》），已于2017年10月1日起施行。

《民法总则》的出台和《民法典》的编纂是中国法制建设领域的大事件，也是社会组织领域的大事件。回首近代民族国家的形成过程，国家政权建设和社会建设是民族国家的两翼，公权建构与私权保护一体两面。社会建设对于国家转型和社会治理具有重要的意义。没有社会的支持和制约，国家治理可能就

* 本文部分数据和资料来自中国灵山慈善促进会《2017慈善纪事》，本文初稿也在2018年1月8日灵山慈善促进会举办的年度十大热点事件发布会上发表。感谢杨团老师，她的邀请促成本文的写作。感谢徐会坛、孙春苗、高宝军诸君。

** 刘培峰，法学博士，北京师范大学法学院教授，博士生导师，宪法行政法学教研中心主任。

会无效，公共权力就可能失序，民主转型就会变成民主的梦魇。

民法典对于社会的组织化、私权的保护具有基础性的意义。就中国的具体国情来看，在公权保护缺位的情况下，通过私权建构，可能是一条重要的人权保护之路。就社会组织而言，《民法总则》所规定的法人制度，对于社会组织的组织形式、内部治理具有指导意义。尽管《民法总则》是采用组织性质而不是组织形式的分类，没有彰显结社自由对于私人自主的重要意义，难免有所缺憾。但对于社会组织来讲，《民法总则》规定的社会团体、社会服务机构、基金会、宗教活动场所、非法人社团与社会组织直接相关，为下一步法律法规的制定提供基本法律的基础。有关宗教活动场所的规定尤其值得重视。宗教是慈善重要的渊源，宗教慈善是现代慈善的重要形式。宗教提供的场域对于分化的现代社会的阶层交流具有重要作用，可以弥补阶层分化所带来的社会隔膜和社会对立。《民法总则》宗教活动场所的规定，对于宗教管理的法治化、宗教慈善的开展具有积极的意义。非法人社团的相关规定，对于单位内部组织、社会组织分支机构的规范化具有作用。

本年度法律制度方面，另外一个亮点是《境外非政府组织境内活动管理法》（以下简称《境外 NGO 法》）的实施。《境外 NGO 法》于 2016 年正式通过，并于 2017 年 1 月 1 日施行，从法律起草到通过，再到施行，学界和业界对这部法律的疑虑一直存在。今年伊始，各界都在关注这部法律的实施，也由此关注中国改革开放和政策的持续以及中国在非政府组织领域的基本政策。由于公安部门的努力，到 2017 年 12 月底共有 300 家境外非政府组织代表处获得注册。法律的实施状况一定程度上打消了人们的疑虑，也得到了国际社会的认可。总体来看，法律的实施状况比人们预想的要好一些，法律原来不清晰的地方，在实践中得到了澄清，一部分组织跨地区活动也得到了支持。公安部规定的原有业务主管机关也有所扩展，像中国人民对外友好协会等机构也都担当了业务主管机关的职责。取得这个结果与公安部门的努力和开放态度是分不开的。在《境外 NGO 法》颁布后，公安部门召开的信息发布会和座谈会，回答了社会的疑问。与此同时，公安部门完善了管理机构并对人员进行了培训，2016 年底又颁布了登记业务主管机关的名录以及登记流程，方便境外非政府组织进行登记。公安机关还和业务主管机关进行沟通，促使业务主管机关承担起业务主管的职能。经过这些努力，境外非政府组织在中国无法可依的局面得以扭转，中国政府也通过人员和财务两个角度上的信息控制，实现了对境外非政府组织的有效管理，改变了过去的无序和放任局面；由转换登记管理机关所带来的“寒蝉效应”在一定程度得到了化解。《境外 NGO 法》的立法过程可以启示我们，立法活动不仅仅是一个政治过程，可能也是一个政策和行政的执行过程。行政执行过程可能会化解立法所造成的冲突和紧张。在持前述乐观态度的同时，也应当看到目前境外组织的登记是一种存量的消化。一部分组织是从民政部门平移的，其他的组织也在中国有长期项目和合作的历史。也就是说它们的过往行动给它们做了很好的背书，它们和业务主管机关也有过良好的合作，双方之间是有互信的基础的。真正考验这部法律的是那些增量部分，目前还没有到来。另外，公安机关新接手这项工作，作为一项政治任务具有较大的热情和积极性，转入常规以后如何开展工作也需要观察。同时如何明晰业务主管机关的职责，是否需要一个兜底的业务主管机关，《境外 NGO 法》和其他法律之间如何协调，登记管理机关、业务主管机关和其他管理机关，如外事管理机关如何协调，也是一个问题。

本年度颁布和实施的另外一个重要的法律规范是《志愿服务条例》，该条例填补了国家层面志愿服务立法的空白。更为重要的是该条例使志愿服务由社会动员回归慈善领域，彰显了志愿活动的本质特征。志愿活动的管理机关也归民政部门，与慈善的其他领域可以很好地结合。慈善有两个基本的表现形式，其一是物质的奉献，其二是服务的奉献。通常来讲，天主教传统更强调身体力行为他人和邻人服务，参与到社区和团队的公共生活中，从这个角度看志愿服务在一般的慈善之上有别样的意义。在目前市场化甚嚣尘上，慈善组织把目光盯向所谓的高净值人群，把精力放到公益创投，组建社会价值联盟的大背景下，志愿服务为普通人参与慈善活动提供了途径，也可以助力人人慈善的大目标。因此人们有理由对《志愿服务条例》的实施有更多的期待。

为了配合《慈善法》的实施，本年度相关部门也颁布了《慈善信托管理办法》《社会组织信用信息管理办法》等规范性文件以及信息平台建设方面的规定，这对于规范慈善组织的发展起到一定作用。

二　社会组织负重前行

尽管面对复杂的环境，中国的社会组织依然负重前行。社会组织在原有的增长惯性下，继续稳定增长，公益捐赠的数量也有了大幅度的增加，慈善组织的转登记、慈善信托都有一定的增长。12月31日，通过全国社会组织信息查询系统，共可查到社会组织773773个。其中，基金会6100个，社会团体363532个，民办非企业单位403886个。通过“慈善中国”平台，可搜到共56条慈善信托备案数据。通过全国志愿服务信息系统，共可查到实名志愿者69895407人，志愿团体425388个。其中，有记录时间的志愿者10149735人，服务时间共为830603830小时。通过境外非政府组织办事服务平台，共可查到境外非政府组织机构305个；另可查到临时活动备案487个。

以上这些数据大体上可用平稳和平淡来概括，但有几点还是很有价值。社会组织在活动的深度和广度方面都有所扩展。一些社会组织离开传统的扶贫、救灾、教育领域向文化、发展等领域拓展。一部分项目也离开模仿国外或者迎合时势的传统路径，根据中国自身的特点开发传统的文化资源，或助力中国本土力量的生长。其中典型的如浙江敦和慈善基金会、爱佑慈善基金会，福建林文镜基金会以及中国公益研究院等。

浙江敦和慈善基金会主要关注国学传承、慈善文化和公益支持。其中种子基金计划资助处于成长期的公益组织，每年20万元，用于公益项目的实施、行政办公经费和工作人员的薪酬。敦和公益优才计划，面向传播和筹款，为公益组织设立专才专岗。敦和公益活水计划，面向浙江新成立的公益组织，每年支持10万元的非限定性支持。敦和竹林计划，支持青年学人开展公益领域的研究。

爱佑慈善基金会则推出“爱佑益+项目”和“赋能社”项目，支持处于初创期、具有创新性或高速成长的“益+创客”项目；支持处于成长期、业务规模化并具备一定影响力的“益+伙伴”项目；借鉴风险投资方法，聚集社会资本，支持有可能系统推进和解决社会问题的“爱佑公益VC支持计划”等。上述系列资助覆盖公益机构成长的全生命周期，系统地推动和陪伴机构成长。2017年，爱佑基金会还推出百万级公益人才支持项目——“爱佑创新公益领袖”，通过评选并激励卓越公益创新者，为行业人才的发掘、引进及培养树立标杆，并起到引领作用。首次获得支持的是华北渗坑的发现者、重庆两江志愿者中心的向春。“赋能社”致力于搭建公益人蜕变平台、交流平台以及跨商界、学术界与国界的学习平台，并不断向公益领域引入多元化流量，将更多资源注入公益行业，使资源繁荣共生。2017 年“赋能社”又进一步发起了“爱佑公益创业营”，为种子期、初创期的公益创业机构提供更加前沿的创业认知和多维资助。迄今为止，“赋能社”的培养覆盖了超过 300 家机构的 2000 余人次，全方位赋能中国公益生态。

异曲同工的还有福建林文镜慈善基金会的“束脩”项目，其为公益人士参访学习提供资金支持。中国社会组织的发展既需要固本，也需要培元。

中国公益研究院的 EMP 项目则立足于高端公益人才的培养，项目的学员包括公益界人士、企业家、传媒人士，以及其他各界知名人士。多领域的人士共同学习讨论公益问题，参访公益组织，这不仅是一个学习过程，而且也是一个孵化过程。不同领域先进的交流对于传播公益的理念，提升公益的层次具有重要作用。中国公益慈善事业依然处在初级阶段，需要领域的扩展和层次的提升。这个阶段除了苦练内功外，借助外力也是一个不错的方式。公益教育与培训在这方面有很大的扩展空间。在目前的情势下，人们很难期望所有的行动都可以开花结果，但这些行动为中国民间社会的发展，中国多元社会的形成，中国社会自主力量的生长埋下了种子。在广袤的平原上、在草丛间、在贫瘠荒原上、在高山之巅，它们在集聚力量，在萌动，一旦春暖花开，它们就会迸发出能量。中国的民间社会在生长、在路上。

三　公益与市场依然是热点

在市场化的大环境下，公益的发展与市场的发展如影随形。市场既是公益的背景，也是公益的资源，也是公益创新的引发者和参照系。当然在中国，公益和市场都在政党和政府的框架内发展，公益并不存在野蛮生长问题，更多的是在这个框架里“削足适履”。如同往年一样，市场机制进入公益领域是公益慈善领域的一个大的事件。

社会企业依然是一个热点问题。为了促进社会企业的发展，公益界通过社会企业奖的方式促进和引导。中国社会企业奖于 2016 年 11 月启动，是中国首个社会企业奖项，邀请经济学家、企业家、社会企业专家、影响力投资人参与评审，旨在树立中国社企行业标杆。2017 年 6 月 21 日，2017 中国慈展会社企认证标准出炉。亮点之一是从整体上降低认证门槛，取消以往对申请机构的分红限制和对收入结构来源的限制，而将分红规定作为加分项处理。中国社会企业认证处于探索和起步阶段。2017 年中国慈展会社会企业认证，共有深圳市中国慈展会发展中心、北京大学公民社会研究中心、中国公益研究院、南都公益基金会、深圳国际公益学院、億方公益基金会和中国人民大学尤努斯社会事业与微型金融研究中心 7 家发起机构。与社会企业类似的是社会价值联盟和善经济，友成企业家基金会在推动企业和公益联合方面做了一定努力。

企业进入慈善领域，值得认真关注的是全国工商联光彩事业促进会的“万企帮万村”开发式扶贫行动，这些民营企业因地制宜选择具体帮扶途径，包括产业扶贫——引导民营企业通过投资兴办企业，开发结对村的资源，提高生产力，提升附加值，带动贫困村经济发展。商贸扶贫——发挥民营企业的市场开拓能力以及渠道和信息优势，通过采购、代销、委托加工、农企直通车等形式，帮助结对村对接外部市场，带动农户增收。就业扶贫——引导民营企业采取多种形式，通过本企业或上下游企业为结对村提供就业岗位，加大培训力度，提高就业质量，增强劳动力的可持续就业能力。捐赠扶贫——引导民营企业发扬中华民族扶危济困传统美德，弘扬社会主义核心价值观，通过捐款捐物、助学、助老、助残、助医等形式，改善结对村群众的生产生活条件。智力扶贫——引导民营企业借助人才优势开展智力帮扶，向结对村群众教授实用技术，帮助结对村群众更新生产生活观念，提高生产技能和生活质量。其他扶贫——引导民营企业积极创新扶贫模式和途径，如指导和扶持结对村致富带头人创办企业，激活贫困地区内生动力；牵头组建或参与管理农村专业合作社，提高贫困群众的生产组织化水平；在结对村设立产业帮扶基金，按照低息运行、滚动发展原则，以金融手段帮助农户发展生产；借鉴定点扶贫工作经验，从企业中选派人员驻村帮扶，带领贫困群众发掘优势、创业致富；发挥企业家个人影响力，为结对村引入更多扶贫资源；利用互联网技术，开展电商扶贫；组织企业员工开展志愿者服务等。这些离开捐赠和服务开展的慈善活动，虽然有迎合政治需要的色彩，但也可以说是一种具有中国特色的慈善模式。这一活动 2015 年开始，2017 年持续着，但人们的关注还不够。

慈善离不开市场，但一些导向值得注意。市场化和效率化本来是为了化解慈善领域的行政化和慈善组织的提升而提出来的，但在运行过程中，市场化或者利益导向有遮盖价值导向的趋势，各种形式的社会创新，比如社会企业又对这一趋势推波助澜。公益组织的能力建设变成了筹款能力培训；吸引高端、高净值的人群成为许多公益培训的重点领域，不一而足。但普通人群如何参与慈善则很少引起人们的关注，慈善可能成为富人俱乐部的另外一件奢侈品。富人投身慈善，回报社会是值得大力褒扬的事情，慈善领域也需要创新，创新所带来的新形式不但可以拓展慈善的领域和方式，而且为个人实现自我价值也提供一个新途径，从这个意义上讲是“一石两鸟”的事情。但过犹不及，之所以出现过的现象或者这种过的现象没有出现，纯粹是笔者的杞人忧天，但未雨绸缪可能也是有道理的。这些出现了的或者可能出现的问题值得慈善倡导界和研究界的朋友们重视。也即在慈善动员和慈善倡导中需要思考普罗大众的参与，在慈善产品的设计和慈善活动组织中更多地融入普通大众参与的要素。

不是简单地把慈善看作一个捐赠活动，而是要从人发展和人的价值实现的角度上来看待慈善，尤其是现代慈善。要达到上述目标需要多方面的因素，其中一个重要的因素是投身公益活动的高净值人群，主要是企业家参与公益的方式的转变。十多年来企业家们一直是公益活动的倡导者和引领者，就像企业家是市场化经济和现代价值观念的倡导者和引领者一样。中国70%以上的慈善捐赠来源于企业或者企业家，企业家们在公益创新中也发挥着重要的作用。但是，随着《慈善法》的制定和实施，慈善资源的社会化，需要企业家们也实现自身参与慈善的转变。企业家捐赠是无可厚非的，社会也不能对企业家要求太多，是否从事慈善，如何从事慈善是个人的自由。但如何实现企业家和企业家精神在慈善领域的最大化可能是一个值得探讨的问题。有三个方面值得注意。一是企业家们把目标不要简单地放到捐赠方面，形成某些共享的做法和共同参与的发展模式可能更为重要。中国社会的弱势群体不单单是一个资金缺乏的问题，更多的是生活方式、社会关系等方面的贫困，共享发展的慈善方式，可以将这些弱势群体带动起来，重建希望和信心，从根本上解决弱势问题。二是在现代媒体的环境下，资金有些时候并不是不可替代的资源，但企业家的创造精神却是稀缺资源。目前慈善领域视野狭窄，慈善项目高度趋同，大多集中在扶贫、教育和灾害救助领域。公益慈善界一直在呼吁创新，但创新的动力和机制不足。因此需要利用现代慈善领域开放的特征，开辟慈善的新领域，开创慈善新方式。把企业家开拓市场的精神用到慈善领域的拓展上来，在这方面企业家或者企业捐赠的非公募基金更具有优势。非公募基金可以相对自主地设计项目，可以在某一个领域内精耕细作，发现问题，并探索解决问题的方法。洛克菲勒基金会20世纪有关青霉素研究的支持，以及在墨西哥玉米种植的资助值得许多基金会借鉴。基金会的资金来源于企业或者个人，不像公共资金一样需要民主程序、成本和效益的考量，非常适合长期的、价值领域的资助。三是将企业家的精细精神引入慈善领域。当代中国的慈善事业起步较晚，发展有先天的不足，外在环境也不是很友好。在这样的环境之下，慈善事业要发展，需要更加认真和细致。因此将企业家的精神引入慈善领域，对慈善领域进行细分，设计出合乎需要的慈善产品，避免慈善领域一窝蜂地盲目模仿，耗散社会的慈善热情。同时将市场领域的效率、有效治理引入慈善组织的管理，提高慈善组织的治理水平，回应监管机关和社会对于慈善组织治理的质疑。当然，对于中国的公益界而言，创新的脚步一直在追赶着我们。追赶时尚既可能是一种获取资源的方式，一种获得合法性的渠道，也可能是获取江湖地位的途径；追赶时尚也可能变成一种生活方式。因此，公益界可能更需要静下心来，等一等自己的能力，需要想一想自己的初心。

四　社会组织国际化迈出坚实的步伐

在“一带一路”的大背景下，中国社会组织的国际化在推进，这是本年度的又一大亮点。5月14日在“‘一带一路’国际合作高峰论坛”的开幕式上，中国宣布向“南南合作”援助基金增资10亿美元，在沿线国家实施100个“幸福家园”、100个“爱心助困”、100个“康复助医”等项目。5月18日，何巧女捐赠1000万元人民币，资助“联合国南南气候合作伙伴关系孵化器”项目。越来越多的企业家开始向海外捐赠，陈天桥夫妇在美国加州理工学院设立脑科学研究学院，许家印向哈佛大学进行捐赠，马云向澳大利亚纽卡斯尔大学捐赠成立“马云—莫利奖学金”等。国际志愿者项目也在推进中，2月28日，中国扶贫基金会国际志愿者出征仪式在京举行。中国扶贫基金会国际志愿者项目受商务部委托和资助，是中国对外援助工作首次将民间组织纳入援助框架。自2005年印度尼西亚海啸开始，中国扶贫基金会开始国际化探索，累计募集1亿多元资金和物资，在世界上15个国家和地区开展了项目。3月2日，“免费午餐”宣布落地非洲，走进肯尼亚贫民窟。7月20日，爱德基金会援非“活水行”赈灾启动仪式在埃塞俄比亚首都亚的斯亚贝巴举行。该项目资金来自爱德基金会向香港特别行政区政府申请的赈灾基金400万元人民币，计划为埃塞俄比亚旱灾地区民众提供饮用水、净水物资及卫生包，并根据当地干旱情况，按照每人每天5升的标准持续供水两个月，预计约49000人会从中受益。这是爱德基金会首次在非洲落地的重大项目。中国红十字基金会也在巴基斯坦、缅甸开展了项目。

社会组织“走出去”是中国整体对外开放的一个部分，对外开放就意味着“引进来”，“走出去”。社会组织“走出去”对于中国塑造国家形象、参与全球治理具有重要的作用。但对于社会组织而言，“走出去”是组织的自主发展战略，也是在政府话语下寻找资源和空间的一种手段。依附式的“走出去”可能会加剧原有的不平衡。社会组织在“走出去”的过程中如何构建自己的价值选择和组织形象也非常关键。目前“走出去”已经有运动式、话语式的苗头。对于中国社会组织而言，“走出去”是一个系统工程。走出去需要结合国家的整体发展战略，走出去需要有序推进和重点推进，在这方面，“走出去”的领头羊们需要进行评估和调整。

五　互联网公益在生长中积聚变革

互联网带动经济进步和社会发展，慈善事业也借助互联网这个平台得到了很大的推进。这方面和往年一样，亮点颇多，当然也争议不断。2017年8月29日腾讯公益联合WABC无障碍艺途公益机构发起的“一元钱购画”公益项目刷爆朋友圈，用户可以通过捐款“买下”由自闭症、脑瘫等特殊人群的画作作为手机屏保。不到6小时就完成1500万元的筹款，有580万人次捐款。9月是互联网公益之月，阿里巴巴“95公益周”吸引了2.7亿人次参与公益。腾讯的“99公益日”也不断地刷新互联网募捐记录，今年共有1268万人次参与，捐出8.299亿元善款，支持了6466个公益项目。互联网的慈善可能是时代潮流。根据Publicinterest Registry和Nonprofit Tech for Good联合发布的《2016年全球公益组织网络科技使用报告》，全球72%“千禧一代”选择在线捐款。他们最关注的五个领域是儿童和青少年、妇女和女孩、人权和公民权利、教育、动物保护。该报告还显示，全球捐赠者中，27%的认为社交媒体最能够刺激他们频繁捐赠，另有23%的认为是电子邮件，14%的更相信公益组织的官方网站；此外，66%的女性愿意在线捐款，她们最易被电子邮件打动。中国作为互联网大国，自然汇集于这个大潮之中。与互联网筹款相比，其他形式的筹款可能就会相形见绌。因为年景相对平稳，运动式的筹款也少了一些。中国人的慈善依然满足于指头一点的感动，缺乏深刻的慈善伦理。如何使现代慈善与个人成长、国家建构、文明的生长联系起来还需要学界、业界共同努力。公益界也往往喜欢采用广场景象、剧场景象众人狂欢或者某个感人故事来“搅动”公众。缺乏深入细致的工作，从公众认同组织的公益理念、公益方式出发，形成长期稳定关注与合作关系乃至建立会员制来筹款和运行项目。广场景象、剧场景象公益动员的结果是慈善捐款的数量与公众的慈善意识、公众的捐款与公众对慈善事业的参与之间可能形成巨大的反差。

公益“大跃进”和运动式的公益是成长中的中国社会组织和中国公益事业最需要警惕和反思的。不合时宜的亢进可能会损耗社会整体的元气，未熟先烂的公益项目还会消耗中国公益慈善好不容易聚集起的人气和声望。如年末岁尾的深圳爱佑未来慈善基金会的“同一天生日”事件。当然生长怪胎不一定因为种子，也可能是土壤。

六　问题与反思

首先，公益事业的巨大发展难以掩饰社会组织整体领域发展的不足。

倡导和服务是社会组织活动的两大主要领域，2017年社会组织在慈善服务方面发展不错，但社会组织其他领域的发展则与慈善事业的巨大发展相比有一定的欠缺。浏览中国社会组织网有关社会组织的动态，可以发现社会组织的行动主要集中于扶贫、教育、大病救助等领域，其他领域的信息很少，这样的信息发布可能具有导向意义，也即引导社会组织向社会服务领域发展，让社会组织扮演一个帮忙不添乱的角色。数据同时也表明，社会组织在其他领域的活动可能相对滞后。观察具体一点可以看到，前几年社会组织具有引领作用的维权活动基本上绝迹了，一些存续下来的组织，也转型开展社区服务等工作。民间研究机构在一段时间内曾经是亮点，但有些组织也面临着困难。智库是近年来发展较快的一类组织，但观察这些智库的作为，会发现这些组织倡导性、引领性的研究很少，研究集中于对某些政策的论证与辩护方面，并没有发出多少职业和专业的声音。智库的发展更多的是学术旧贵和新贵们“跑马圈地”的方式。有些组织缺乏基本的研究能力，或者没有合格的研究人才。有些组织只是一个草台班子，组织是组织创始人的自留地，作为拉项目拉赞助的牌子。特殊人群的组织发展较为平稳，但看不到多少新议题。

社会组织的这种发展态势，不由得使人对社会组织的未来发展产生忧虑。慈善组织只是社会组织中的一类，可能并不是社会组织中最重要的组织类型。抛开公共参与、人道传播、人性关怀、多样性等价值因素，慈善组织在公共服务的提供方面，并不一定比市场组织和政府更有效率。慈善组织的发展也依赖于社会组织的整体发展环境，没有社会组织的整体发展，慈善组织很难实现传统慈善向现代慈善的转变，也很难有制度创新的动力和压力。长此以往，随着政府购买服务和税收等优惠措施的落实，慈善组织可能也会跨入特权组织的行列。社会组织的这种发展不平衡，会引起国家与社会关系的变异。社会组织可能会分化，社会的连续系统可能会瓦解。其结果可能是，社会组织发展了，但社会异化了，社会更加碎片化。

其次，慈善领域里社会创新，公益金融“互联网 +”的发展难以掩饰慈善事业其他领域的发展不足。

慈善组织可以说是社会组织中发展最好的部分，这些年来一直处在高光的位置上，政府和社会各界对慈善组织给予较多的关注，随着中国经济能力的提升和财富代际转移的到来，慈善有理由也能够有一个更好的发展。但目前看来，慈善领域的发展也是有缺陷的。传统慈善依然主导着慈善的大部分江山，现代慈善发展不充分。与慈善组织发展相比，慈善信托发展是不充分的。目前慈善信托大多还停留在投石问路和试水阶段，设立的慈善信托试水和跑马占地的意义大于慈善信托目的本身的意义。同慈善组织相比，志愿服务的发展也是不充分的。随着新法规的颁布，志愿服务正在经历着社会动员向公益慈善的转型，需要在服务的专业上下功夫。化解这些困境，慈善事业发展需要关注下列两个方面。

一是慈善组织需要更进一步分化，在分化中寻找空间，在分化中获得提升。随着公募和非公募的界限取消，慈善组织可以相对平等地吸纳社会资源。慈善组织的生存发展正在经历着由政府选择向社会选择的过渡。互联网等新媒体为其转变提供技术的支持。在这样的背景下，慈善组织只有设计出有特色的慈善产品，提供有特色的服务，才能更好地为社会服务，也能更好地解决生存问题。从大众参与的角度上看，慈善组织需要实现募用分离，一部分组织关注筹款和设计项目，另外一部分组织主要关注项目的执行，服务草根人群。这种分化，一方面可以实现慈善项目效益，降低项目成本；另一方面，还可以实现以资助组织为纽带的组织整合，提高社会的组织化水平，提高慈善组织的整体应对能力。更为关键的是这种方式可以将慈善变为一种共同参与、共同行动的形式，使更多的人通过参与慈善来回报社会。培养慈善组织、慈善人群才能从根本上改善慈善组织的生存环境和慈善的社会生态，这对于慈善事业的长远发展是有利的。更多的合作伙伴参与到慈善活动中来，为慈善事业的创新也注入了新的力量。根据观察，近年来许多慈善创新是由新兴的草根组织和跨界的个人发起和促动的，给这种创新的力量注入资金，并通过组织行动来推广，对于公益领域的创新是有好处的。

二是推进志愿活动，实现人人慈善的目标。从本质来看，慈善包括两个方面：捐赠和志愿服务。不同的慈善文化传统对二者有不同的诉求。大体来看，基督教传统较多地关注捐赠，个人是慈善财产的代管人，应当和他人分享上帝的荣耀。天主教传统则强调互相帮助，像基督一样帮助那些需要帮助的人，由信徒变为使徒，传播福音提供救赎。人人慈善的基本格局是有钱出钱、有力出力，形成共同参与的慈善格局。慈善捐助和志愿活动可能适合不同的人群，没有资金捐助的人可能更有时间来参加志愿活动。这样如果慈善捐助与志愿活动开展得相对平衡，就可以解决慈善活动的公共参与问题，克服慈善可能成为富人俱乐部和奢侈品的现象。对于青年学生或者退休的老人来讲，参与慈善活动，对于前者来讲，可以成为其进入社会的必要历练，对于后者来讲则是一个发挥余热的机会。他们也可以通过参与慈善，共享社会价值，取得社会认同。中国的志愿服务从统计数字上看，开展得如火如荼。但志愿服务比慈善的其他领域行政化乃至政治化的趋向更为严重。志愿活动不是一种单纯的慈善帮助或者社会互助的方式，更多的是社会动员方式。这种动员大体上吸纳人们进体制，成为体制的一部分，另外，动员更多的人参与群防群治，实现维稳的目标。于是看到的是：一方面带着志愿者红袖标的群众遍布公共场所，但另一方面志愿精神并没有同步增进。官方的这种动员方式在一定程度上可能会削弱志愿精神。

志愿活动一定程度上出现了异化的趋向。志愿活动出现异化，除了体制原因外，社会组织和志愿活动没有设计出合格的产品吸引志愿者参与也是一个原因。志愿活动与个人的成长，与个人对公共事务的参与和分享没有有机结合起来，志愿活动的激励机制和保护机制没有健全。因此慈善组织和慈善界仍需要在志愿活动方面更多着力。

最后，社会治理方面的问题和矛盾在加深。

社会是一个连续的系统，社会组织发展的不平衡、不充分表面上是一个社会组织方面的问题，深层次来看，可能是一个社会治理问题，更长远地看可能会引发深刻的社会危机。这一问题从 2017 年底的北京治理乱象中可见一斑。社会消失可能意味着一个整体性社会的形成，联系到近年来社会领域的改革与政策导向，这种担忧不是空穴来风。另外一种忧虑是缺乏社会组织的制约和支持，社会治理呈现整体性的失范状态，而且在一个链条上的诸多因素互为因果，可能出现治理的僵局或者治理不能。

（责任编辑：马剑银）

民间公益组织与捐赠人的互动和成长

——记上海联劝公益基金会“一个鸡蛋的暴走”公众评审会

邹珊珊[*]

我国的民间公益组织发展究竟是何种状态？我国的个体捐赠方是否依旧是“冲动型”捐赠，还是逐渐走向理性？在上海联劝公益基金会“一个鸡蛋的暴走”的公众评审会上，民间公益组织阐述了项目内容和意义，接受捐赠人的提问和建议，并做出解释回应，最终由公众评审（基本全部是捐赠人）一人一票决定项目的支持与否，整个过程中民间公益组织与公众评审存在大量的互动。

公众评审会展现出目前民间公益组织的发展状况和存在的问题，也充分显示了民间个体捐赠人不断提升的认知和能力。在公众评审会中，有争执，有和解，有欢笑，有泪水，民间公益组织和捐赠人彼此对话、理解和体谅，同时在上海联劝公益基金会和公益顾问的点评帮助中，民间公益组织和捐赠人在互动中一起成长。

一　上海联劝公益基金会和“一个鸡蛋的暴走”项目

上海联劝公益基金会（以下简称联劝）成立于2009年，是一家主要支持民

---

* 邹珊珊，同济大学经济与管理学院公共管理系讲师，管理学博士，研究方向为非营利组织管理、城市治理。

间公益的资助型公募基金会。联劝以社会问题为导向，集合诸多公益组织（公益项目），自下而上开展劝募活动，并通过高度问责的方式，将募集到的慈善资源以统筹的方式分配给公益组织。2015 年 5 月“联劝网”正式上线，启动公益筹款 O2O 平台建设。2016 年 9 月“联劝网”入选民政部首批慈善组织互联网募捐信息平台。2016 年 12 月联劝通过社会组织规范化建设评估并获得“5A”称号，同月获得慈善组织认定及公开募捐资格。

自 2011 年开始，联劝每年举行“一个鸡蛋的暴走”公益筹款活动。在“一个鸡蛋的暴走”公益筹款活动中，参与者需要在 12 小时内走完 50 公里，并通过创意的方式向熟人网络募集善款，完成甚至突破既定筹款目标，实现个人挑战。“一个鸡蛋的暴走”希望带给公众身体力行的公益实践和丰富快乐的公益体验。正如联劝秘书长王志云所言，用快乐公益、多元公益和理性公益的理念去近距离地影响公众，才能建立拥护群，发展运动型筹款活动，对公益组织而言，可以说是最经济、最有效的获取公众持续捐赠的基础工作。联劝一直在努力地做一些基础性工作，通过几年的积累改进，在 2016 年和 2017 年“一个鸡蛋的暴走”活动筹款均突破 1000 万元。2017 年“一个鸡蛋的暴走”获评上海首届“公益之申”的“十佳公益项目”。

“一个鸡蛋的暴走”所筹善款用于支持联劝“U 积木计划”及“U 泉计划”。“U 积木计划”通过资助儿童领域公益服务机构与项目，致力于让 0 ~ 18 岁孩子安全成长、平等发展，项目领域涵盖营养健康、教育发展、安全保护、社会融合四个方向。“U 泉计划”主要是支持民间公益机构自身的成长与发展，通过提供非限定的资金，支持增强机构自身发展能力，促进公益组织良性持续发展。

二 “一个鸡蛋的暴走”公众评审会

2012 年开始联劝创设公众评审会，让公众捐赠人决定资助项目，推动公众深度参与公益。联劝之所以设立公众评审会，源于联劝一直秉承的一个理念：公众的捐赠不会简单地停留在冲动捐赠上，公众中会出现一批理性的捐赠群体，这个群体会成为公益组织常捐、定捐和大额捐赠的主要来源。因此培育、建立和维护这个群体对于公益组织而言至关重要。为了培育和维护理性捐赠人，让捐赠人参与到联劝的项目中，联劝设计各种参与方式，比如参与项目探访、参与项目分享会、参与项目评审会、接收项目反馈等，公众评审会就是其中重要的一种参与方式。

“一个鸡蛋的暴走”公众评审会主要由三个主体组成：入围项目评审的公益组织、公众评审和公益顾问。入围项目评审的公益组织，是当年从各地征集的项目中，通过联劝筛选和探访后确定入围的民间公益组织。公众评审则是通过网络征集的，联劝规定参与、支持过“一个鸡蛋的暴走”的筹款人、捐赠人及志愿者，可以报名做公众评审。根据联劝的工作人员介绍，筹款人、捐赠人和志愿者的角色是互相转化的，筹款人往往是捐赠带头人，志愿者也往往是当年的捐赠人或者往年的捐赠人，因此，联劝的公众评审，都基本上是捐赠人。由于报名做公众评审的人多，所以联劝要求报名时做一份问卷，比如对公益的认知、对暴走活动参与的感想和他（她）参与或支持的暴走队伍名字等，通过问卷挑选出合适的公众评审。每场评审会均有十余个单数的公众评审。公益顾问是联劝在一些既有理论知识又有实践知识的专家中选出的，公益顾问主要的角色就是发挥专业特长，普及行业理念和知识，影响捐赠人，并对公益组织提供建议。

公众评审会的流程如下：先由公益组织负责人陈述他们的项目，接着由公众评审提问，然后公益项目负责人回答问题，之后是公益顾问进行点评，最终进行投票。公众评审会设立初期是公益顾问和公众评审同时各自投票，如果双方达成一致，那就按照一致的结果确定。如果捐赠人的取向与公益顾问有差别，捐赠人在考虑公益顾问的意见后，进行第二轮投票。近年来联劝发现，捐赠人在评审过程中展现出非常高的标准，因此近年来的投票就只设计公众评审投票环节，公益专家主要负责点评。

三　民间公益组织与捐赠人的互动和成长

公众评审会最大的亮点体现在公众评审（基本全部是捐赠人）提问和民间公益组织的问答之中。在这个过程中，公众评审审阅民间公益组织的材料，聆听完公益组织的项目介绍，向公益组织提出问题和建议，然后民间公益组织做出相应回应。

在这个互动过程中，出现了很多的分歧和争论。比如双方会就项目目标确定问题、项目执行落差问题、预算使用问题和项目评估等主要问题进行争论。公益组织项目目标是否过于宏伟抽象，是否过于庞大抽象而缺乏可行性，如何接触到服务对象，如何在服务过程中避免服务对象受到二次伤害，预算中工作人员的成本究竟应该占什么样的比例，是否需要花项目经费去做志愿者招募培训，项目的效果究竟如何评估，有哪些维度可以衡量效果？

在互动过程中，捐赠人和民间公益组织可能出现分歧，捐赠人之间也可能出现分歧。大家在评审会中坦诚探讨，时常激烈，但在讨论争执过程中，各方对彼此都有更深入的了解，也在争论中反省成长。

对于公益组织而言，通过公众评审会的平台，在捐赠人的追问和建议下，公益组织不仅知道未来如何完善项目，也在组织战略规划、项目管理等领域有了进一步的提升。就项目而言，在与捐赠人互动过程中，有的民间公益组织能发现自己缺乏全盘考虑，忙于琐碎的具体服务而未对项目进行凝练和总结；有的公益组织发现自己无法将项目意义呈现出来，自己也难以衡量项目的效果，而通过捐赠人的提醒和建议，便知如何进一步完善。由于公众评审（捐赠人）不少是大型企业的高管，他们具有丰富的管理经验和极强的专业能力，比一般的学者专家更能给予具有可操作性的改进方案，因此公益组织在战略规划和项目管理方面也能大大受益。甚至有些捐赠人因为认同某个项目，之后会跟公益组织单独建立联系，会进一步进行捐赠和支持。对于公益组织而言，公众评审会也是累积社会资本的重要平台。

对于公众评审（基本全部是捐赠人）而言，通过公众评审会的平台，在民间公益组织的阐释下，他们对公益有更多实际的感知和理解，也有助于他们成为更理性的捐赠人。在公众评审会中，捐赠人能实实在在地了解每一个项目的现状和实施难处，对公益组织的认知不再停留在媒体宣传的层面。捐赠人也逐渐明白，做公益不能只靠情怀，公益是需要成本的。即使是一节公益课，其后的人力成本、备课成本和专利成本等都是巨大的。同时有些公益项目是难以评估的，尤其是对人产生潜移默化积极作用的项目，这些项目不能因为短期内无法衡量而简单地否定其成效。另外，民间公益的资金的确存在非常大的困难，这些项目虽然基于社区，规模小，受益人群并不多，却有意义，需要长期持续资助。

结　语

“一个鸡蛋的暴走”公众评审会，是上海联劝公益基金会为民间公益组织和捐赠人搭建的一个重要平台。在这个评审会中，民间公益组织和捐赠人围绕着公益项目的目的、执行中的问题、预算和评估等展开了热烈的探讨，并由公众评审决定最终项目的支持与否。“一个鸡蛋的暴走”公众评审会这样一种由公众（公众评审基本全部是捐赠人）来评审，比一般项目邀请专家学者来进行评审的方式，有更多的平等的互动和热烈的讨论。公众评审会给予了捐赠人更多的话语权，也帮助他们深度了解中国民间公益的现状，对于培育理性捐赠人至关重要。同时捐赠人的提醒和建议，也让民间公益组织学到了更多完善项目的实际路径，提升其管理经验。此外，在评审会现场，还有大量的其他捐赠人和关注公益的人旁听。

“一个鸡蛋的暴走”公众评审会是我国民间公益组织的缩影，同时也是日渐成熟的理性捐赠人的写照。就是在这样一个小小的平台上，民间公益组织和捐赠人彼此理解，互动成长，为着共同的公益目标而前行。

（责任编辑：李长文）

编辑手记

社会组织的政策倡导功能，一向是值得深入讨论的话题，但确实也缺乏深入讨论。可喜的是，2013 年中共十八届三中全会的文件中出现了“构建程序合理、环节完整的协商民主体系，拓宽国家政权机关、政协组织、党派团体、基层组织、社会组织的协商渠道。深入开展立法协商、行政协商、民主协商、参政协商、社会协商”的句子，正式从政策层面确立了社会组织的政策倡导功能，作为我国协商民主制度的重要组成部分。这正是本卷主题“社会组织政策倡导”的重要时代背景。本卷四篇主题文章正是从草根 NGO 的倡导实践、社会组织与政府的互动与博弈对倡导功能的影响以及社交媒体对社会组织倡导行为影响等视角来进行的分析。

社会组织既担负着公众结社聚合的功能，同时也是国家与个体之间重要的中间地带。1978 年改革开放以来，中国国家与社会的转型，使得以单位制作为公众聚合结合基本中介的体制发生了很大的动摇，而社会组织却开始长足但又不无艰难地发展，社会团体、基金会、社会服务机构（曾经叫民办非企业单位），在原有的“体制”之外，不仅出现了民营企业，也出现了民间组织。“社会”逐渐从一个汉语常用的贬义词，成为一个有别于政府、市场的生活世界场域的指称词，逐渐充满了积极向上、美好创新的蕴意。

不过，在中国的实践中，经济领域的改革和创新反对者很少，但社会领域的改革与创新却有很多人担忧、疑虑，“社会”到底需不需要管理、治理、建设、培育？围绕着“社会”展开的争论越来越多，越来越频繁，但是越争论，对什么是（中国意义上的）“社会”越来越模糊。社会相对于政治性的国家和经济型的市场，带有 civil 性，但这个 civil 代表着什么？人类发展带来的去动物特质（文明性）？区别于政治组织性的市场人特质（市民性）？抑或作为公共参与主体的资格特质（公民性）？甚至只是作为汉语“非官方”的对应概念（民间性）？

语词含义的精确性认知依赖于实际使用过程中的情境性理解，如果不使用，永远不可能获得世界真实性的认知。学术的意义之一也就是通过话语来认知甚至建构世界。前一阵子碰到一个学者说“倡导”这个词使用有些敏感，应该改成“公共参与”。其实有时候，自觉不自觉的自我审查，是扼杀学术生命力最锋利的兵刃。

本期的主题论文得以完成，感谢苏州大学政治与公共管理学院张潮博士的组稿，“倡导”同样需要“倡导”，尤其是研究者的“倡导”，于是我们看到了四篇从不同侧面来研究社会组织倡导的优秀文章；同时，经过编辑部和出版社的共同努力，我们所有的文章都已然小心翼翼地呈现在读者面前，接受读者的审阅。在字里行间，也许可以读出一些言外之意。

《中国非营利评论》最初的主办方清华大学“NGO 研究所”已然悄悄改名为“社会组织与社会治理研究所”，但，留在我们心中的依然是永远的“NGO 研究所”，她今年 20 岁了。

本刊编辑部

2018 年 7 月 10 日

稿　约

1.《中国非营利评论》是有关中国非营利事业和社会组织研究的专业学术出版物，分为中文刊和英文刊，均为每年出版两卷。《中国非营利评论》秉持学术宗旨，采用专家匿名审稿制度，评审标准仅以学术价值为依据，鼓励创新。

2.《中国非营利评论》设"论文""案例""研究参考""书评""观察思考"等栏目，刊登多种体裁的学术作品。

3. 根据国内外权威学术刊物的惯例，《中国非营利评论》要求来稿必须符合学术规范，在理论上有所创新，或在资料的收集和分析上有所贡献；书评以评论为主，其中所涉及的著作内容简介不超过全文篇幅的1/4，所选著作以近年出版的本领域重要著作为佳。

4. 来稿切勿一稿数投。因经费和人力有限，恕不退稿，投稿一个月内作者会收到评审意见。

5. 来稿须为作者本人的研究成果。作者应保证对其作品具有著作权并不侵犯其他个人或组织的著作权。译作者应保证译本未侵犯原作者或出版者的任何可能的权利，并在可能的损害产生时自行承担损害赔偿责任。

6.《中国非营利评论》热诚欢迎国内外学者将已经出版的论著赠予本刊编辑部，备"书评"栏目之用，营造健康、前沿的学术研讨氛围。

7. 中国非营利评论英文刊（*The China Nonprofit Review*）是Brill出版集团在全球出版发行的标准国际刊号期刊，已被收录入ESCI（Emerging Sources Citation

Index）。英文刊接受英文投稿，经由独立匿名评审后采用；同时精选中文刊的部分文章，经作者同意后由编辑部组织翻译采用。

8. 作者投稿时，电子稿件请发至：lehejin@ 126. com（中文投稿），npore-viewc@ gmail. com（英文投稿）。

9.《中国非营利评论》鼓励学术创新、探讨和争鸣，所刊文章不代表本刊编辑部立场，未经授权，不得转载、翻译。

10.《中国非营利评论》集刊以及英文刊所刊载文章的版权属于《中国非营利评论》编辑部所有；本刊已被中国期刊网、中文科技期刊网、万方数据库、龙源期刊网等收录，为适应我国信息化建设的需要，实现刊物编辑和出版工作的网络化，扩大本刊与作者知识信息交流渠道，在本刊公开发表的作品，视同为作者同意通过本刊将其作品上传至上述网站。作者如不同意作品被收录，请在来稿时向本刊声明。但在本刊所发文章的观点均属作者个人观点，不代表本刊立场。本声明最终解释权归《中国非营利评论》编辑部所有。

由于经费所限，本刊不向作者支付稿酬，文章一经刊出，编辑部向作者寄赠当期刊物 2 本。

来稿体例

1. 各栏目内容和字数要求：

“论文”栏目发表中国非营利和社会组织领域的原创性研究，字数以8000～20000字为宜。

“案例”栏目刊登对非营利和社会组织实际运行的描述与分析性案例报告，字数以5000～15000字为宜。案例须包括以下内容：事实介绍、理论框架、运用理论框架对事实的分析。有关事实内容，要求准确具体。

“研究参考”栏目刊登国内外关于非营利相关主题的研究现状和前沿介绍、文献综述、学术信息等，字数为5000～15000字。

“书评”栏目评介重要的非营利研究著作，以5000～10000字为宜。

“观察与思考”栏目刊发非营利研究的随思随感、锐评杂论、会议与事件的评述等，字数以3000～8000字为宜。

2. 稿件第一页应包括如下信息：（1）文章标题；（2）作者姓名、单位、通信地址、邮编、电话与电子邮箱。

3. 稿件第二页应提供以下信息：（1）文章中、英文标题；（2）不超过400字的中文摘要；（3）2～5个中文关键词。书评、随笔无须提供中文摘要和关键词。

4. 稿件正文内各级标题按“一”“（一）”“1.”“（1）”的层次设置，其中“1.”以下（不包括“1.”）层次标题不单占行，与正文连排。

5. 各类表、图等，均分别用阿拉伯数字连续编号，后加冒号并注明图、表名称；图编号及名称置于图下端，表编号及名称置于表上端。

6. 本刊刊用的文稿，采用国际社会科学界通用的“页内注 + 参考文献”方式。

基本要求：说明性注释采用当页脚注形式。注释序号用①②③……标识，每页单独排序。文献引用采用页内注，基本格式为（**作者，年份：页码**），外国人名在页内注中只出现姓（容易混淆者除外），主编、编著、编译等字眼，译文作者、国别等字眼都无须在页内注里出现，但这些都必须在参考文献中注明。

文末列明相应参考文献，参考文献中外文分列（英、法、德等西语可并列，日语、俄语等应分列）。中文参考文献按照作者姓氏汉语拼音音序排列，外文参考文献按照作者姓氏首字母排序。基本格式为：

作者（书出版年份）：《书名》（版次），译者，卷数，出版地：出版社。

作者（文章发表年份）：《文章名》，《所刊载书刊名》，期数，刊载页码。

author（year）, *book name*, edn., trans., Vol., place: press name.

author（year）, “article name”, Vol.（No.）*journal name*, pages.

图书在版编目(CIP)数据

中国非营利评论. 第二十二卷, 2018. No.2 / 王名主编. -- 北京 : 社会科学文献出版社, 2018.7
ISBN 978-7-5201-3122-3

Ⅰ. ①中… Ⅱ. ①王… Ⅲ. ①社会团体-中国-文集 Ⅳ. ①C232-53

中国版本图书馆 CIP 数据核字(2018)第 161682 号

中国非营利评论 (第二十二卷)

主　　办 / 清华大学公益慈善研究院
主　　编 / 王　名

出 版 人 / 谢寿光
项目统筹 / 刘晓军
责任编辑 / 关晶焱　张　娇

出　　版 / 社会科学文献出版社 · 集刊运营中心 (010) 59367161
地址：北京市北三环中路甲 29 号院华龙大厦　邮编：100029
网址：www.ssap.com.cn
发　　行 / 市场营销中心 (010) 59367081　59367018
印　　装 / 三河市龙林印务有限公司

规　　格 / 开　本：787mm × 1092mm　1/16
印　张：19.75　字　数：335 千字
版　　次 / 2018 年 7 月第 1 版　2018 年 7 月第 1 次印刷
书　　号 / ISBN 978-7-5201-3122-3
定　　价 / 65.00 元

本书如有印装质量问题，请与读者服务中心 (010-59367028) 联系

版权所有 翻印必究